新世纪高等学校教材 | NEW CENTURY

新闻传播学系列教材

# 中外出版简史

A BRIEF HISTORY OF
CHINESE AND FOREIGN
PUBLISHING

万安伦 著

北京师范大学出版集团
BEIJING NORMAL UNIVERSITY PUBLISHING GROUP
北京师范大学出版社

#### 图书在版编目（CIP）数据

中外出版简史/万安伦著. —北京：北京师范大学出版社，2021.6
（新世纪高等学校教材. 新闻传播学系列教材）
ISBN 978-7-303-25588-7

Ⅰ.①中… Ⅱ.①万… Ⅲ.①出版事业－文化史－世界－高等学校－教材 Ⅳ.①G239.19

中国版本图书馆 CIP 数据核字（2020）第 009561 号

营　销　中　心　电　话　010-58805385
北　京　师　范　大　学　出　版　社　http：//xueda.bnup.com
主题出版与重大项目策划部

出版发行：北京师范大学出版社　www.bnupg.com
　　　　　北京市西城区新街口外大街 12-3 号
　　　　　邮政编码：100088

印　　刷：北京京师印务有限公司
经　　销：全国新华书店
开　　本：730 mm×980 mm　1/16
印　　张：13.5
字　　数：265 千字
版　　次：2021 年 6 月第 1 版
印　　次：2021 年 6 月第 1 次印刷
定　　价：39.00 元

策划编辑：禹明超　　　　责任编辑：朱前前
美术编辑：王齐云　　　　装帧设计：王齐云
责任校对：张亚丽　　　　责任印制：陈　涛

**版权所有　侵权必究**
反盗版、侵权举报电话：010-58800697
北京读者服务部电话：010-58808104
外埠邮购电话：010-58808083
本书如有印装质量问题，请与印制管理部联系调换。
印制管理部电话：010-58808284

# 作者简介

万安伦，北京师范大学新闻传播学院教授、博士生导师、文学博士，北京师范大学数字出版与数字人文研究中心主任，首都文明礼仪研究基地主任，中国传媒大学兼职教授，中组部专家库专家，教育部长江学者特聘教授评审专家。《人民日报》《光明日报》等特约撰稿人。曾任《中华英才》半月刊社副总编、北京师范大学出版科学研究院副院长、北京师范大学教育培训中心执行主任等职。主要研究编辑出版、数字出版、数字人文、媒介融合、传统文化、地域文学、文明礼仪、文学奖励等。出版学术著作有：出版类的《中外出版史》《中外出版原著选读》《数字出版研究》《中外出版简史》；教育类的《学生安全教育传播》《学生安全系列读本》《基础教育创新之路》《美德照亮人生·爱国卷》；文学文化类的《中国现代文学编年史·第五卷》《中国文学奖励史》《二十世纪中国文学的奖励机制研究》《废墟上的歌哭》；等等。出版编著30余部。发表论文近百篇。主持国家级、省部级等课题32项。2014年获中宣部"五个一工程"奖。2017年专著《中外出版史》经中宣部和新闻出版广电总局批准获得向党的十九大献礼殊荣。2019年荣获北京师范大学"最受研究生欢迎的十佳导师"称号。2020年，以本书为基本内容的"中外出版史慕课"被评为"首批国家级一流本科课程"。

本书各章节的内容均录有相应的课程视频，可以辅助学习，如有需要，可以扫描下面二维码关注学习。

# 前　言

　　一部出版史，其实是一部人类的文明史。"出版"是人类文明传承和传播的路径和工具，也是人类文明的主要标志。所谓"出版"是一种发表，是通过可大量进行内容复制的媒介实现信息传播的一种社会活动。出版的本质，实际上是对人类知识和信息的收集、挖掘、整理、编选、校勘、把关、传播、传承的过程和活动。

　　出版研究主要涉及四个方面：一是出版载体；二是出版符号；三是出版技术；四是出版活动及成就（包括出版物、出版人、出版机构、出版思想、出版制度和出版经营等）。

　　第一，出版载体。从整个人类的出版历史看，出版载体其实有着非常鲜明的特征性与阶段性。最大的特征是由硬变软、由大变小、由宏变微、由承载很少的信息到承载海量的信息。在经历了龟甲兽骨、陶器泥板、金石鼎碑、竹简木牍、纸莎草、贝叶、桦树皮等硬质出版载体后，人类又逐渐探索出绢帛、兽皮、植物纤维纸及塑料布等的软质出版载体，而后又继续探索出声、光、电、磁、芯片等虚拟和半虚拟出版载体和介质，由此开启声光电出版、计算机出版和数字出版等虚拟出版形态。未来还将发展到人工智能出版和大脑意识出版这样更加虚化和智能化的虚拟出版新形态。鉴于此，我们根据出版载体的基本属性大致将整个人类出版划分成三个大的阶段：一是"开启文明"的硬质出版阶段；二是"以柔克刚"的软质出版阶段；三是"有容乃大"的虚拟出版阶段。

　　硬质出版是开启文明的重要标志。人类最初的出版行为，从出版载体方面考察，一定是从身边最易获得的实用物体上开始做文章的。因此，这就奠定了硬质出版的理论基石和逻辑基础。泥板、石块、岩壁、陶体、玉片等硬质出版载体，作为人类文明最初形态的出版介质，为人类文明曙光的到来，发挥了积极而重要的作用。此后，人类探索出绢帛、羊皮纸、植物纤维纸和塑料薄膜等软质出版载体，以此克服硬质出版刻写不易、传递困难、承载信息量少等缺点，实现载体更迭的以柔克刚。但探索仍未停止，18世纪，人类就探索出声、光、电、磁等新型虚拟和半虚拟出版载体，并开始用这些新载体和新介质来记录和承载声音、图像、动态影像等。这实际开启了人类出版"无所待"的"有容乃大"虚拟出版新时代。

需要指出的是，从"开启文明"的硬质出版，到"以柔克刚"的软质出版，再到"有容乃大"的虚拟出版，这三大阶段之间，以及每个阶段内部的若干过程，并非完全的接替和取代关系，常有过渡、交叉甚至平行发展的情况出现。比如，现在仍然有用甲骨、简牍作为出版载体进行文化创意生产的。但每个阶段的主体特征还是非常鲜明的。

第二，出版技术。早期的硬质出版阶段，甲骨、钟鼎、石碑、简牍、纸莎草、贝叶等主要是以刻、画、铸、抄等为出版技术手段的。特别是刻和抄，是硬质出版载体最常见的两种出版复制技术。因此，人们常常把从事文字工作的专业人员称作"刀笔吏"。名副其实的"出版"或"版印"，实际上要从7世纪唐代的雕版印刷开始算起。到11世纪，北宋毕昇发明胶泥活字印刷术，是现代活字印刷技术的滥觞。15世纪中叶，德国古腾堡金属活字印刷术的发明和应用，标志着现代出版业的诞生。近现代以来，人类发明发现"声、光、电、磁"，开始探索音像出版新技术，及至计算机和二进制数字出版技术的发明，人类在虚拟出版技术方面的探索业已走过200年创新发展之路。可以预见的是，未来在出版技术的创新探索方面，人类不但不会停止脚步，反而会更加坚定并取得长足的进步。虚拟现实（VR）、增强现实（AR）、混合现实（MR）、人机交互等已初显端倪。

第三，出版符号。出版其实就是运用出版技术将出版的文字符号与出版载体结合在一起。出版符号、出版载体和出版技术这三大要素的良性互动促进人类出版实践的发生发展和更迭革新。出版的三大原始要素中，最有文化特性和最具文明特征的是出版的文字符号系统。人类文明的出现都是以文字符号的创制为标志的。而从出版学的角度来看，文字符号是记录、保存和传承人类文明的基础手段和重要条件之一。中国文字符号方块汉字的特点，决定其在古代印刷技术的发展过程中，以雕版印刷为主要出版技术手段。西文这种拼音文字字母的组合特点，则非常符合活版印刷的特点。两河流域的楔形文字（又被称为"钉头文"）就是用小木棍和芦苇秆，在泥板上刻印或压印上楔形文字符号。纸莎草上的古埃及象形文字符号适合用笔写画。贝叶上的古印度象形文字符号适合用铁笔刻写。文字符号系统的特色与出版技术和出版载体的特性高度关联。

第四，出版活动及成就。运用出版技术将出版符号与出版载体结合，这个过程本身就是出版活动，其直接的结果就是出版作品。出版活动既包括参与这项活动的主体出版家、出版人及出版机构，又包括为实现出版物商品属性的出版交易和出版经营等。取得的出版成就除实物成就即出版作品外，还包括出版思想成就和出版制度成就。

以上四点，是我们考察和研究出版的四个基本方面和主要维度，也是我们这部《中外出版简史》逻辑展开的主要依据。

# 目　录

## 上　篇　开启文明的硬质出版

导语　开启文明的硬质出版 …………………………………… 3

### 第一章　古代非洲的硬质出版 …………………………………… 5
第一节　古代非洲的石质出版 ………………………………… 5
第二节　古埃及的莎草纸出版 ………………………………… 9
第三节　古代非洲硬质出版的成就 ………………………… 12

### 第二章　古代两河流域的硬质出版 …………………………… 16
第一节　两河流域的文字符号 ……………………………… 16
第二节　两河流域的出版载体 ……………………………… 19
第三节　两河流域的出版成就 ……………………………… 23

### 第三章　古代中国的硬质出版 ………………………………… 27
第一节　古代中国的硬质出版萌芽 ………………………… 27
第二节　古代中国硬质出版的发展 ………………………… 30
第三节　甲骨文和青铜铭文 ………………………………… 34
第四节　竹简木牍与印章 …………………………………… 39
第五节　古代中国硬质出版的主要成就 …………………… 42

## 第四章　南亚及亚洲其他地区的硬质出版 ………………………… 47
　　第一节　古代印度的文字符号系统 ………………………………… 47
　　第二节　南亚次大陆贝叶出版和石质出版 ………………………… 50
　　第三节　朝鲜半岛的陶质出版和日本的木质出版 ………………… 54

## 第五章　古代欧洲、美洲及世界其他地区的硬质出版 …………… 57
　　第一节　古代欧洲的硬质出版 ……………………………………… 57
　　第二节　古代美洲的硬质出版 ……………………………………… 61
　　第三节　世界其他地区的硬质出版 ………………………………… 66

# 中　篇　以柔克刚的软质出版

导语　以柔克刚的软质出版 ………………………………………… 73

## 第六章　古代中国的软质出版 ……………………………………… 77
　　第一节　古代中国的帛书 …………………………………………… 77
　　第二节　中国造纸术的发明、传播和影响 ………………………… 80
　　第三节　中国印刷术的发明、发展及传播 ………………………… 84
　　第四节　软质出版的书籍形制与出版制度 ………………………… 89
　　第五节　中国古代软质出版的成就 ………………………………… 94

## 第七章　近现代中国的软质出版 …………………………………… 101
　　第一节　晚清时期：软质出版的近代转型 ………………………… 101
　　第二节　民国时期的现代软质出版 ………………………………… 106
　　第三节　民国时期主要软质出版机构和人物 ……………………… 110
　　第四节　中国共产党领导下的软质出版事业 ……………………… 115

## 第八章　古代欧洲的软质出版 ……………………………………… 120
　　第一节　古希腊、古罗马时期的软质出版 ………………………… 120
　　第二节　造纸术传入前的中世纪软质出版 ………………………… 124
　　第三节　造纸术传入后的欧洲软质出版 …………………………… 127

## 第九章　近现代欧洲的软质出版 …………………………………… 131
　　第一节　新印刷术的发明与使用 …………………………………… 131
　　第二节　近现代欧洲的软质出版业 ………………………………… 135

第三节　近现代的欧洲软质出版成就 …………………………… 138

**第十章　世界其他地区的软质出版** …………………………… 143
　　第一节　亚洲其他地区的软质出版 …………………………… 143
　　第二节　美洲地区的软质出版 ………………………………… 147
　　第三节　非洲地区和大洋洲地区的软质出版 ………………… 150

## 下篇　有容乃大的虚拟出版

导语　有容乃大的虚拟出版 ……………………………………… 157

**第十一章　声光电磁发明发现：虚拟出版的"萌芽期"** ……… 160
　　第一节　声光电磁的发明发现与音像出版萌芽 ……………… 160
　　第二节　感官世界的全面开启 ………………………………… 163

**第十二章　计算机革命：虚拟出版的发展期** ………………… 168
　　第一节　各种虚拟出版新载体的快速成长 …………………… 168
　　第二节　计算机技术带来虚拟出版技术革命 ………………… 172
　　第三节　发展期的虚拟出版对传统出版的重构 ……………… 176

**第十三章　数字出版：虚拟出版的当下状态** ………………… 180
　　第一节　数字出版及其新载体的创新发展 …………………… 180
　　第二节　数字出版物的主要形态 ……………………………… 184
　　第三节　数字出版的发展现状与主要成就 …………………… 187

**第十四章　虚拟出版的发展趋势** ……………………………… 192
　　第一节　虚拟出版新技术的不断发展 ………………………… 192
　　第二节　移动出版和按需出版 ………………………………… 195
　　第三节　人工智能出版和大脑意识出版 ……………………… 199

# 上 篇
## 开启文明的硬质出版

一部出版史，其实就是一部人类的文明史。"出版"是人类文明传承和传播的路径和工具，也是人类文明的主要标志。出版的本质，实际上就是对人类知识和信息的收集、挖掘、整理、编选、校勘、把关、传播、传承的过程和活动。人类最初的出版行为，从出版载体角度考察，一定是从身边最易获得的实用物体上开始做文章的。泥板、石块、岩壁、陶体、金石、甲骨等硬质出版载体，作为人类文明最初形态的出版介质，为人类文明曙光的到来，发挥了积极而重要的作用。人类文明是由硬质出版开启的，我们称之为"开启文明的硬质出版"阶段。

# 导语　开启文明的硬质出版

具体到本书的上篇"开启文明的硬质出版",则主要探究在开启人类文明的过程中,硬质出版的基本情况、地位功用、创新成就等。

非洲是人类文明最早的发源地之一,也是人类出版萌芽的较早地区。古代非洲的文字符号系统以象形文字为主,是人类历史上最早的文字符号系统之一。古代非洲的硬质出版,大致可以分为三个阶段:一是非洲史前无文字记载时期的岩画出版;二是非洲象形文字诞生后,以石质、木质和金属等为载体的铭文出版;三是以莎草纸作为书写和复制载体的莎草纸出版。莎草纸的硬而略软的独特性能,又开启了人类出版从硬质向软质过渡的新航程。

古代两河流域文明是世界上最早的文明之一,有着最早的文字符号和教育系统,泥版书又成为硬质出版史上最早的书籍形制。古代两河流域人民的智慧创造出了世界上最早的文化、艺术和科技,这是世界文明史上独有的璀璨明珠。楔形文字是目前发现的历史最悠久的文字符号系统,有五千多年的历史。楔形文字与黏土泥板的完美结合形成泥版书。书吏在两河流域的文明传承和文化发展中具有中流砥柱之作用。

古代中国硬质出版的核心要素是由其独特的出版载体、出版符号、出版技术、出版活动及成就共同构成的。就出版载体而言,陶器、石器、玉器、甲骨、青铜器、简牍在历史时空中其出版载体的主体地位被不断替代转换。由一个符号、一组意象、一篇文章,到书册的编纂传播,文字符号在与出版载体的相伴相生中,在从具体到抽象的迈进中,彰显着中国先民应对世界的立场与生存法则。汉字的文字符号系统随着甲骨文、大篆、小篆、隶书、楷书、行书的发展演变,从未出现中断,因此中华文明得以连绵性传承,这是出版对于中华文化和中华文明的贡献。出版技术从最初的简单编结,到铸范契刻,再到抄写编纂,形成简牍书制和卷轴书制。中国先民运用自己的硬质出版智慧昭示了人类文明的曙光和进程,载体趋于便捷实用、符号趋于系统规范、技术趋于成熟精湛、文化趋于进步繁盛,这些多元因素共存共生、彼此促进,共同推动着古代中国硬质出版向前发展。

除中国外,东亚其他地区也存在大量多样的硬质出版。如朝鲜半岛的陶质出版和日本的木质出版都在硬质出版史上留下了浓墨重彩的一笔,也成为世界文化和文明宝库中的瑰宝。南亚,也是人类古老文明的发祥地之一。古印度孕育的灿烂文明中就包括丰富多彩的硬质出版文明。从神秘古老的印章文字、阿育王铭文、梵文，到形形色色的摩崖石刻、壁画中的杰出代表阿旃陀壁画，再到彰显独特地理文化特色的贝叶书，其硬质出版成就可谓异彩纷呈。

世界其他地区的硬质出版也各具特色。欧洲文明与美洲文明、大洋洲文明在历史上具有一脉相承的特性，但它们的出版文明呈现同中有异的特色。欧洲文明同样是由欧洲的硬质出版开启的，欧洲出版自史前岩画开始，在石碑文明中发展，在莎草纸出版中壮大，主要书写载体每一个阶段的转变都是出版文明的递进。美洲大陆最早的硬质出版成就是由美洲印第安人创造的。具体来说，神秘的古玛雅文明、强大的古印加文明和继承者阿兹特克文明，共同创造了古代美洲的硬质出版的辉煌。无论是环太平洋的岩画、北纬 40°的桦树皮出版，还是南半球的木雕出版，都象征着人类集群的早期辉煌的出版文明。若干古老的民族在世界不同的地方创造了"同中有异"又"异中有同"的硬质出版文化，并一直延续至今，为我们考究硬质出版提供了一个更为整体的观察视野和研究路径。

# 第一章 古代非洲的硬质出版

非洲是人类文明最早的发祥地之一，也是人类出版文化最早的发祥地之一。在非洲历史发展的长河中，曾有不少其他人种的民族——阿拉伯人、欧洲人、印度尼西亚人等迁入非洲。德国哲学家黑格尔把非洲分成三个部分："非洲本土""欧洲的非洲"和"亚洲的非洲"。非洲最早的出版实践是岩画出版。非洲最早的文字符号系统是古埃及的象形文字。公元前3500年左右，象形文字发明，非洲自此进入文字记载的时代。公元前3000年左右，大约在古埃及第一王朝时期，莎草纸开始出现，并逐渐代替了石质、木质、陶器、金属等出版载体成为人们广泛采用的书写材料，对人类出版史上书写材料的创新产生了重要而深远的影响。

## 第一节 古代非洲的石质出版

人类最早使用的出版载体都是硬质的，因为早期人类需要出版发表和广而告之，只能在身边的硬质物质上做文章。非洲的硬质出版载体主要为石质、木质、陶器、金属、莎草纸等。

### 一、古代非洲的岩画出版

"非洲是世界上现存人类古老岩画最多的大陆之一。"[1]岩刻壁画，作为石刻文化的一种形式，是古人类普遍采用的传统记录出版方式。非洲地区拥有世界上数量最多、类型最丰富的岩画遗迹。非洲岩画出版历史久远，大约公元前9000年，各式各样的岩画便陆续出现，是早期人类出版活动萌芽的重要实践。

#### （一）非洲史前岩画出版

"史前岩画，是指刻或画在史前洞穴、岩壁或露天岩壁上的原始壁画。"[2]

---

[1] 李安山：《非洲古代王国》，2页，北京，北京大学出版社，2011。
[2] 傅志毅：《非洲史前岩画的世俗性审美初探》，载《西南民族学院学报（哲学社会科学版）》，2002(4)。

1. 南非境内的布须曼岩画

布须曼岩画具有强烈的叙事性质和时代气息，昭示了古代非洲出版实践的萌芽。南非布须曼岩画主要为岩刻和岩绘。岩刻的年代较早，题材各式各样，包括动物、人物、头饰、面具及狩猎、捕鱼、采集、舞蹈、战争和欢庆场景等。岩绘早期为黑白两色，耐久性强。岩绘的画笔可能是羽毛或动物尾毛，因为岩绘线条流畅。在很多岩绘中，存在一些精致的小圆圈，则是用空心芦苇秆点成的。岩画内容包括生活场景和战争场景。

2. 坦桑尼亚及其他地区的岩画

坦桑尼亚岩画出版遗迹丰富。岩画中的人物一般没有脸部特征，这与当时人们的习俗信仰有一定的关系。岩画早期的图案画风粗犷，后来开创了一种在动物身体上涂满平行线来描绘轮廓和形态的风格。坦桑尼亚的岩画主要记录了石器时代当地人们的面貌和日常衣食住行一系列生活场景。

之所以将岩画归入出版史，是因为这些岩画的出版符号是图画符号，与我们今天的图书出版只是形式上的出版载体不同而已，现在是纸质载体，岩画是石质载体。二者的出版本质和目的是一致的。这些写实主义风格的岩画，是早期人类记载表现事物、习俗、信仰的一种重要方式，反映了史前人们对自然的思考和自我的认知。

**(二)古埃及壁画**

古埃及壁画出版有其独特的绘画方式。这种壁画具有难得的完整性和圆满性。这种作画方式，甚至可以看作地图标记。

1. 古埃及壁画的出版样式

古埃及的壁画出版有三种样式。第一种出版样式是"线刻"，即指在石头上刻下人物或动物的画像。线刻法是一种古老的凹版雕刻法，是在出版载体的平面上刻出凹线，类似《亡灵书》①。第二种出版样式是象形文字，古希腊人称之为"神圣的雕刻"。第三种出版样式是墓室壁画，也是古代非洲硬质出版的重要成就。

2. 古埃及壁画的出版内容

古埃及的生死观念认为，人死后的死亡之国与现世生活并没有特别大的区别，因此，大部分壁画也讲究真实反映现实生活，记录实际生活，其用途是为死者的灵魂构筑一个幸福的家园。国王被认为是降临世间的神，在他离开人间之后就会升天归位，不是变成"神"，而是回到"神"的位置，金字塔便是辅助其升天，到达天堂的重要工具。存留在墓室中的遗体和墓室墙壁上写满的咒语，

---

① 《亡灵书》是古埃及流传下来的著名文献，是古埃及的一种陪葬物品。

是帮助国王走向另一个世界的。克努姆赫特普墓室等的壁画出版还刻有象形文字,清楚地记载着死者的名字和身份。

## 二、古代非洲的铭文出版

从现今出土的考古实物来看,古埃及的出版文献大致分为"墓铭、庙铭、碑铭以及采石场铭文"①。这些生动的文字材料和出版内容,是研究古埃及历史不可或缺的重要文献。

### (一)墓铭

埃及陵墓的墙壁、屋顶上有大量的壁画和浮雕图案及大量的古埃及铭文,有些埃及学家更将古埃及墓铭称为"集体备忘录"。这与墓铭的出版作用有关。金字塔铭文,是古埃及《亡灵书》的重要部分之一。这种出版载体上的文字符号多为早期象形文字,即碑铭体文字。这种文字样式,具有很强的图画性。金字塔铭文既是古埃及人们重要的出版物,又是精美的艺术作品。

### (二)庙铭

古埃及人认为,神庙是神在人间的居住场所。神庙在古埃及中极具特殊性,兼具宗教崇拜、经济、教育、行政等多种功能。古埃及的神庙,不同于中国的寺庙或教堂,不是宗教集会和祈祷的地方,普通的埃及人是被禁止进入神庙的,浮雕上的象形文字也并非为了教育访客而雕刻的,其主要功用是颂神和记功。少数庙铭也会记载神庙建造者的生平,或国王生平、登上王位情况等。神庙的墙壁成为重要的硬质出版载体,几乎所有地方都布满了象形文字,构成庙铭的出版内容。

### (三)碑铭——石柱图书

碑铭,类似现今的纸质图书,可以说是一种石柱图书出版样式。石柱是古埃及现今保存完好的最重要的出版文物之一,时间大约从古王朝时期到罗马时代。石柱一般用于供奉和纪念,也有用来界定土地边界。石柱上的图画通常表现的是石柱的主人及其家人,碑文会写明向掌管死亡的神的祷文和供奉的请求,接着会刻上死者的名字和头衔。

巴勒莫石碑是现存古埃及年代最为久远的石刻出版作品。虽然目前仅存部分残片,但该石碑不仅记录了埃及古王国第五王朝之前所有国王的名单,而且将当时国家的重要活动和历史事件记载下来,包括诸如战争、将土地和劳动力捐赠给神庙、尼罗河涨水等。可以说,巴勒莫石碑是记录古埃及社会历史的活

---

① 李晓东:《埃及历史铭文举要》,3页,北京,商务印书馆,2007。

化石，是研究古埃及国家的重要出版史料。

方尖碑铭也是碑铭的重要形式，有纪念神灵的，也有记载法老(国王)武功文治的。

**(四)采石场铭文**

古埃及盛产石头，石碑、石柱、雕塑、金字塔、神庙等建筑都需要大量的石料。古埃及阿斯旺地区地质好，古埃及硬质出版所用的石料大部分是从阿斯旺开采而来的。许多铭文都是在采石场完成雕刻任务的。采石场留下的象形文字铭文不仅有国王的名字、负责队伍的官员的名字、派遣队伍的标记，而且还会出现很多出征细节的记录。除了这些正式文书，采石场还散落有在石头上刻写的文字，类似于当今社会的涂鸦出版，这些与采石场铭文一同成为古埃及历史铭文的重要组成部分，成为古埃及硬质出版的一项重要内容。

### 三、非洲其他出版文献的发现

其他形式的硬质出版，有陶片、石片等。陶器上的图画符号，经过长期历史演变，逐渐发展成为埃及象形文字的雏形。

在巴黎的卢浮宫，有"一封给死者的信"是写作在一只碗形陶片上的。根据译读可知，这是一位母亲写给她死去儿子的信，这封信要求她死去的儿子保佑自己家庭免受敌人的侵害。该碗形陶片被埋在其子的墓穴里。

1898年，考古学家在上埃及的赫拉康波里斯的一个早期神庙中发现了一个绿灰色的石板，即"纳尔迈石板"，它是古埃及有史以来最早的象形文字文物。

◁ 图1-1 纳尔迈石板正反面 ▷

(图片来源：张波，《世界秩序的初睨之视觉征服——埃及技术发展与艺术观念》，载《南京艺术学院学报(美术与设计版)》，2011(2)。)

画面表现了纳尔迈征服敌军，收获俘虏的主题，具有强烈的仪式感，据此可以将其看作贵族阶层为维护自己的统治、彰显自己的权势而"出版"的"宣传"材料。纳尔迈石板除了图像叙事之外，还有象形文字作为补充，且石板上面的象形文字，既有表意符号，又有表音符号。

## 第二节　古埃及的莎草纸出版

纸莎草是古埃及最著名的纤维植物。早在第一王朝时期，人们便开始了以纸莎草为原料的薄片"纸"生产。莎草纸，即用纸莎草内部木髓剖成薄片，纵横交错编制排列，使用工具将它们压平榨干，其自然产生的汁液便成了黏合剂。纸莎草从自然界中的植物变成了可以用于书写和绘画的"纸莎草纸"，简称"莎草纸"。

可以说，古埃及诞生了世界最早的专用书写工具——莎草纸和芦苇笔，也因此，莎草纸出版的作品——纸草书卷，被誉为世界上最原始的图书之一。由于这种生产技术，并没有改变事物的物理属性，因此国内以潘吉星为代表的一批学者并不认为古埃及的莎草纸制作工艺是真正意义上的造"纸"术。但欧美等世界多数地区认为莎草纸的出现可以看作造纸术的产生，并且英文单词paper（纸张）就是从纸莎草（Cyperus papyrus）的拉丁文名称中发展而来的。关于莎草纸是否是"纸"的争议存在已久，但无论如何，古埃及的莎草纸出版对早期非洲乃至世界文明的传播和传承具有关键而深远的意义，其在世界出版史上占据着极其重要的地位。

### 一、莎草纸的诞生

莎草纸产生于距今约五千年的古埃及法老时代。此时，古埃及分为上埃及和下埃及。纸莎草是一种水生草本植物，形状和芦苇类似。其高可达两米以上，在纸莎草顶部还带有辐射状的细缨，茎秆的横截面呈三角形。纸莎草和荷花[①]、枣椰树[②]一起，被古埃及人们当作神圣之物崇拜。古埃及人对太阳有极大的尊崇，纸莎草顶部的细缨展开，仿佛太阳一般，象征着太阳的光辉，而横截面的三角形昭示着金字塔的样子，因而古埃及人对纸莎草同样格外崇敬。纸莎草植物用途广泛，古埃及人用它来编制席子、筐子[③]，或是建造船只，甚至是修盖房子。当然，最广为人知的便是用来造"纸"，使用芦苇笔在莎草纸上书写或绘画，莎草纸由此成为当时人们主要的书写介质，也是古代非洲重要的出版载体。

---

① 荷花是上埃及的象征。
② 枣椰树是埃及人重要的食物来源。
③ 据说《圣经》中摩西被抛入尼罗河时所坐的筐子就是用纸莎草编的。

莎草纸是古埃及的特产。大约公元前3000年，古埃及人便开始使用莎草纸。直到9世纪，廉价的中国植物纤维纸从阿拉伯传入，古埃及的莎草纸才开始逐渐被取而代之。此外，羊皮纸也在很多领域中取代过莎草纸成为社会主导的书写和复制材料。

莎草纸被取代之后，这种书写载体的制作技术逐渐失传。直到埃及人哈桑·拉杰布①成功仿制出莎草纸，人们开始了对它的重新认识。哈桑·拉杰布曾是埃及驻新中国的第一任大使。他从小就对古埃及文化具有浓厚的研究兴趣。1968年，哈桑·拉杰布退休后，便开始潜心研究莎草纸的制造工艺。皇天不负苦心人，终于，他如愿找到了古人制作莎草纸的方法，也让古埃及这一出版杰作和文化精粹重见天日。此外，哈桑·拉杰布还在尼罗河畔开设了"拉杰布纸草画博物馆"，博物馆一层靠右边的角落里，便是莎草纸制造工作室。

## 二、莎草纸的出版成就

纸莎草是古埃及文明的重要组成部分。古埃及人崇拜纸莎草，将它看作北方王国的象征。古埃及的莎草纸出版成就主要集中在莎草纸画艺术作品及医学、数学、文学、宗教等方面，正是这些成就丰润和滋养了非洲出版文明的根脉。

### （一）莎草纸画方面

古埃及人使用特有的莎草纸作画，俗称"莎草纸画"，主要用于家庭的墙壁装饰。

埃及莎草纸画的题材一般取自卢克索神庙的壁画内容和古埃及的神话传说，画风古朴、简洁而凝重，人物或动物栩栩如生，色彩绚丽多姿。浅黄色的粗纹"纸"搭配精美的古画，给人们一种特殊的美感。有人说，莎草纸画虽然是画，但它的精髓却不是画，而是"纸"——莎草纸。

◁ 图1-2 莎草纸画 ▷

（图片来源：万安伦摄于埃及）

### （二）医学方面

古埃及的医学成就高度发达，在古代世界享有盛誉。古埃及人在5000多年以前制作的木乃伊能够保存至今。莎草纸是保存古埃及医学成就的重要出版

---

① 哈桑·拉杰布，埃及首任驻华大使，为重现古埃及法老时代的社会生活、居民状况和文化习俗，1968年在埃及开罗吉萨区创建"法老村"。法老村其实是一个仿古主题公园，园内有香水制作（据说香水最早是由古埃及人发明的）演示、木乃伊博物馆制作木乃伊表演、莎草纸制作演示及埃及众神和法老雕像等。

载体。目前通过莎草纸保存并流传下来的代表性医学文献主要有《埃伯斯纸草卷》《史密斯纸草卷》《拉洪纸草卷》《柏林纸草卷》《伦敦纸草卷》《赫斯特纸草卷》等。

### (三)数学方面

古埃及是世界上数学产生最早的国家之一,古埃及的数学成就,主要通过莎草纸出版记录和保存下来,现今人们对其数学的认识,也主要来源于两卷纸莎草文献,一是《莫斯科纸草书》,成书于公元前 1850 年左右;二是《莱因德纸草书》,成书于公元前 1650 年左右。这两卷纸莎草出版文献都用僧侣体文字书写而成。

据研究,《莫斯科纸草书》出自第十二王朝(约公元前 1890 年)一位佚名作者之手,包含 25 个数学问题。《莱因德纸草书》全称为《莱因德数学纸草书》(Rhind Mathematical Papyrus),是世界上最古老的数学出版著作之一。这两卷纸草书的年代大致相当于中国的夏代。

### (四)文学方面

古埃及文学最具代表性的出版作品是《亡灵书》,它是古埃及文学的汇编,汇编的内容主要来自《金字塔铭文》和《石棺铭文》,题材主要为诗歌、神话、符箓、宗教礼仪等。

《亡灵书》是古埃及重要的莎草纸出版之一,内容为用象形文字写在长卷莎草纸上的各种咒文、祷文和颂歌。现今保存完整的《亡灵书》,多数来自金字塔和古代陵墓。《亡灵书》中包含大量的文字和彩色插图。它是古埃及人宗教信仰的结晶,也是保存和记录埃及早期社会现实生活和人们思想意识的重要出版作品。古埃及人向往美好幸福的生活,深切期望来世的愿望都在《亡灵书》的咒语中得以体现,这一切都基于一种朴素的信念:以永久活着的形象来表明永恒的生命。其中,《阿尼的纸草》(作于公元前 1450—前 1400 年)作为重要的出版作品,承载了《亡灵书》绝大部分的内容。

## 三、莎草纸的传播及其历史影响

莎草纸,作为当时世界上先进的书写材料和出版载体,不仅在埃及使用广泛,而且通过贸易的方式曾传播到希腊、罗马和欧洲各国。莎草纸的普及和传播,促进了当时地中海地区和两河流域的文化保存和文明传承。

莎草纸历时 3000 年而不衰,据说全世界约有 10 万张莎草纸文献保存至今,其中埃及博物馆就珍藏了数万件莎草纸古代文献。

莎草纸,作为一种重要的书写材料和出版传播工具,是人类出版实践从硬质向软质演变过程中必不可少的重要环节;作为人类历史上最早的纸质文字载体，在政治、经济和文化领域对使用莎草纸的国家和社会均产生了深远影响。

莎草纸作为重要的出版载体，应用于宗教和国家文书、政令等，对于提高古埃及、古希腊和古罗马国家的行政管理效率和促进文明发展，具有极大的作用。莎草纸作为重要的书写材料，记录和保存了古埃及人在医学、数学、文学等各个方面所创造的成就，为传播和传承人类文明成果，做出了重要贡献。

莎草纸作为早期出版载体，是人类在探索出版载体的过程中，由石质、木质、陶器、金属等硬质出版载体迈向软质出版载体的重要一步。但"莎草纸从本质上来说，仍是一种产地单一的自然植物的简单加工的产物，具有自身不可克服的诸多局限性，其最终被原料分布地域更广和质地更加优良的羊皮纸和植物纤维纸所代替"①，这也是一种历史的必然和进步。

20世纪以来，以莎草纸为考察对象的研究逐渐积累成为一门学科——"纸草卷学"。

## 第三节　古代非洲硬质出版的成就

文明的重要因素是文字的存在。古埃及的象形文字产生之后，古埃及的出版文明得以丰富发展起来。概而言之，古代非洲硬质出版成就主要集中于古埃及文明。古埃及人的书写材料丰富，石质、木质、陶器、皮革、金属、莎草纸等都是出现在古埃及历史舞台上的出版载体。其中，石质出版和莎草纸出版在文明的传播过程中起到尤为重要的作用。

### 一、石质出版载体上的历史铭文

1798年拿破仑远征军在埃及发现的罗塞达石碑，被认为是世界考古学方面最重要的文物之一，其在非洲出版史上具有重要的地位，对揭示非洲象形文字符号系统产生了深远的影响。罗塞达石碑用古埃及的象形文字、俗体文字、古希腊文字三种文字刻写同一内容，其历史地位，不仅体现在石碑铭文是研究托勒密王朝的一篇历史文献，而且在于在商博良的努力下，石碑上的象形文字被成功译读，揭开了古埃及象形文字之谜。后者具有更高的理论意义和实践价值。

象形文字被破译后，人们可以识读古埃及石碑碑文、纸草文献等记载埃及历史事件、社会生活、思想意识的出版作品。象形文字的发现，是人们了解古代埃及文明的重要路径之一，这在非洲出版史和文化史上具有极其关键的作

---

① 孙宝国、郭丹彤：《论纸莎草纸的兴衰及其历史影响》，载《史学集刊》，2005(3)。

用，同时这些历史铭文的发掘也成为解读古埃及文明重要的出版文献。①

古王国时期，文字出版文献逐渐增多，此时主要的出版载体为硬质出版，例如石碑、墙壁上的文字等，以及莎草纸上的文字，这些出版内容也被统称为"铭文"②。这些铭文内容广泛，涵盖埃及古王国的政治、经济、文化各个方面，是传播和保存古埃及王国历史的主要途径。

第一中间期(约公元前2181—前2040年，包括第七王朝到第十王朝)，是古埃及历史上的第一次大分裂时期，中央集权不复存在，地方势力纷纷独立，社会极度动荡，出版史料稀少且晦涩难懂。这一时期的历史文献主要来自于中王国时期的莎草纸文献记载，出版史料文献内容主要集中在以下方面：一是铭文出版，包括王室铭文和非王室铭文。二是棺文出版，即首次出现的非王室成员的丧葬文献汇集。棺文是金字塔文的延续。三是文学文献出版。本时期主要文学样式包括"智慧文学"，主要是长者对后人的教诲，作品如《对美里卡拉王的教谕》。此时期的文学和文献出版发达，故事有《辛努海的故事》《遇难水手的故事》《能言善辩的农夫的故事》，智慧文学有《阿蒙尼姆赫特一世教谕》《忠诚教谕》，社会评说有《内弗尔提预言》等，还有《凯米特之书》，意思是埃及之书，教育学生如何写作。诅咒文字主要为对敌人及外国人的诅咒。

第二中间期社会极其混乱，是古埃及历史上第一次忍受外国人统治的时期，目前尚未发现相关文字文献出版史料。

新王国最为重要的铭文材料为"传记铭文"。古埃及的传记铭文诞生于碑文，特别是墓志铭，其内容与死者相关，或是为了纪念，或是为了向神表明此生行为无错。因此其最初出版用意是让死者的"巴"③能够辨认出自己的躯体，以便回到自己的身体之中。这就使得古埃及的传记带有明显的固定模式，特别是新王国的此类铭文更是多有夸大自己战功和品行的成分。此类出版比较重要的有《阿巴那之子阿赫摩斯传记》《伊嫩尼传记》《图瑞传记铭文》等。

第三中间期古埃及再次走向分裂，直到普撒美提克将努比亚人从埃及驱逐出去并建立起第二十六王朝。该时期的铭文出版文献大多简短且零碎，铭文不多，主要有"弘苏神庙铭文""建筑铭文""皇家木乃伊铭文""达赫勒石碑""庆典铭文"等。

---

① 以下关于古埃及不同时代历史铭文出版的分类归纳，均参考李晓东：《埃及历史铭文举要》，北京，商务印书馆，2007。
② 铭文，指刻写在金石等物上的文辞。
③ 在古埃及，死者的灵魂为"卡"(ka)，死者的意识为"巴"(ba)。

## 二、职业出版人：书吏（抄书员）

书吏作为古代社会知识分子阶层，在创造、传播和保存古埃及文化方面起着至关重要的作用，是古埃及出版成就的直接创造者。在古代埃及政府的官僚组织中，大部分国家官员都是书吏出身，"书吏"是一个最基本的头衔。

书吏的产生归因于古埃及象形文字系统的烦琐复杂，普通人难以掌握，只有经过艰苦学习，付出相当长的时间和耗费极大精力的少数人才可以掌握和书写，因此，古王国时期，囿于生产力条件的落后，只有很少的一部分人开始从体力劳动中分离出来，学习书写文字，书吏便成为一个专门的职业。

古埃及书吏的象形文字是由书写工具包括调色板、装刷子和颜料的器皿、芦苇笔和人组成，显而易见，表达了书吏承担着书写的任务。

### （一）书吏数量庞大，种类繁多

"最早的书吏的形象出现在那尔迈调色板上，在那尔迈王面前拿着书板。"①

书吏在人口、土地和财产的清查工作中承担着重要的角色。和书吏相关的一个重要工作是为国家征税，"由于那时货币尚未出现，从事各行各业的人们全用产品和劳役完税，这就使记账的工作复杂万分"②。在征税时需要数量极大的书吏。此外，在古埃及众多工程建设中，例如在神庙建设、金字塔建设及军队中都需要数量庞大的书吏担负起记录、算数的工作。按照书吏所在领域进行划分，大致可以将书吏划分为政府部门书吏、军队书吏和神庙书吏三类。政府部门书吏，又分为中央和地方级别。

从考古发掘出的古埃及书吏雕塑来看，其盘腿而坐，展开的纸莎草卷放置在大腿部分，是书吏出版工作者工作状态的写照，也正是典型的书吏形象。这说明，书吏最重要的职业是记录、计算和整理各类档案，可以大胆称之为"职业出版家"。

### （二）"职业出版家"：记录、计算和抄录

书吏担负着整个社会的记录工作。古代君主对其历史记录和档案记载都很重视，古埃及的历任国王也是如此。数量庞大的档案书吏分布在国王的宫廷内、宰相的官邸中以及各色神庙里，负责记录、书写和整理各类档案。此外，法庭中也存在众多的书吏人员，负责法庭中事务的相关记录，每隔一年进行的

---

① 《世界上古史纲》编写组：《世界上古史纲（上册）》，283 页，北京，人民出版社，1979。

② [美]莱昂内尔·卡森与时代-生活丛书编辑合著：《古代埃及》，余英时译，99 页，台北，时代公司，1979。

全国土地、人口和财产清查。①

计算是书吏在农业活动和工程建设方面所承担的重要职责。尼罗河每年泛滥，因此每年重新丈量和分配土地成为国家的必要工作。这一过程就需要书吏的计算工作，每年通过计算土地面积，重新确定土地边界。

在古埃及，书吏也从事文学和宗教方面出版内容的抄录工作。例如，《两兄弟的故事》《辛努亥的故事》等，这些文学作品之所以可以流传后世，都是抄录书吏的功劳。这些书吏承担着现今出版家的使命。"生活之家"是古埃及最高的知识机构，其中有一个单独的部门，专门负责抄录工作。

### 三、莎草纸出版：硬质向软质过渡

莎草纸出版成就以纸草"书"的制作、传播和保存为主。古埃及的纸草书，可以看作是现代书籍的先祖。书籍可定义为：为了公开散发而把文字或符号记录在一定的物质材料上；这种材料既分量轻又坚固耐久，因而比较便于携带。②

莎草纸，是一种类似纸张的书写材料。由纸莎草制作而成的纸莎草片，规格不尽相同，若干片纸莎草片粘贴连成长长的一幅。制成书籍时，抄写者在草茎纤维水平呈现出来的一面（即正面）书写，抄写完毕，把写字的一面面向里卷起，这样就制成了一卷纸草书。③ 也有双面书写的。

莎草纸出版代表着出版载体从硬质向软质过渡的特点。莎草纸不同于古代非洲的石料、木料、陶器、金属等，它具有书卷的特点，有一定的韧性；莎草纸又可以由莎草片粘贴连成长长的一幅，可以卷起来，说明其具备一定的软度，但有无法折叠的缺点，与羊皮卷和纸张等相比，相差甚远。莎草纸作为一种过渡时期的书写材料，表明了出版载体发展演变的软化方向。

综上所述，莎草纸作为出版载体，我们将其划分到硬质出版载体之中，主要是因为莎草纸在当时条件下，大多数无法折叠，易损坏，尽管其也具有一定的软性、柔性。在这一历史环境下，莎草纸可以被看作从硬质出版时代向软质出版时代的过渡阶段。

---

① 第六王朝末期之后成为每年进行一次。
② 俞振伟：《世界书籍发展史概况Ⅰ》，载《编辑之友》，1989(1)。
③ 同上。

# 第二章　古代两河流域的硬质出版

美索不达米亚（来源于希腊语 Mesopotamia，意为"河流之间的土地"）平原，是底格里斯河和幼发拉底河冲击形成的两河流域冲积平原，是人类文明的滥觞。这里发明了最早的成熟的文字符号系统——楔形文字；出现了人类最古老的书籍形制——泥版书；拥有最早的将教育和出版统一在一起的泥版书屋；出现了最早的专职出版人员即泥版书的制作者——书吏。两河流域对人类童年期的出版发展贡献卓著、影响深远。两河流域，就是今天伊拉克平原和伊朗高原。苏美尔文明、巴比伦文明、亚述文明和波斯文明共同构成了两河流域的古代文明。

## 第一节　两河流域的文字符号

古代西亚地区有两条世界上著名的河流，一条是底格里斯河，另一条是幼发拉底河。这两条河流孕育了人类古老的文明——两河流域文明。两河流域文字符号及泥版书的发展史，就是其古代文明和文化的发展史。两河文明的楔形文字和泥版书为世人称赞。楔形文字，是迄今为止所发现的世界上最古老的文字，比埃及象形文字还早，也比印度的印章文字和中国的甲骨文早。

### 一、两河流域的出版与文明

两河流域有世界上最早的城市和文化体系、最早的农业和先进的灌溉技术。"五千年前，当中国文明刚刚兴起时，这里的上层贵族已在使用人类最早的文字，这里还诞生了人类最早的学校、人类最早的图书馆、人类最早的史诗。"[1]

**（一）苏美尔的出版文明**

两河流域分为两部分，北部是亚述，南部是巴比伦尼亚，而苏美尔正是位于巴比伦尼亚地区，大体位于今天的伊拉克北部地区。苏美尔文明是两河流域

---

[1] 杨建华：《两河流域：从农业村落走向城邦国家》，前言，北京，科学出版社，2014。

最早的文明,是苏美尔人凭借着勤劳的双手造就的人类历史上第一个高度发达的古老文明。苏美尔人的起源是世界历史之谜,有人认为是土著文明,也有人认为可能是从东方某个民族迁徙而来的迁徙文明。他们所创造的楔形文字和泥版书,开启了人类文明的大门。"公元前 4300 年,苏美尔人就在美索不达米亚平原过着游牧生活,公元前 3500 年前,他们已经进入农耕社会,并且以城市为中心建立起城邦国家,成了世界上第一片文明开化之地。"①

苏美尔人是最早使用文字的,因此他们也是最先进入文明的地区。生活孕育语言,语言孕生文字,文字创造文明。苏美尔人创造楔形文字,并将其刻写在泥板、石板、陶器等出版载体上,创造出古老而灿烂的两河流域文明。从欧贝德文化、乌鲁克文化到杰姆代特奈斯文化的发展,从文字符号到出版载体的演变,文明的火花开始迸溅,在美索不达米亚平原率先点亮文明之光。两河流域的文字符号得以产生和发展,出版文明也在该流域萌生新芽,并逐渐长成参天的文明大树。

公元前 2371 年,苏美尔人被阿卡德人征服,苏美尔文明的繁荣期过去了,出现了短暂的阿卡德文明。后来阿卡德统治被古提人推翻,苏美尔文明又出现了复苏,直到公元前 1790 年之前,此段文明被统称为苏美尔-阿卡德文明。

(二)巴比伦的出版文明

公元前 1790 年以后,古巴比伦国王汉谟拉比统一两河流域,建立起西亚强大的古巴比伦王国,成为世界四大文明古国之一。巴比伦文明是继苏美尔-阿卡德文明之后又一先进的文明,是西亚古代文明的重要组成部分。

古巴比伦文明在苏美尔-阿卡德文明的基础上有了进一步的发展,表现在发达的祭祀文化和法律文化上。他们把神话作为一种信仰,用楔形文字进行记载,用石雕进行呈现。汉谟拉比法典的石质出版就是其最有力的证明。同时他们还把国王和人名题写在泥版书上,成为我们现代人打开巴比伦文明迷宫的一把钥匙。

(三)亚述的出版文明

两河流域被划分为两部分,南部孕育了苏美尔文明,北部则萌发了亚述文明。亚述文明比苏美尔文明稍晚一些,它并不是苏美尔文明的继承者。亚述文明是游牧文明而非农耕文明。亚述人崇尚武力,喜好穷兵黩武。亚述文明是西亚历史上带有强烈军事色彩的文明。亚述是世界上第一个可以被称为"军事帝国"的国家。

从公元前 2006 年至公元前 746 年,亚述经历了三个历史时期:古亚述时

---

① 郭豫斌:《东方古文明》,3 页,北京,北京出版社,2005。

期、中亚述时期和新亚述时期。新亚述时期，文明发展达到一定高度。其主要原因是商业发展带动教育和文化的发展，同样使得亚述出版文化空前繁荣。

### （四）波斯的出版文明

波斯文明是兼具农耕文明、游牧文明、商业文明的综合性文明形态。波斯帝国建立的时期属于早期青铜器时代。波斯人在吸收苏美尔和巴比伦文化后，建立埃兰文化。这是波斯文明的最主要部分。他们创建自己的文字，称"埃兰文字"。但这个文字在很大程度上是建立在两河流域的楔形文字基础之上的，受两河流域书写体系影响较深。无论是文字符号，还是出版实物，都证明两河流域的文明与波斯文明融合发展后，又取得了新的进步和提升。

## 二、出版符号的发生发展

四大文明古国的出现，其实都是以文字和出版发展为前提和标志的。这就是出版科学和出版文化的作用和魅力。世界上存在多种古老的文字，如两河流域的楔形文字、埃及的象形文字、印度的印章文字、中国的甲骨文及美洲的玛雅文字等。这些文字创造了灿烂的古代文化和世界文明。而对西亚乃至世界文明影响至深的当属楔形文字。楔形文字是苏美尔人的智慧结晶，也是两河流域绚烂文明的集中体现。

### （一）楔形文字的发明

"和中国汉字及埃及古文字一样，苏美尔楔形文字也是由图画符号发展而来的。"[①]楔形文字是在图形符号基础上演化而来的，采用象形文字的结构，用扁三角形和一些线条构成文字符号，这就是两河流域最早的楔形文字。这是一种象形文字，一头大，一头小，像楔子和钉子，因此被称为"楔形文字"或"钉头文字"。图形符号刚开始要求形似，因而写画起来比较复杂，不能满足人们记载较多信息的需求，于是两河流域的人民开始将原来形似的图形符号逐渐进行简化。经过500多年的发展，两河流域开始出现成熟的象形文字符号系统，而不是初期的刻画图形。这就是苏美尔人发明的两河流域楔形文字。公元前19世纪，巴比伦人对楔形文字进行第二次大规模简化。公元前10世纪，亚述帝国又对楔形文字进行了第三次文字改革和简化。至此，楔形文字的简化和规范达到了顶峰，并成为西亚各国乃至更广范围普遍使用的通用文字符号系统。楔形文字与汉字一样，既表音又表意。文字的发明可谓是两河流域最伟大的创举。

---

① 吴宇虹等：《泥板上不朽的苏美尔文明》，24页，北京，北京大学出版社，2013。

### (二)楔形文字的使用和传播

苏美尔人最早发明了楔形文字。经过阿卡德帝国、古巴比伦王国、亚述帝国的扩张，文字也逐渐传播到西亚各地，成为西亚各国流通的语言文字符号系统。两河流域的文字在美索不达米亚平原实现了真正意义上的通用性传播和代际性传承。苏美尔人把楔形文字的创始起源说成是神灵的功劳，并用楔形文字把神话故事记载下来，借助人们对神的信仰进行更加广泛的传播。巴比伦时期，楔形文字还成为一定范围的世界通用文字，这足以说明楔形文字影响之大。

### 三、出版符号的赓续和传承发展

亚述帝国在波斯强大的攻势下灭亡，苏美尔文明式微。但是在波斯文明中，苏美尔文明仍部分存在，直到波斯帝国灭亡，苏美尔文明才真正灭亡。楔形文字这种出版符号系统也在世界文字体系中成为一种死亡的文字。

在两河流域，伴随着帝国从繁荣到衰亡的历史更迭，其制度和语言往往出现相应的变化。例如在阿卡德帝国灭亡苏美尔之后，全国的语言采用的是塞姆语，并且把这种语言作为全国通用的口语。但其书面语言即文字仍然采用苏美尔楔形文字。这说明，文字作为出版符号系统，是文化的一种标志性赓续和传承。当然，我们也应该看到，这种赓续和传承，是有创新和发展的。楔形文字经过三次变革简化之后才被真正确立下来。而这三次变革也与三次帝国的更迭有关，其中，文字在演变，但其基本的符号笔法被传承下来，成为楔形文字流通和运用的基础。

文字符号是出版的基础要素，一旦与出版载体及出版技术相结合，就会形成出版成果。而这些出版成果其实就是文明成果和文化成就。

## 第二节 两河流域的出版载体

两河流域文明因不朽的文字符号而永存，然而真正使两河流域文明得以重见天日的是刻印着楔形文字符号系统的泥版书。这是世界文明史和出版史上的伟大创举。其他出版载体如石质、木质、陶器等都是两河流域的硬质出版载体。正是这些文字符号系统与出版载体的有机结合，为人类记录和保存了文明的种子。

对于两河流域楔形文字出版载体的认识，人们最容易形成共识的是泥板这种出版载体。将楔形文字通过削尖的芦苇秆或木棍在泥板上印压或刻写，然后将其风干、晒干、烤干或烧干的字符泥板称为"泥版书"。而人们对陶质出版、石质出版和木质出版的认识不足，我们在这里一并介绍。

## 一、泥版书的出版载体

### (一) 泥板载体的产生

每一种出版载体的产生都有其独有的历史条件，埃及莎草纸的应用是因为尼罗河流域适合水生植物纸莎草的生长；中国的竹简木牍的使用是因为温带季风气候适合竹木的生长；同样，两河流域泥版书的采用也是因为黏土获取的方便和分布广泛。①

两河流域地区为底格里斯河和幼发拉底河的冲积平原，这里淤积黏土。苏美尔人利用黏土来从事农业、制陶、文化生产等，将黏土制品作为出版载体是可以想象的。

两河流域出版载体的泥板成为文字和文明发展的重要助推器。淤泥经过流水冲刷而更加黏合、更有韧性，将制成一定大小规格的泥板经过晾晒、风干达到适宜刻写的程度，然后将泥板经过打磨，使其表面变得比较光滑，再用坚硬的芦苇秆或木杆将楔形文字符号刻画印压在泥板上，然后就将泥板进行烧制，最后形成我们现在发现的泥版书。

更可贵的是，两河流域为了提高出版效率，发明了印章盖印出版和圆筒滚印出版。他们发明的圆筒类似于今天的滚筒印刷技术，用圆筒在泥板上滚动，这样使得滚筒上所刻的字迹就自然地转移到泥板上。这种技术在出版史上是比较先进的，也是令人称赞的。

### (二) 泥板载体的制作

泥板作为一种出版载体，其制作技术和制作要求十分严格。两河流域人们把泥版的制作看作非常庄重和非常神圣的事情，其制作过程具有严格的工艺和程序。泥板作为书写载体，不像石质和金属载体一样不怕风吹雨打；也不像莎草纸一样，可以整装收藏。两河流域的书匠对于泥版书的制作可谓是精益求精，对收藏也是费尽心机。

制作泥板所用的泥土是两河流域一种特有的黏土，这些黏土必须保证恰当的湿度和可塑性。一般情况下，将黏土制作成一块泥板书的过程大致有如下几个步骤：首先，需要把准备制作的泥团弄到一定湿度后，再用两只手掌轻轻地揉搓，将泥团揉搓成想要的形状；其次，用芦苇秆笔或木杆笔比较光滑的一端将泥板磨光、磨平，要把棱角磨圆，并用细线在上面画出行格；最后，在上面压印或刻写文字内容。泥板大小是不确定的，有的大有的小，如果泥板太大，

---

① 金立江：《苏美尔神话历史》，101 页，广州，南方日报出版社，2014。

拿在手上太大太重的话，便需要将它放在一个支架上。一般来说，较小泥板的正反两面或多或少有些凸出，这样可以增加泥板的强度。而较大的泥板因下面放在平面支架上，只能是上面为凸面来增加强度。文字内容刻好后，将其晾干晒干，再放入火中烘烤，增加其受力强度。

书吏在进行书写时，也会根据泥板的正反两面进行合理的刻写，在刻字时，他们一般先选择光滑的一面刻写，等完成之后，翻转过来再刻写另一面，这样泥板的两面刻写，就能承载更多的文字符号信息。

保存这些泥版书籍真是困难重重！在两河流域，遇到阴雨天气，潮湿严重的情况下，这些泥板就有可能因潮湿或受力而变形甚至破碎，为妥善收藏泥版书，书吏们穷尽其智慧。现今发现的泥版书，有的装箱封存，有的用货架保存，有的用干土覆盖保存，也有的用绳子捆绑并在外面加一层特制的护膜封存，不一而足。

**(三)泥板载体的类型和封套**

泥版书的类型，按形状和用途大体可分为两大类。

一类是矩形泥板，主要用来记录经济和行政管理信息、契约和私人信件等。

二类是方形泥板，往往作为记账凭证。

为了密封泥版书，他们往往采用封套的方法将两个泥板封存，用柔软的胶泥黏合，并在黏合处用印章按下印迹，杜绝了篡改文本信息的可能性。

## 二、木质出版载体

除了泥板以外，两河流域人们也把木板作为出版载体，只是这些木板使用得并不是很普遍。早在文字符号系统产生之前，远古人类已经开始把各种图形画刻在不同的材质上面。当时，人们也开始在木板上进行浮雕，通过考古发现的文物可以推测，当时人们用木板更多的是进行图画雕刻，作为一些建筑的装饰物。而美索不达米亚平原的人们在楔形文字创造之后，也开始用木板作为出版载体。

两河流域木材较少，作为书写材料，木板相对比较坚硬，这就使得刻字非常困难。但是美索不达米亚平原的人们用智慧将木板变成创新性的出版载体，不需要用刀刻，而是"在木板上涂上一层薄蜡，在蜡上印上楔形文字符号"。[①]这样把每一块印有楔形文字的木板串起来就形成一部"书"。这种材料耐久性差，保存起来比较困难，存放不像泥版书那样容易，使用范围较小。但古代两

---

① 于殿利：《巴比伦与亚述文明》，80页，北京，北京师范大学出版社，2013。

河流域的人们的确曾经用蜡版作为出版载体,并以此承载着楔形文字符号。

### 三、石质等出版载体

两河流域的出版载体除了泥板、木板以外,还有一些其他的出版载体,如石质、陶质、骨质、金属等也是人们记载文字符号的载体。以下我们主要介绍石质出版、筹码出版、泥质信封和印章出版三方面内容。

#### (一)石质出版

像世界其他地区的古老文明一样,石质是古代人们刻画和书写的重要载体。因此,石刻文、碑文、梁柱文等在世界各地都有广泛的出版实物出土。两河流域石头是稀有之物,在石头上刻写楔形文字往往是国王或贵族的专利。因此,石头作为一种出版载体,并不是平民化的,而是"王室铭文"或"贵族铭文"的代名词。《汉谟拉比法典》是石质出版载体典型的、代表性的作品。

#### (二)筹码出版

除了石质的出版载体以外,两河流域的人们还用黏土制陶,并在陶体上刻画和书写楔形文字。两河流域还有一种特殊的出版形式就是筹码出版。古代两河流域的人们制作筹码,更多的是为了方便泥版书的整理和查阅。筹码的产生早于楔形文字和泥版书。在两河流域的楔形文字和泥版书产生之前,有另外一套出版记录系统:筹码、印章及印纹、空心泥球状信封、数字泥板等。筹码出版是两河流域泥版书书籍化过程的重要标志和辅助手段。

#### (三)泥质信封和印章出版

在两河流域发掘的文物中,我们可以看到陶制的印章是比较普遍的,与筹码系统一起发展的还有泥质空心球及由此衍生的印章出版。在两河流域发现过直径在5~7厘米的泥质空心球,里面装有泥制筹码,所以更准确地说这个泥球应该叫作"泥质信封",它可以在一定程度上防止有人偷窥或更改"信"的内容。"泥质信封"上一般有泥球制作和封存人的印章痕迹。

印章在两河流域有各种各样的形状,其中滚筒印章在两河流域长期应用。滚筒印章其实就是具有阳文符号的小型圆筒。"两河流域的印章是一种小型(平均只有1~1.5英寸长)、石刻的圆柱体,是放在柔软的黏土上不断滚动,这样就留下了印迹作为所有权的签名或标志。"[①]印章最初是用泥土制成的,后来是石头,最后是金属和玉制的,印章是两河流域重要的出版载体和出版技术。

两河流域还存在一种类似于按手印的签名方法,即一些没有印章的人用他

---

① [美]斯蒂芬·伯特曼:《探索美索不达米亚文明》,秋叶译,356页,北京,商务印书馆,2009。

们的手指甲在泥板上"签名"。筹码、泥球状信封和印章,是泥版书的重要组成。

## 第三节 两河流域的出版成就

两河流域取得了巨大的硬质出版成就,在泥板、石质的法典出版,泥板书屋,图书馆制度等方面成就巨大。

### 一、出版史上最早的成文法典

两河流域的统治者需要建立和发布相关法律来约束被统治者。出版和发表这些成文法,既是对于两河流域法律的贡献,又是对于出版的贡献。

#### (一)《乌尔纳木法典》发布出版

《乌尔纳木法典》是两河流域最早的成文法典,该法典成于乌尔第三王朝,当时南部两河流域已经完全进入青铜时代。《乌尔纳木法典》上的楔形文字是经过改良和简化后的苏美尔楔形文字。该法典是被刻写在泥板上的,并采用封印的方法进行封存,还有编号,该法典也因此成为泥版书的典型代表。

现存的《乌尔纳木法典》内容分成两部分:前言和正文。前言内容可概括为王权神授,月亮神南那把乌尔纳木作为统治乌尔王朝和苏美尔地区唯一的合法者。正文部分残缺不全,但大致可辨。该法典涉及社会伦理、婚姻家庭、土地的占有和使用、奴隶制、司法和诉讼程序及刑法等诸多方面。该法典中最引人注目的是,改变了以往"以眼还眼,以牙还牙"的身体刑罚原则,而采取罚金的方式来替代,这在某种程度上显示了法律的人性化,在当时,已经算是非常先进的法律条款。该法典显示出当时苏美尔人高超的智慧和卓越的法律修为。

#### (二)《汉谟拉比法典》发布出版

举世闻名的《汉谟拉比法典》是美索不达米亚法典编纂出版达到顶峰的标志。该法典的制定者汉谟拉比是统一两河流域的一代天骄,他统治的时期是两河流域发展最辉煌的时期。该法典是两河流域最为完整健全的成文法典。它的出版载体是石柱。由于其发布出版载体的坚固性和耐久性,这部被刻写在石柱上的法典得以完整保存下来,并被称为世界上最完善的古老成文法。"该石碑高2.25米。上部周长1.65米,底部周长1.90米,由三块黑色玄武岩组成"[①],上部刻有浮雕,也是体现王权神授的思想;下部是法典铭文,用楔形文字刻写

---

[①] 张健、袁园:《巴比伦文明》,147 页,北京,北京出版社,2008。

具体的法律条文，一共282条，3500行，几乎涉及巴比伦人日常生活的各个方面。该法典添加了反抗国王的罪名。该法典是巴比伦改进后的楔形文字碑刻铭文，比泥版书更坚固经久，是两河流域的文明史、法制史和出版史的重要实物支撑。

### (三) 其他法典的发布出版

亚述统治者出版发布的新法律是刻在泥板上的《中期亚述法典》，部分内容被毁坏，法典规定也不完整。这些泥板是德国考古学家在亚述古城遗址发现的，上面所刻的法文则可追溯到公元前15世纪。迄今为止，所发现的属于两河流域的法典，最晚出版发布的是《新巴比伦法典》。《新巴比伦法典》也属于泥板载体所出版的法典。

## 二、图书馆：最早的泥版书之家

图书馆的概念在公元前2000多年的两河流域就已经存在，是国家文明的象征。收藏和储存这些泥版书的最好地方就是图书馆。这与古代中国的藏经阁、藏书楼类似。

### (一) 三大类型的图书馆

两河流域一共存在三类图书馆。第一类最早，是神庙图书馆。它主要储藏神话故事和有关祭祀的泥版书籍。第二类是古巴比伦国王汉谟拉比建立的全国性的图书馆和档案馆。第三类是亚述帝国的图书馆。这一时期的图书馆整体特点是大而完整，其中尼尼微图书馆最著名。这三类图书馆成为两河流域文化高度发达的标志，收藏传承的泥版书和史诗珍藏，成为研究两河流域文明发展和出版流变的主要依据。

### (二) 尼尼微图书馆

尼尼微是亚述帝国时期重要的城市。在这座城市遗址中，考古学家无意中发掘出一座富丽堂皇的地下图书馆。这座图书馆是当时的国家图书馆，是根据亚述国王巴尼帕的旨意建设的，是当时面积最大、收藏图书最多的图书馆。国王巴尼帕召集全国优秀书吏，齐聚尼尼微，然后命令他们对全国优秀的图书进行抄写，可以说是举全国之力，来建设尼尼微图书馆。尼尼微图书馆中不仅藏书量大，而且对每一本书都进行编号，并作简介。对于有破损或挤压而导致文字不清楚的，书吏需要重新整理校勘。如果校勘和请教当时最有学问者仍没有结果，就必须标注，否则会受到惩罚。尼尼微图书馆更像是一个档案馆，对世界文明史和世界出版史的研究具有重要的文献价值和历史意义。

### (三) 图书馆的制度

两河流域书吏为图书出版事业和图书管理事业做出了杰出贡献。书吏严格按照要求对泥版书进行编排，并且用不同形状的题签来记录书籍的内容，这样就使得书籍的管理和查阅更加容易。再加上陶筹码的编号，整个书籍的管理就呈现井井有条的秩序。当时对于书籍的管理非常科学，书吏为方便读者阅读做出了重要的贡献。图书馆设有专门的管理员，他们要按要求整理和摆放图书，这些制度并没有一个像法典一样成文的记载，许多都是我们根据出土的泥版书研判出来的。

### 三、出版与教育的完美结合

苏美尔人发明了最早的文字符号系统，并且拥有卓越的出版技术和出版载体。"苏美尔的学校称'埃杜巴'，意思是'泥版书屋'，又称书吏学校。"①在苏美尔，学生的主要任务就是学习楔形文字。

#### (一)泥版书的作者和教师的一体化

在古代的两河流域，"书吏"具有双重身份，他们既是泥版书的制作者，又是泥版书的教育传授者，即教师。书吏负责整理全国文字，并将文字刻写在泥板上，成为"教科书"，供学生学习。除此之外，书吏还有一种职责就是编写国家史料和记录两河流域发生的重要历史事件，有时也充当国王的秘书或"史官"。两河流域的泥版书作者和教师呈一体化趋势。

#### (二)学校和书屋的统一

苏美尔人不仅创造了世界上最早的文字，还拥有世界上最早的教师和教育，因为在当时学校教室的屋子全部是泥版书屋。泥版书屋在我们现在看来是比较破旧的，但在当时确是最豪华的地方。泥版书屋遗址，第一类靠近王宫，第二类靠近神庙，第三类位于书吏居住区域。这也是贵族、宗教和平民三类不同的学校。这些传播知识和传承文化的泥版书屋印证了两河流域的出版体系和教育体系是两位一体的。

#### (三)科学的教育和出版

两河流域拥有先进的出版文明和教育体系。除文学和艺术外，科学在两河流域也是先进的，两河流域有数学、天文、地理、历算等方面的科学。六十进制的发明和应用，平方面积的测算，立方体容积的测量，勾股定理和圆周率 π（当时已经精确到 3.15）的发现，这些都是古代两河流域对世界文明的突出贡献。他们按月球运行的周期制定出一年有 12 个月的历法（像中国的农历），将一年分出夏、冬两季,② 还对日食、月食、黄道、地震、彗星等现象做了科学

---

① 郭豫斌：《东方古文明》，18 页，北京，北京出版社，2005。
② 王纲：《泥版书：楔形文字史话》，93 页，北京，中国社会科学出版社，2012。

的记载。所有这些知识都由书吏编写成泥版书作为教材出版。

**(四)校规的制定和出版**

两河流域学校的方方面面都有严格的制度和规定,而且这些规定还明文刻写在泥版书上。在学校遗址发掘中,考古学家发现了一部泥版校规,里面详细介绍了学校对于老师、学生的规定。该校规对从穿衣到上课的每一个细节都有着详细的规定,在今天看来,这是古代两河流域最完整、最详细的校规出版物。

**四、两河流域的出版影响**

两河流域的文化主要是由泥板这一出版载体承载的。在腓尼基文字和希腊字母出现之前,楔形文字几乎成了整个西亚文化的核心。两河流域的楔形文字和泥版书对于世界其他地区的出版文化产生了深远的影响。两河流域的古代医学领先世界,对解剖学有着重要的贡献,能够做难度很大的外科手术,了解人体自然和生理的构造,对人体肝脏功能有着深入的理解。两河流域的法律《汉谟拉比法典》、数学、科技、天文、地理等影响深远。通过泥版书,我们可以真正了解两河流域的文明。也正是因为有了泥版书这样的出版物,楔形文字才能得到最充分的弘扬和发展。出版的作用在两河流域文明史上显得极为重要。正是杰出的出版文明成就了两河流域卓越的古代文明。

# 第三章 古代中国的硬质出版

中国是四大文明古国之一，还是世界上唯一文明从未中断的文明古国，这是由于中国从古至今文字符号系统从未中断。从甲骨文到今天我们正在使用的汉字，虽然发生了很大的变化，但核心和本质没有改变。这是中华出版文化对于中华文明的独特贡献。古代中国的硬质出版载体丰富多样，有陶器、石器、玉器、甲骨、青铜器、简牍等。简牍是古代中国探索出的硬质出版载体的高级形式。古代中国硬质出版的主要技术手段是刻和抄。

## 第一节 古代中国的硬质出版萌芽

古代中国硬质出版的萌芽，主要涉及三个内容：一是古代中国硬质出版的大致风貌；二是结绳记事和文字起源；三是仓颉造字和文字产生。

### 一、古代中国硬质出版的大致风貌

人类文明史是由硬质出版开启的，我们把它称为"开启文明的硬质出版"。古代中国的硬质出版是世界硬质出版的一个有机组成部分，也是最重要的组成部分之一。在出版推动人类文明发展的过程中，古代中国的硬质出版，担负了极其重要的任务和角色。出版有四个考察的维度，一是出版载体。二是出版符号。三是出版技术。四是出版活动及成就。

第一个维度是古代中国的出版载体。在古代中国的硬质出版中，出版载体非常丰富多样，有龟甲，有兽骨，有玉石，有陶体，有铜（青铜铭文），有铁（丹书铁券），有竹简，有木牍，等等。这些出版载体承载着中国的古代文明和古代文化。

第二个维度是古代中国的出版符号，也就是我们历史悠久、极其独特、有着顽强生命力的中国汉字。我们说中华文明五千年没有中断，其实就是我们汉字的文字符号系统没有中断，如果我们的文字符号系统中断了，中华文化就中断了，中华文明也中断了。所以，在中华人民共和国成立之初有一段时间，有"汉字要走拼音化方向"这么一个提法，幸亏没有走成功，如果走成功了，那实际上我们中华文化和中华文明就出现断崖式的、断裂式的这样一种变故。如果我们汉字的文字符号系统出现毁灭性变故，后果是不可想象的。甚至可以说，我们的中华文明之根可能就断了。我们今天仍然在使用的汉字，实际上和我们古老的甲骨文、青铜铭文、石鼓文是一脉相承的。我们中华文明在世界所有民族中，是独一无二的。古埃及的象形文字后来中断了，古印度的印章文字和阿育王铭文后来也都中断了，古代两河流域的楔形文字和泥版书后来也中断了，古玛雅文字也中断了。唯有中华民族因为它的出版和出版文化，使得我们整个文明延续至今。所以我们要像爱护眼睛一样，爱护我们的文字符号系统，要像爱护我们的身体一样，爱护我们中华民族5000年来的出版文化和出版文明。

第三个维度是出版技术。它就是把第一项出版载体和第二项出版符号结合起来。有了一定的出版技术，才能把符号和载体有机结合起来。我们的出版技术也非常多，比如在龟甲兽骨上刻，在青铜器上铸，在陶器上描，在竹简木牍上刻或写。中国古代硬质出版的主要出版技术就是刻和写。到西汉，中国发明了植物纤维纸。经过改良，东汉宦官蔡伦造出了"蔡侯纸"。人们开始探索在这种软质出版载体上提高复制效率的新的出版技术，逐渐探索发明出"印"这种新的出版技术，如雕版印刷术、活版印刷术、套版印刷术、彩色印刷术等，这是后面软质出版主要讲到的内容。硬质出版的主要出版技术有刻、铸、抄、描等。

第四个维度是出版的活动及成就。"1＋2＋3＝4"，前三个维度加起来等于第四个维度，是出版载体与出版符号通过出版技术的有机结合，产生出版活动并取得出版的成果和成就。第四个维度是传统出版史最为关注的内容。古代中国的硬质出版成就非常突出，有甲骨文、石鼓文、青铜铭文、简牍文等，这些都成就非凡，比如说8000年以前的一些陶画符号，5000年以前的一些原始图文符号，3500年以前的龟甲兽骨上刻写的系统成熟的甲骨文，到3000年后，我们的简牍文非常成熟了。

把出版载体、出版符号、出版技术、出版活动及成就综合在一起考察，就可以管窥古代中国硬质出版的大致风貌。

## 二、结绳记事和文字起源

中华文字的起源有多种说法，一种说法是结绳记事说，就是文字是从结绳记事发展出来的。汉字的"一二三四五六七八九十"的字形，都有结绳记事的影子，特别是"十"，一横一竖，一竖是主绳，一横是结的一个大结，后来把它拉平了，这都是结绳记事的痕迹。古代先民没有非常好的出版载体和出版技术。他们就用身边的实用物绳索来做出版，因为他们抓野兽需要绳子，捆战俘需要绳子，攀岩打猎都需要绳子，所以他们把绳子的功用发挥到了极致，将绳子既当作出版载体又当作出版符号。

结绳记事，郑玄《周易注》载："结绳为约，事大，大结其绳；事小，小结其绳。"根据绳结的大小，来判定这件事物的性质。中国很多少数民族，有结绳记事的传统，或者曾经用过结绳记事的方法。比如藏族、高山族、独龙族都是使用过结绳记事的。像云南一些少数民族现在还在用结绳记事来记载他们的历史和生活，记载他们的数字数据，记载他们的文化。也不光是中国，世界许多国家、地区、民族也都用结绳记事，来作为一种出版的原始手段。比如说日本，再比如最有代表性的就是南美洲印加文明的"奇普"，也有翻译成"圭普"。南美洲印加文明时期曾经是结绳记事非常繁盛的一个时期，人们在传递信息的时候都是用打着各种结的绳子。打结的绳子有时用来传递紧急军情，有时用来传递丰收信息。

### 三、仓颉造字和文字产生

文字起源有多种说法，有"结绳记事说"，有"仓颉造字说"，有"周文王被拘羑里演八卦发明说"，等等。归纳一下有两大类，一类就是"古代劳动人民集体智慧结晶说"，比如"结绳记事说"，张三结绳，李四结绳，王五也结绳，然后在结绳和释绳的过程中约定俗成，形成一种统一的、规范的、逐渐被大家都能认知的一种出版的方式。仓颉造字是另一种类型，就是"古代少数智者、贤人个体创造说"。仓颉是皇帝的史官，传说中，仓颉给我们造出了最早的、有一定数量和一定系统的汉字文字符号。因为他是史官，有大量的记载任务，他要记人、记事、记过程、记历史等，靠结绳记事记不清楚了，他就想办法，能不能有一种更好的办法，把大量的信息给记录下来，他就抬头看天，看日月星辰、看飞鸟，俯首看地，看各种各样的树木花草、走兽，等等，从中受到启发，然后他创造了汉字。据说他创造汉字成功以后，破解了天机。史书记载"天雨粟，鬼夜哭"，意思是老天下小米，鬼在夜里哭号。这里说的虽然比较夸张，但是确实把仓颉造字这种重大的历史性贡献和功绩表现出来了。

字是不是仓颉造的呢？个人认为，仓颉在汉字形成过程中，确实起到了重大的推动作用，对于汉字的规范形成，是有极其重要的源头性和阶段性作用的。他长期担任黄帝史官，需要把大量的事件和信息记载下来，那么由他来造出一定数量的古老汉字是可以相信的。但不是说所有的汉字都是他造的，他在造汉字的过程中，起到了重大推动作用。这个判断应该是可以成立的。我们说五千年的中华文明史，从什么时候开始计算，其实就从仓颉造字开始算起。如果不是因为有仓颉造字，初始时期的中华文明便是没有记载的。那么这就反映了出版在人类文明中的重要贡献。文字的出现，是人类进入文明时代的标志。

古埃及文明有象形文字，古印度文明有印章文字和梵文，古巴比伦文明有楔形文字，古老的中华文明有甲骨文，甚至有更早的仓颉造字。如果要从甲骨文算起，我们只有 3500 年的历史。它是殷商中后期的，不到 5000 年。仓颉造的字，我们已经不知道具体是什么模样了，只能从一些古籍记载里，看到一些模糊的影子。但是中华 5000 年文明的起源，是从仓颉造字开始算起的。

## 第二节　古代中国硬质出版的发展

笔者认为，除了极少数文字创造是在短时间内完成的（如谚文、西夏文等），绝大多数文字的孕育和创造都经过一个漫长的过程。关于中国文字起源的说法历来莫衷一是，现在得到学者认可的有"结绳记事说""仓颉造字说""图画造字说"等。东汉许慎在《说文解字》序中对汉字提到了三种方法，即八卦、结绳、书契。关于书契，唐陆德明在《经典释文》中提到："书者，文字。契者，刻木而书其侧。"显然书契包含文字与刻画。20 世纪以来大量的考古发现，为我们探讨这个问题提供了新的路径与方法。有 8000 多年历史的新石器时代裴李岗文化的贾湖遗址出土了一批石器、陶器、骨器，上面有一些契刻符号。包括郭沫若等一批学者都认为这些符号或为中国文字的最早雏形。

本节主要从以下三个内容来探讨古代中国硬质出版的发展：一是陶体刻符与文字元素；二是玉器刻符与文字元素；三是石刻符号与石质出版。

### 一、陶体刻符与文字元素

新石器时期陶器的产生，翻开了人类用双手和火创造生活、生产器具的崭新一页。

虽然裴李岗文化和新石器文化之间存在相当大的缺环，和后来的仰韶文化之间也存在缺环，但是裴李岗文化在整个新石器时期考古文化链条中所起到的承前启后的作用是确切无疑的。裴李岗时期的陶体形制较为规整。随着技术的发展，陶体上的纹饰也日趋多样，最初只是一些篦点纹和篦纹，后期则出现了类似"之"字纹和"人"字纹的纹饰。

仰韶时期的陶体上出现了鸟纹、鱼纹和蛙纹等动物纹饰。

在大河村遗址出土的彩陶钵上，还发现绘有"晕珥"的形象，即弧带外沿又描绘放射的光芒。此外还发现了不少绘有星座纹的泥制红陶片。而"鹳鱼石斧图"陶画代表着仰韶文化彩陶艺术达到顶峰阶段。这些表明他们在实用主义之外，开始有意识进行审美创造和符号出版了。

大汶口文化中的陶体刻符则更多地体现出陶画符号向早期文字符号的转化

意义。这些早期文字符号显然已经脱离草创时期。在山东的莒县陵阳河遗址以及诸城前寨遗址发现了陶尊上的刻纹"&"。有人将这个符号解释为"日、月、山";有人解释为"日、鸟、山";有人认为这个符号是"炅"字,表日光之意;有人认为这是"皇"字;有人认为这是"旦"字;有人认为是"炟"字,表火起,爆;还有人认为这是"昊"字。在这些解释中,我们发现对这个刻纹上边部分是太阳的认知是一致的。这也说明太阳在当时人的生活生产及生命意识里有很重要的地位。基于太阳给人带来光明的感受,人们开始把太阳和自己的生命联系起来。在原始先民那里,生和死往往相互交织。太阳东升西落,而第二天又出现在东方,这让人相信太阳是不死的精灵,就像一只飞鸟一样,从地球一端飞向另一端。另外在大量的甲骨卜辞中也有祭日描写,从中可见当时人们对祭日的重视。

**图 3-1　安徽蚌埠发现的距今 7000 年新石器时代双墩文化刻画符号** ▷

(图片来源:万安伦摄于安阳中国文字博物馆)

这些类似文字的纹饰,将人们的思维由对色彩和构图的理解引向了一种抽象的意义符号。而陶尊上的这类符号,除了单纯的抽象符号意义之外,更重要的是它是一个符号体系。

## 二、玉器刻符与文字元素

良渚玉器上出现的类似文字的刻画符号也同样值得我们研究。凌家滩玉版上的刻画符号就是很好的说明。玉版为长方形,长 11 厘米,宽 8.2 厘米,厚 0.2~0.4 厘米,表面精整,呈牙黄色。玉版正面有刻琢的复杂图纹。有专家认为,玉版在墓中陈放的位置及繁复精细的纹饰都说明玉版有重要的意义,图纹明显表示出八方,而八卦被认为与八方有关。也有专家认为,凌家滩玉版的图纹系表示方位与数理关系。笔者认为,这些刻画符号已经孕育了一些原始的文字元素。

### 三、石刻符号与石质出版

石刻符号早在新石器时代已经出现，而石质出版萌芽于夏代，成熟于周代，兴盛于秦代。

较早的石质出版是夏代的《岣嵝碑》，其字体与籀文接近，文体风格与《诗经》小雅相近。从现存石刻文作品来看，重要的典型性代表作品有《石鼓文》《峄山刻石》《泰山石刻》等。

"石鼓文"被称为"石刻之祖"，因文字刻在十面鼓形的石头上而得名。从字体来看，石鼓文属于"大篆"字体，是对西周金文的继承，对秦代小篆的开启。《石鼓文》是现存最早且具代表性的石质出版载体的作品。整个作品共有十面石鼓，每面鼓刻有十首四言诗。鼓文内容记载了秦国国君的游猎，所以也称为"猎碣"。石鼓文有一些重要的拓片现存日本，比如《先锋》《中权》等。石鼓原物现存故宫博物院。

◁ 图 3-2　秦石鼓文 ▷

（图片来源：万安伦摄于宝鸡石鼓山）

现存石刻实物中，"侯马盟书"值得关注，其又被称为"载书"，最大的长 32 厘米，宽近 4 厘米，小的长 18 厘米，宽不到 2 厘米。从字体来看，接近春秋晚期铭文；从其书写来看，大多由毛笔写成，多使用朱书，很少使用墨书；从内容来看，该书是赵鞅与卿大夫的约信盟书。它的发现对研究古代中国的盟誓制度、古文字及晋国历史有重要意义。

秦《泰山石刻》是泰山最早的刻石，立于始皇二十八年（前 219 年）。该石刻原分为两部分。这两部分刻辞都是李斯所书，现在仅留存"斯臣去疾昧死臣请矣臣"10 个残字，所以今天也有"泰山十字"的说法。

《峄山刻石》也是李斯所书，篆文，共 11 行，每行 21 字。《史记·秦始皇本纪》中有记载，秦始皇在统一全国后，在山东齐鲁一带巡游，途经峄山时，满怀激情地说，朕既到此，不可不加留铭，遗传后世。李斯当即成文篆字，派人刻碑石于峄山之上，这就是《峄山刻石》。该石刻显示了李斯技艺超群的书法。由于时代久远，该石刻原石被焚毁。该石刻的摹刻很多，其中宋代人所刻的五代南唐徐铉的摹本为最佳，现已被损毁。

石刻文中值得关注的是石经刻写。石经是指刻在石质载体上的儒家经典。

最早的是"熹平石经"。由于经书辗转抄写，错误较多，东汉熹平四年（175 年），汉灵帝下令蔡邕等学者以隶书写定《诗》《书》《易》《仪礼》《春秋》《公羊传》《论语》七经，历时九年之久。该石经共刻四十六通石碑，残石分藏洛阳博物馆、西安碑林及北京图书馆。"熹平石经"是书法家蔡邕用标准的八分隶书体写成，因而又被称为"一体石经"。它集汉隶之大成，对后世书法的发展产生了深远影响。

◁ 图 3-3　侯马盟书 ▷

（图片来源：万安伦摄于安阳中国文字博物馆）

◁ 图 3-4　熹平石经残片 ▷

（图片来源：万安伦摄于中国国家博物馆）

"正始石经"又称"三体石经"，刻于三国魏正始二年（241 年），原立于魏都洛阳南郊太学讲堂西侧。因碑文每字用古文、小篆和汉隶三种字体写刻，故名"三体石经"。石经刻有《尚书》《春秋》和部分《左传》，是继东汉《熹平石经》后刻写的第二部石经。《三体石经》在中国书法史和汉字的演进发展史上具有非常重要的意义。

"开成石经"，始刻于唐文宗太和七年（833年），完成于开成二年（837年），是唐代的十二经刻石，又称"唐石经"，立于唐长安城务本坊的国子监内，由艾居晦、陈玠等人用楷书分写。该石经每一经篇的标题为隶书，经文为正书，刻字端正清晰，按经篇次序一气衔接，卷首篇题俱在其中，一石衔接一石，故不易凌乱。"开成石经"保存完好，现存于西安碑林。

"广政石经"，始刻于后蜀孟昶广政元年（938年），也称"后蜀石经"、"蜀石经"、"成都石经"（位于成都）。刻经时间长达186年，加上刻《考异》时间，更长达232年。石经原物至元明时不知下落。北京图书馆藏有1965年在周恩来总理关怀下，从香港买回的宋元拓本《蜀石经》一部，是现存佳本。

此外还有"北宋国子监石经"（二体石经）、"南宋高宗御书石经"、"清乾隆国子监石经"（十三经）等较为著名。

## 第三节　甲骨文和青铜铭文

甲骨文和青铜铭文是中国古代硬质出版的重要形式。中国古代硬质出版成熟的标志是甲骨文的出现。文字的出现标志着文明的开启。目前公认的中国最早的系统成熟的文字是殷商时期的甲骨文，距今大约3500年。甲骨文内容上多是对殷商政治和经济的反映，主要用于占卜。

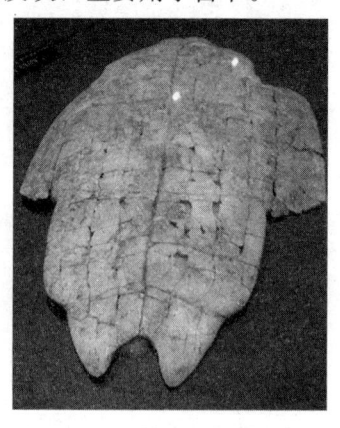

◁ 图3-5　出土龟甲 ▷

（图片来源：万安伦摄于安阳殷墟）

## 一、甲骨文及其被发现

甲骨文，顾名思义是刻在龟甲与兽骨上的文字符号。这些刻在龟甲和兽骨上的文字早先被人们称为"契文""甲骨刻辞""卜辞""龟甲文""殷墟文字"等，现通称"甲骨文"。甲骨文是殷商时期的一种古老文字。由于历史久远，汉字已经从古老的甲骨文演变成大篆、小篆、隶书、楷书了。甲骨文被掩埋在历史的尘埃里。19 世纪末，清朝的国子监祭酒王懿荣生病了，家人从中药铺抓来一味叫"龙骨"的中药，王懿荣发现上面有一些奇奇怪怪的刻画符号。他是金石学家，对古文字非常敏感，于是他就让家人去那家中药铺把所有的"龙骨"都买回来，经过反复研究，他基本上确认这是一种从未被发现的古老汉字。于是他通过这家中药铺找到供货商，进而找到甲骨出土地河南安阳小屯。为收购到一定量的龟甲兽骨展开全面研究，他倾尽家资，高价悬赏这种带有文字符号的龟甲兽骨，一个字符一两白银。于是在短时间内王懿荣就收集到相当数量的这种带有文字符号的龟甲兽骨。正在他全力投入研究时，庚子事变爆发，八国联军围攻北京，在两宫遁逃的情形下，王懿荣甘洒一腔热血，向清廷主动请缨，带队坚守东便门。但冷兵器与先进武器之间毕竟实力悬殊，京城九门皆陷。"甲骨文之父"王懿荣不甘受辱，含愤投井自杀。

甲骨文研究的重任就落到王懿荣好友刘鹗肩上。刘鹗字铁云，是《老残游记》的作者。他到处筹资，从王懿荣儿子手上把这批甲骨买回，加上自己的收藏，出版了人类历史上第一部甲骨文拓印著作《铁云藏龟》，甲骨文由此震惊全世界。此后罗振玉、王国维、郭沫若、董作宾、傅斯年等一大批学者致力于甲骨文研究，把甲骨之学深入进行下去。

1928 年，傅斯年决定系统发掘殷墟。在董作宾等人的带领下，在长达十年的时间中，前后发掘十五次，地点涉及河南安阳洹水南岸的小屯村、后冈和洹水北岸的侯家庄西北冈、高井台子等地。十年中，他们共发掘龟甲、兽骨 24900 多片。在陕西周原地区也出土甲骨 17000 多片。甲骨文的发现对我们认知中国早期文字符号系统、包括商代历史在内的上古历史、文化等，都具有重要意义。现在发现的甲骨文共有 5000 个左右的文字符号，经过几代学人的共同努力，已认知 2000 个左右，还有 3000 个左右的沉睡的甲骨文字有待有志有识之士去唤醒。2019 年是甲骨文发现 120 周年，社会上又掀起新一轮甲骨文研究热潮，希望有新的斩获。

殷商是一个信神重卜的朝代。人们在用甲骨占卜时，会根据甲骨背面加热小坑的裂纹来判断吉凶。当时有专门负责占卜的"卜官"，他们会根据纹路的变化记载占卜内容，内容通常包含占卜时间、占卜人的名字、占卜的事情，有的还会将占卜的吉凶应验情况也记录下来。这些记录也就是后来人们所说的卜辞，而记录这些卜辞的文字也就成为所谓的甲骨文。

◁ 图 3-6　甲骨文复制石碑及释文 ▷

（图片来源：万安伦摄于安阳殷墟）

从出版载体角度来看，目前发现的甲骨材料主要包括龟背甲、龟腹甲、龟甲桥、牛骨、猪骨、人头骨、鹿头骨等。从结绳记事到甲骨记事，这是载体的发展，也是人们改造自然、认识社会的进步。绳能承载的记录信息非常有限，这就需要新的载体出现。从当前研究来看，甲骨文在用笔、构字、章法这几个方面已经具备书法的一些要素。郭沫若认为甲骨文可以算是殷世的"钟王颜柳"。

一般而言，甲骨卜辞具有相对固定的内容格式。甲骨卜辞一般由前辞、问辞、占辞、验辞几个部分构成。刻辞的格式大致有两种，即刻在左右边缘的，刻于中缝两边的。两种格式，刻辞也有两种读法，如果是左右边缘的，则由外向里读；反之则由里向外读。

## 二、青铜载体与青铜铭文

继甲骨文之后是金文的兴起。金文的命名基于文字的载体，因文字铸刻在金属类的钟鼎之上，所以也被称为钟鼎文。商周时期文字的载体是甲骨和青铜并用，殷商以甲骨为主，西周以青铜为主。随着记刻内容的增多，载体的多元，甲骨刻辞在西周开始逐渐衰落。殷商时期青铜器上的文字通常很少，目前发现的最长的不超过 50 字，而到了西周时期，青铜上文字的规模、技术等都有了长足发展。西周时期出现了大量规模宏大的鼎器，比如 497 字的毛公鼎，

357 字的散氏盘，291 字的大盂鼎，284 字的史墙盘等。

钟鼎文因铸刻在青铜和钟鼎器物上，又称为"青铜铭文"。青铜器从功用上来分，主要有礼器、乐器、兵器、食器及日用器等。青铜器被看作是国之重器。贵族阶级如要记载重要事情，都会铸造青铜器，以此留下文字记录。记载在青铜器上的许多铭文，也成了人们了解认知那个时代的重要史料。

从结绳记事到甲骨契刻，再到青铜铭文，文字符号与出版载体一直在发展变化过程中。如果说甲骨契刻在表意空间上较结绳记事有所拓展的话，青铜出版载体的出现，则解决了甲骨契刻的诸多难题。青铜是一种硬度极高的铜锡合金。春秋战国时期齐国稷下学宫学者编纂的手工业技术文献《考工记》曰："金有六齐：六分其金而锡居一，谓之钟鼎之齐；五分其金而锡居一，谓之斧斤之齐；四分其金而锡居一，谓之戈戟之齐；三分其金而锡居一，谓之大刃之齐；五分其金而锡居二，谓之削杀矢之齐；金锡半，谓之鉴燧之齐。"

青铜器的存在久远与人们对记载内容保存长久的意图相吻合。古人在自身言论传承上一直有执着的追求，《左传》："太上有立德，其次有立功，其次有立言，虽久不废，此之谓三不朽。"所谓三不朽，即：持修道德品行，建立伟大功勋，确立独到言论。《墨子》："古者圣王，既审尚贤，欲以为政，故书于竹帛，琢之盘盂，传以遗后世子孙。"鼎为"别上下，明贵贱"的重要礼器。"钟鸣鼎食"的餐饮鼎数是有分别的，天子九鼎，诸侯七鼎，大夫五鼎，上士三鼎，下士一鼎。"铸九鼎，象九州。"人们用鼎区分级别与身份，体现自己的社会地位。青铜器铸以文字，多颂神、祭祖、记功。

◁ 图 3-7　宝鸡青铜博物馆馆藏青铜簋及其铭文拓片 ▷

（图片来源：万安伦摄于宝鸡青铜博物馆）

青铜器有多种纹饰,"饕餮纹"最著名。《吕氏春秋·先识览》:"周鼎著饕餮,有首无身,食人未咽,害及其身。"或曰:"贪财为饕,贪食为餮。"兽面纹某种程度上更像面具的变体。在兽面背后隐藏的是人形,反映了古人竭力达成与神沟通的一种努力。

商代早期青铜器的刻符并非文字,只能算是纹饰,也很少出现铭文,商代晚期才出现规模三四十字的铭文,内容主要涉及祭祀和赏赐等。西周时期,开始出现长达数百字的长篇铭文。这些铭文大多与历史典籍相印证,显示了极高的文献价值。郭沫若说:"传世两周彝器,其有铭者已在三四千具以上,铭辞之长有几及五百字者,说者每谓足抵《尚书》一篇,然其史料价值殆有过之而无不及。"①

在青铜器上铸刻文字,始于殷商晚期。统治者会铸造青铜器记录发生的大事。青铜器铭文最开始的时候字数较少,目前出土的商代最大的青铜器后母戊鼎在壁内只有"后母戊"(原释为"司母戊")三字。殷商晚期以后,青铜记事的范围拓宽,字数也开始增加,在形制与艺术上趋于成熟。

西周时期代表性青铜器铭文有《史墙盘》《毛公鼎》《散氏盘》等。

◁ 图 3-8  散氏盘及盘底铭文 ▷

(图片来源:万安伦摄于宝鸡青铜博物馆)

散氏盘为西周晚期青铜器,因铭文有"散氏"字样得名,盘底铸有铭文 19 行 357 字。真品现藏台北故宫博物院。宝鸡青铜博物馆有高仿品。

史墙盘为西周恭王史官墙所作的礼器。该器物底部有 18 行 284 字铭文。

毛公鼎铭文字数是当今出土的七千多件铭文青铜器中最多的,有 32 行,497 字,具有极高研究价值。毛公鼎铭文相当于一篇完整的《册命书》。毛公为表示感谢周天子的美意,作鼎以纪念。毛公鼎的书法是成熟的西周金文风格。

---

① 郭沫若:《郭沫若全集·考古编(8)》,9 页,北京,科学出版社,2002。

## 第四节　竹简木牍与印章

从绳、石到甲骨再到青铜器直至简牍和印章，文字符号的载体在不断发生变化。载体的发展，带来了书写内容的变化，也促成人们对书写载体的重新选择。印章这种特殊的带有法证功能的出版载体，在历史时空中扮演着不同角色，承担着不同使命，它以其自身规模形制的变化，彰显着先民历史迈进中的情怀与智慧。

### 一、硬质出版载体的高级形式：竹简木牍

出版载体的发展，带来了书写内容的变化，也促成人们对书写载体的重新选择。绳表达内涵的局限性，被甲骨、青铜补救。而青铜的稳固难移又带来新的流通困难。此背景下，一种新的出版载体开始出现，即简牍。简是竹简的简称，牍是木牍的简称。这种新载体简单易得，刻抄方便，易于保存，便于传播，能承载较多的信息量，更为重要的是可以编联成册，形成简牍书卷。简牍的确是古今中外典型、完美、高级形式的硬质出版载体之一。

**（一）跨越两千年简牍载体**

简牍的使用长达两千年。周公旦说："唯殷先人，有册有典。"甲骨文中有"册"和"典"这两个字。因此，我们有理由相信，早在殷商时期就有简牍文书了，因为"册"是象形字，是简牍出版的书制象形，而"典"则是放在桌子上的"册"，是重要的"册"。从公元前1600年到公元404年东晋桓玄下令"以纸代简"，2000年的漫长历史时期，简牍承载着主要出版载体的使命。

简牍是春秋战国（可能更早）至魏晋时期主要的出版载体，多用狭长的竹片或木片制成，每片竹片或木片写一行或几行字。后来人们将一篇文章的所有竹片或木片串联起来，是为"简牍"，竹制的称"竹简"，木制的称"木牍"。简牍一般都用刀刻或毛笔书写。春秋战国时期简牍的长度会因功用而有所不同：诏书律令类的长三尺（约 67.5 厘米），抄写经书类的长二尺四寸（约 56 厘米），民间书信类的长一尺（约 23 厘米），所以民间也有"尺牍"的说法。

简牍在我国历史上有过较长的一段使用时间，是造纸术发明普及之前主要的出版载体。秦汉时期简策盛行，西汉刘向等人整理出政府收藏简牍 13000 多卷。植物纤维纸被广泛运用后，简牍的使用才逐步减少。简牍能在一个时期被广泛使用，也缘于其取材的廉价，容易获得，就像埃及的纸莎草、印度的贝叶。简牍编连成册的特质加速着真正意义上"书籍"的形成步伐。

### (二)简牍出土与简牍研究

我国简牍出土历史主要分为三个时期：19世纪以前的出土简牍，其实物早已无存，只能从文献资料中了解；19世纪后期到20世纪初，外国人曾多次在我国边疆地区进行"考古""发掘"，先后获得大批简牍；20世纪30年代以后，中国人开始发掘简牍；新中国成立后，考古工作者的科学发掘逐渐增多。① 在湖南长沙、湖北荆门和甘肃敦煌、武威等地近几十年也发现了不少重要的出土简牍。楚地出土战国简册即通常所说的"楚简"，是我国迄今所见时代最早的古代简牍资料。自20世纪50年代以来，湖北、河南、湖南境内出土了大量战国时期的简牍。据不完全统计，迄今发现的这类简册约有30多批10万字以上。其中如荆门包山简和郭店简、江陵望山简和九店简、随州曾侯乙简、信阳长台观简、新蔡葛陵简，都闻名海内外。

2008年，清华大学一位校友将一批流散到境外的战国竹简购回捐赠给清华大学，被称为"清华简"。简牍数量（含残片）约2500枚，其内容多为经史类的典籍，代表性的有《尹至》《尹诰》《程寤》《保训》《耆夜》《金縢》《皇门》《祭公》《楚居》等。对于简牍的研究，被称为"简牍学"。清华简直接推动了新时期简牍学的新发展。

### (三)简牍新载体与文化新产量

简牍的大量使用，也带来了文化生产质的飞跃。郭店楚墓简主要内容包括《缁衣》《穷达以时》《语丛》等。郭店出土的这些竹简，下葬年限不晚于公元前300年。墓主约为贵族的老师，墓中的竹简应该是他用来教授的教材选辑，必然是当时较为流行的典籍文献。可以推测，竹简抄写的年代必早于下葬年代，而著述的时代必然更早。其中的一部分，应当是公元前400年以前的文献。由此可知，这些竹简的作者正是所谓"七十子及其弟子"（当然其中不排除有孔子本人思想的可能）②。

春秋战国时期，百家争鸣，各种思想不断交锋，知识分子的崛起带动了思想文化的空前繁荣。沟通意识的增强，促进了当时文化的繁荣与思想的传播。人们已经不再满足于只言片语的表述，更趋于理论体系的建构。也正是在此背景下，文字载体出现了以竹、木为主导的新的形式，正式的图书开始形成，编辑出版活动开始具备相应规模。个人认为，简牍新载体的发展成熟和广泛使用，对于春秋战国时期的百家争鸣和文化高峰的形成具有重大的推动作用。简牍这种新载体的普及性使用，直接促进春秋战国及秦汉时期的文化生产的大发

---

① 肖东发、于文：《中外出版史》，10页，北京，中国人民大学出版社，2010。
② 陈来：《竹帛〈五行〉与简帛研究》，5页，北京，生活·读书·新知三联书店，2009。

展和大繁荣，直接推动当时文化产量的急剧增长。

## 二、印章与出版元素

印章是一种非常独特的硬质出版物。它是集出版载体、出版符号和出版技术为一体的出版物。印章是用于文件上表示鉴定或签署的印信。印章一般会先沾染颜料，然后盖印。那种不沾颜料，而加盖在平面上，并呈现凹凸印痕的是钢印。还有一些蜡印是印在蜡或者火漆上的。从印章的制作材质来看，主要有金、玉、铜、骨、木、琉璃等。随着社会的发展，印章还有象牙和水晶制成的。元代还盛行石质的印章。

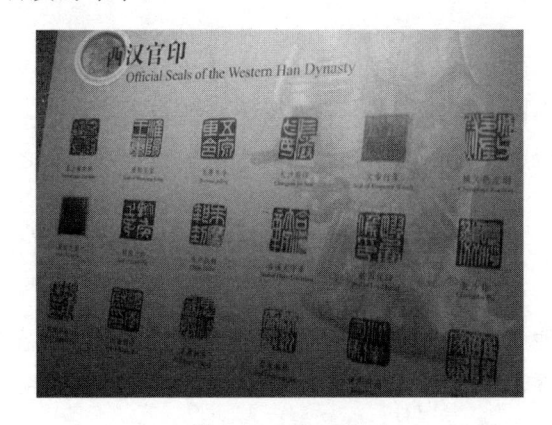

◁ 图 3-9 西汉官印 ▷

（图片来源：万安伦摄于安阳中国文字博物馆）

金石上的铸刻文字最早是殷代青铜铭文，周代的钟鼎文，秦的刻石，这些统称为"金石"。从功能角度而言，印章最初只在社会、军事、信差、商业等活动中起凭证的作用，后来功能属性扩大至法物，能证明当权者的权益。

印章分为皇印、官印、民印（私印）、公司印章四大类。

先秦时期，我国官印和私印都被称为"玺"。在原始社会早期，玺印主要用于陶器生产，至周代以后，玺印成为权力的象征。春秋战国时期，玺印被用于公文、仓库等情形的封检，殉葬，以及公用财物的烙钤等。秦始皇将"玺"作为"皇印"的专属名词，此后，"玺"的意义变迁为"皇帝大宝"之意，又称"玉玺"或"御玺"。印章发展到汉代已比较成熟，官印主要有铸印和凿印两种。魏晋时期在制作形式以及风格上，官印与汉代官印接近。唐代，印章的凭信功能加强，改称为"宝"。宋代，体现个人特色的"花压印"比较流行。印章、朱记、押、戳子等这些印章称谓，无不展示着其多元的功能。

基于材质的不同，印章在刻法上也有差异，主要有三种刻法，即阴（白）文印、阳(朱)文印,以及阴阳间文印。

这种区分方法主要看印章的凹凸面。一般印章上文字或图像有凹凸两种形体,凹下的称阴文(又称雌字),反之称阳文(雄字)。印章有两面印、多面印、子母印等。所谓两面印是指:一面刻字,另一面刻姓名;或一面刻姓名,另一面刻职位称号;或一面刻姓名,另一面刻吉语、图像等。凡两面都刻有印文就属于此类。所谓字母印就是两种以上的印章套在一起,方便实用的一类。

根据使用范围,印章可分为官印和私印。官印,顾名思义是官方使用的印章,主要由政府制作颁发。私印则是官印之外印章的统称。在制作方法、印制材料,以及规模形状等方面,官印与私印存在诸多差异,一般而言,官印规制比私印大。

现代生活中,印章还在广泛使用。代表性的是公司印章。

我们认为,中国印章除了是一种非常独特的集出版载体、出版符号和出版技术为一体的出版物外,还是中国印刷技术产生的直接源头之一。[①]

## 第五节　古代中国硬质出版的主要成就

古代中国的硬质出版,随着出版载体的不断发展完善,在出版符号、出版技术、出版活动等方面取得了丰硕成果,出现了新的转变与突破。

### 一、载体自身发展取得的成就

载体、符号、技术、文化等构成了出版的核心要素。在古代中国的硬质出版中,载体的变迁直接影响出版的效果。符号、技术、文化这些因素很大程度上都围绕着载体的转变而转变。从绳、陶器、石器、甲骨、青铜器到竹简木牍,载体随着人类生活的不断推进,需求的不断拓展,而被不断替换更新。每一次载体的发展和进步,也是文明的发展与进步。

"结绳记事"现象背后"绳"迹的变迁,反映了远古先民与宇宙自然的博弈。结绳记事中的绳,既是出版载体,又是早期的出版符号。借助绳来完成工作,促成人与人之间的交流,这种迈进中,包含了绳作为载体、技术、符号、文化的意义,既是对现世人生的模拟表述,又是出版与文明建构的良性互动。

绳迹隐退最大的信号是:绳作为载体与符号的结合体开始发生裂变,即后来甲骨、青铜器载体取代了绳这种载体,而绳作为符号的意义转化隐退到后来

---

[①] 万安伦、崔潇宇、刘苏:《对印章的出版史地位的再认识》,载《出版科学》,2017(6)。

的文字符号中。陶器、石器、甲骨、青铜器、简牍等出版载体的出现，使得更多的信息被记录与传达。在与新载体的接触中，人们对载体的处理技术越来越成熟，对符号的运用也越来越规范和系统。

甲骨文取得硬质出版成就，主要表现在三个方面：一是促进了中国汉字文字符号系统的稳定成熟；二是形成中国最早的书制形式；三是为我们留下商代及以前的文明确证和文化成果。

青铜器作为出版载体，是礼法的选择，更是历史的选择。作为国之重器的青铜器，其稳固难移的属性使得其具有至高无上的威严；而在传之久远的物理属性上，其有着自身的优越性。铸范的出版技术成熟完善；符号字数从几字到几百字；内容从记物到记事。这些商周青铜器载体上文字符号的变迁正应和着出版技术与文化的发展。

竹简木牍载体的出现是中国乃至人类硬质出版史上的大事件。这种载体简单易得，刻写方便，易于保存，便于流通，能承载较多的信息，更为重要的是可以编联成册，形成简牍书卷。一直以来，关于简牍载体的起源时间有各种看法，传统认为简牍出现在春秋时期。个人认为，简牍载体的起源时间应远远早于春秋时期，殷商代夏之际，就已经有简牍载体制成的"册""典"了。这在逻辑上也是完全可以理解的。用身边的竹木稍加切削，制作出版载体的困难程度，一定远远小于"治龟甲"。如果不是这样的话，西周初年的大政治家周公姬旦就不会说："唯殷先人，有册有典，殷革夏命。"春秋之前，关于简牍的记载虽然零星，却也不少。周代《仪礼·既夕礼》载"书遣于策"，意思就是把别人慰问吊唁时送的礼物记录在册板上；《墨子·明鬼》说"古者圣王……恐后世子孙不能知也，故书之竹帛，传遗后世子孙"，"竹"是竹简木牍的简称，"帛"是帛书的简称，"古者圣王"，古到什么时候，墨子没说，但肯定远早于墨子所在的春秋时期，是确定无疑的；《韩非子·安危篇》也说"先王寄理于竹帛"，意思是说，古代先王把治国的道理寄托在简书和帛书上；公元前 8 世纪周宣王时期的《诗经·小雅·出车》有"岂不怀归？畏此简书！"意思是我难道不想早点回家吗？我是怕史书简册记载下我违抗王命的逃跑行为呀。郭沫若说："殷代除甲骨文之外一定还有简书与帛书。甲骨文中也有册字和典字，正是汇集简书的象形文字。但这些竹木简所编纂成的典册，在地下埋藏了三千多年，恐怕不可能再见了。"①

---

① 郭沫若：《古代文字之辩证的发展》，见《郭沫若全集·考古编(10)》，73 页，北京，科学出版社，1992。

## 二、载体发展带来的出版成就

新的载体催生新的技术，新的技术丰富新的符号，新的符号彰显新的文化，而载体、技术、文化则综合显示着一个时期文明的多元成就。

结绳时代，人们用绳构建的更多的是数字的符号意义。新石器时代，陶器和石器中，符号的象形与会意功能增强，在意义的输出方面更进一步，人们看到了更多的组合意象。在甲骨、青铜器之后，中国成熟的文字符号系统开始出现在人类文明的视野中。随着系统成熟的文字出版符号的出现，古代中国早期真正意义上的出版也逐步形成。

要说古代中国最早的图书出版，不能不提《河图》与《洛书》。"河图洛书"的说法，最早见于《尚书·顾命》："大玉，夷玉，天球，河图在东序。"在《管子·小臣》中也有记载："昔人之受命者，龙龟假，河出图，洛出书，地出乘黄，今三祥未见有者。"而《周易·系辞》记载："河出图，洛出书，圣人则之。"这些说法与传说中伏羲时黄河中有龙马背负"河图"，夏禹治水时有神龟背负"洛书"的想象一致。

汉代纬书有《河图》九篇、《洛书》六篇。一般认为《洛书》到西汉初年已经存在，然而河图的来源及图书的相关问题至今还存在争议。根据记载，"河洛"文献是一系列符号，呈现"赤文绿色""篆字""丹甲青文"的外部形制特征。换句话说《河图洛书》具备了早期出版的一些要素，比如龟甲载体、符号、篆刻技术、抽象文化内涵等。

甲骨卜辞最早出现在商代。从甲骨卜辞与早期文献的互证中或可看出古代中国早期出版的情形。古代中国较早的文献是《尚书》与《诗经》。《尚书》涉及商代内容的有《商书》17篇；《诗经》涉及商代内容的有《商颂》5篇。但这些文献并非出自商代，而是后人集结整理。在后来的青铜器铭文中，文献与青铜器记载的很多内容也都能互证。

春秋战国时期竹简木牍大范围的使用，也带来古代中国出版和文化传播的极大繁荣。

上海博物馆从香港购买回战国竹简算是20世纪90年代中国重大的学术发现。有6枚上有"孔子曰"字样，这一发现或者证明了孔子编订"六经"的说法。目前，"上博简"尚存争议。清华简则将简牍学推进到一个新的高度。

随着硬质书写载体的发展，春秋战国时期至汉代的散文出版活动异常活跃。《汉书·艺文志》中收录了儒家、法家、道家、纵横家等多家著述，其中大部分是战国时期的作品，比如《老子》《孟子》《庄子》《墨子》等。除了这些诸子散文，还有一些历史散文，比如《春秋》《竹书纪年》《世本》《国语》《战国策》《吕氏春秋》等。随着社会的发展，技艺的提升，还出现了一些农学、医学、法学、手工技术等专门领域的书籍，比如《禹贡》《考工记》《法经》等。

进入汉代，文献的出版进一步发展。借助竹简木牍便利传播这个优势，这个时期出现了大量古籍抄录的现象。《管子》《山海经》《黄帝内经》等这些文献最初内容写成于先秦，后来以单篇形式抄录流传。

汉代文化制度相对稳定，政府图书编校机构的出现，给汉代出版带来了更多的可能性。汉高祖刘邦定都长安之后，在未央宫建了石渠阁、天禄阁、麒麟阁，将其作为皇家藏书和图书编校的场所。传播领域的扩大、出版技术的提升、当政者的提倡，这些都给出版的繁荣提供了契机。《史记》《汉书》《尔雅》《说文解字》《广韵》《方言》《释名》《九章算术》《周髀算经》《神农本草经》《伤寒杂病论》《氾胜之书》这些史学、文字学、数学、天文学、医学、农学类书籍集中出现。

53万字的司马迁《史记》与74万字的班固《汉书》代表了汉代散文的最高成就，也代表了简牍载体出版的最高成就。汉代书籍编校整理中，不能不提刘向父子。刘向著名作品有《列女传》《别录》《说苑》等，现存完整的只有《战国策叙录》《管子叙录》等，而其子刘歆则在《七略》的编撰工作中创立了古代图书六分法的分类体系及叙录体解题形式，对后世图书出版、图书管理产生了重要影响。

◁ 图 3-10　北京房山云居寺地宫珍藏的隋唐辽金元明六个朝代的 14278 块硬质出版的石经原物 ▷

（图片来源：万安伦摄于北京房山云居寺）

◁ 图 3-11　当下仍盛行的硬质出版，藏传佛教现存世界最大的青海玉树新寨加纳玛尼堆 ▷

（图片来源：万安伦摄于玉树）

总之，从绳、陶器、玉石器、甲骨、青铜器到竹简木牍，这些硬质书写载体的发展带来了出版活动的变化。符号、技术、文化在不同维度上与载体共生，彼此促进，共同推动着古代中国硬质出版的发展。由一个符号，到一组意象，到一篇文章，到书籍的编纂传播，这是出版发展的脉络，更是文明迈进的步伐。

# 第四章　南亚及亚洲其他地区的硬质出版

南亚，也是人类古老文明的发祥地之一。古印度孕育的灿烂文明中就包括丰富多彩的硬质出版文明。神秘古老的印章文字、阿育王铭文、梵文等成就辉煌。贝叶书是印度半岛独特的硬质出版形式，成就巨大，异彩纷呈。此外，朝鲜半岛的陶质出版、日本的木质出版、蒙古国的桦树皮出版等，构成了亚洲其他国家和地区的硬质出版群像，为人类的硬质出版史和古代文明史增添了新的内容和色彩。

## 第一节　古代印度的文字符号系统

大约公元前 3000 年，古代印度人就创造了印章文字，古代印度河文明毁灭后，印章文字便失传，到再次出现文字已是阿育王时期的铭文。

### 一、古代印度的印章文字及其被发现

公元前 3000 年左右，古代印度河流域的人们就发明了文字，因为这些文字大多刻在石器、陶器、象牙等材料制成的印章之上，因而得名印章文字。古代印度河流域的印章文字与古代埃及的象形文字、古代两河流域的楔形文字、古代中国的甲骨文并称为世界四大古文字系统。古代印度河流域的印章文字是古代印度最古老的文字系统，所以古代印度河文明又被人们叫作印章文明。公元前 18 世纪左右，由于外族入侵和自然灾害频发等诸多原因，古代印度河文明逐渐衰落，印章文字逐渐淹没在历史的尘埃中，这不是孤例。可见，人类文明和出版文化都是非常脆弱的。

1856 年，英国开设于印度的东印度公司在印度河流域铺设轨道时，发现了一枚冻石雕刻的印章，上面雕刻着类似独角兽的母牛形象，这枚珍贵的印章目前收藏在大英博物馆。此后几十年，又陆陆续续有多枚印章被发现。1906 年，时任印度考古所所长马歇尔下令对印章的出土地哈拉帕地区进行考古发掘。1921 年，考古学家 L. 班奈吉在印度河流域下游一个叫摩亨佐·达罗的地方发现了两座佛塔遗迹，有大量印章出土，将一种如两河流域文明和古代埃及文明

一样古老的古代印度河流域文明呈现在人们的面前。这些印章一般都是用石头、陶器、象牙或者金属等材料制成。印章的样式较为统一，多为 2.5 厘米见方，也有少量的印章呈长方形。印章上的题材包括动物、植物、自然等雕刻和其他文字符号。

迄今共发现古印度印章 2000 余枚，文字符号共有 400～500 个，这些符号大都由清晰的直线和弧线组成，其中基本符号有 22 个。这些印章除去文字符号以外就是以大象、牛、骆驼、老虎、羊、鱼、树木等动植物和山川河流等自然景观为形象的大量的印章雕刻，还有一些人兽同体的图案，如象形文字一样，一个图案对应着与之相应的含义，但将多个符号放在一起表示复合意义的印章更为众多。印章文字至今仍是未解之谜。这为远古的印度河流域文明更添一层神秘的面纱。

## 二、阿育王铭文

由于自然灾害的频发和外族的入侵，曾经辉煌千年之久的古代印度河文明逐渐衰落，于公元前 18 世纪消亡，印章文字也在历史的滚滚洪流之中被湮灭。此后从西伯利亚南迁至南亚次大陆的雅丽安人由于文明相对落后，只有口头传播的作品。古代印度再次出现文字则是在列国时代，而在孔雀王朝的阿育王当政期间，产生了印度新的古老文字——阿育王铭文。

阿育王统治时代之前是印度历史上分裂割据、战争频繁的列国时代。经过漫长而残酷的兼并战争，阿育王的祖父一统印度，创立了空前强大繁荣的孔雀王朝。阿育王是孔雀王朝的第三位国王，其统治时期为公元前 3 世纪，孔雀王朝在他的治理下达到了巅峰。他早年东征西讨，杀戮无数，通过武力手段将诸多割据势力或消灭或征服，开拓了孔雀王朝幅员辽阔的疆土，后期则皈依佛教，修建佛寺、整理经典，为佛教在印度和世界其他地区的传播普及做出了重要贡献。他是古代印度史上最伟大的国王，成为与中国的秦始皇相媲美的"千古一帝"。流传后世的阿育王铭文就是在阿育王统治时期产生的。

阿育王铭文共使用了四种文字，最常使用的有两种，一为婆罗米文（Brahmi），一为佉卢文（Kharosthi），除此之外，还有阿拉米文和希腊文。婆罗米文在后来的演变中发展成为梵文，而佉卢文后来失传。

### （一）婆罗米字母

铭文是刻在金属板、石器等载体上的文本，是研究古代印度文明的重要历史文献。"阿育王是第一个将佛教戒律刻在岩石、岩洞等载体上的人。根据阿育王的这些诏令，我们可以确信，到阿育王时代，婆罗米字母已经发展完善并完美地应用于书写中。"①阿育王统治后期皈依佛教,从武功转向文治。

阿育王的十三号摩崖圣旨是对他的统治思想和国情的全面总结,也是成熟系统的婆罗米文献:"朕天宠慈颜希望一切生灵都不遭杀戮,都能自律,心态都平和友善。"②

在从铁血暴力到觉醒仁慈的历程中,阿育王也成为一名真正的雄才大略、贡献卓越、影响深远的伟大君王和佛教圣徒。阿育王曾向印度各地和世界许多地方派遣传教使者,这是佛教从本土宗教迈向世界性宗教的开始,也开启了中华文明与印度文明交流的历史。他还下令将佛教戒律刻在石碑、洞穴等永远不会腐朽的材料上,以图佛教戒律的永存和不朽。这些用婆罗米文字记载的就是流传后世的"阿育王诏令",它不仅反映了阿育王的宽宏大量,而且证明了系统成熟的古代印度文字的真实存在。

阿育王铭文在8—9世纪逐渐式微,到13世纪完全消亡,而印度社会中关于佛教的所有东西好像也被人遗忘,直到1837年,一位叫普林赛普的英国人第一次破译了刻在石柱上的阿育王铭文。婆罗米文不仅是印度梵文的起源,而且对东南亚许多国家的字母产生了巨大的促进作用。

(二)佉卢文字母

佉卢文的发源地为犍陀罗地区,是孔雀王朝阿育王在位时的文字,其与婆罗米文字出现的时间较为相近。婆罗米文在发展过程中几乎通行于古代印度全境(今印度、克什米尔和巴基斯坦),但佉卢文只是一种古代印度地方性质的文字,仅仅局限于古代印度的西北地区,在后期的发展中也逐渐式微,并最终被婆罗米文字所取代。佉卢文是梵语"佉卢虱吒"一词的简称,寓意为"驴唇"。佉卢文的原始意义其实是"像驴唇形状一样的文字"。7世纪佉卢文才彻底被遗弃,成为一种死文字。佉卢文流行的时期也是佛教开始盛行的时期。许多佛教经典都是用佉卢文书写的。在古代印度通过丝绸之路与古代中国进行交流的过程中,佉卢文也被传入中国西部,成为中国新疆地区最早运用的古文字中的一种。在中国境内,佉卢文有两个子系统,一是于阗语,另一是鄯善语。

佉卢文的解读应归功于马松、普林赛普、拉森、诺里斯和孔宁汉几位欧洲的语言学家。从佉卢文的文字系统来看,其实际上是由腓尼基文的东方支系阿拉美文演变而来的。因佉卢文通行的地方大多是受到犍陀罗文化所辐射的区域,因此,英国学者贝利建议给它重新命名,称为"犍陀罗语"。

---

① [法]瓦桑达拉·卡瓦利·菲利奥扎:《印度铭文与婆罗米字母》,载《文汇报》,2015-01-09。

② RomilaThapar, *Asholaandthe Decline of the Mauryas*, Oxford, Oxford University Press, 1973, pp. 250-266.

### 三、梵文的出现

梵文的前身是属于阿育王铭文的婆罗米文。但婆罗米文并非严格意义上的梵文，而属于俗语，只是梵文的前身。

梵文从左往右横写，其字形南北不同，北方通行的多为方形，南方通行的多为圆形，古代印度统治者故意把梵文神秘化，说它是最高天神所创造的。最初的梵文有 51 个字母，后来在长期的发展变化中，在 4—8 世纪，方形梵文发展成笈多文。7 世纪时则衍生出那格利体，并在 11—12 世纪被天城文所取代，梵文就此定型。天成体梵文字母，有元音 13 个，辅音 33 个，书写以音节为最小单位，每个辅音字母都含固定的短元音 a 音。

梵文是现行印度国家法律所规定的 22 种正式语言中的一种，但并不是平常生活中所使用的语言。当下梵文在印度等地的传承情况并不乐观。1961 年，据印度的调查报告显示，将梵语作为第二语言的人接近 20 万；而这个数字在 1991 年则下降到不足 5 万人。2001 年印度只有 14000 人具有使用梵语的能力，梵语业已成为语言学研究的活化石。掌握梵文的人数越来越少，这也为人类保护这种古老而神奇的文字敲响了警钟。这种文字对于人类的出版史、文化史、文明史都具有极大的意义。

## 第二节　南亚次大陆贝叶出版和石质出版

贝叶书产生于古代印度。贝叶经就是刻写在特制的贝多罗树叶上的经文，且大多数为佛学典籍，还有一些古代印度文献典籍。在印度人掌握造纸术以前，他们就开始使用特制的贝多罗树叶作为硬质出版的载体。除贝叶书外，还有一种非常重要的硬质出版形式，就是石质出版。从摩崖石刻到石窟壁画，可谓形式多样、成就巨大、异彩纷呈。这些石质出版成就将南亚次大陆的出版文明永久定格下来，成为人类宝贵的文化财富。

### 一、贝叶书的诞生和制作流程

贝叶书，源于古代印度，是刻写在类似于棕榈树的贝多罗树叶上的文献。因其多刻写佛教经典，又被称为贝叶经。有着"佛教熊猫"之称的贝叶经具有非常重要的历史价值和文物价值。

贝叶，就是贝多罗树叶的简称。贝多罗树是一种四季常青的乔木，生长缓慢，其寿命长达 100 年，叶子硕大，如同一把张开的蒲扇。这种宽大的贝叶经过煮制、风干等流程后，就成为经久不烂的书写载体。由于这种优点，2000 多年前贝叶就成为书写经文的载体。至今在南亚及东南亚和我国云南等地区，仍流传着这样的传统方法。

制作贝叶书共分为几个步骤。首先，人们将贝叶从树上砍下来，并挑选肥硕的贝叶进行裁剪，制成长约 50 厘米，宽 6~8 厘米的长方形叶片。然后将这些长方形叶片捆扎后放入沸水中蒸煮。蒸煮等特殊技术的处理可以使贝叶书防水、防蛀，便于保存和储藏，这也是贝叶书可以穿越千年而不腐朽的重要奥秘。贝叶被蒸煮泛白后即可取出晾干，而后用铁笔刻写。最后，刻写好的多片贝叶置于两个木板之间进行挤压，这种夹子被称为"梵夹"。相传唐代高僧玄奘从印度带回来的佛经，就是放在梵夹之中的。这种书籍的装帧形式就叫"梵夹装"。

### 二、贝叶书的传播

中国造纸术传入印度之前，古代印度主要使用贝叶作为出版载体，这种出版载体刻写制作的文献典籍被称为贝叶书。贝叶书中的大宗为贝叶经。古代印度佛教经典大都是用贝叶作为出版载体刻写出版的贝叶经。现今世界佛教中最主要的三个流派——汉传佛教、南传上座部佛教及藏传佛教中的最早的经典无不是源于佛教贝叶经。可以说，贝叶经对佛教的发扬光大起到了重要的促进作用。贝叶由于其优点和特性，成为古代印度举足轻重的书写载体。东汉明帝曾派大臣蔡音等人出使西域，求得佛经。永平十年（67年），二位印度高僧迦叶摩腾、竺法兰同使者到达中国，用白马将佛经、佛像驮至洛阳。"白马驮经"的故事一时传为美谈，而白马所送来的佛经，就是贝叶经。汉明帝下令建造了"白马寺"。而后"寺"也演变成为中国寺院的一种泛称。

图 4-1　北京房山云居寺珍藏的一片宋代贝叶经原片 ▷

（图片来源：万安伦摄于北京房山云居寺）

三国时期，中国许多僧人也不辞辛苦，西行取经求取佛法。曹魏甘露五年（260年），中国僧人朱士行曾西行，求取真经，其所求得的真经就是贝叶经。

至魏晋南北朝时期，中国虽长期处于战乱状态，四分五裂，但贝叶经的求取和翻译活动仍在进行，法显为代表性人物。

隋朝一统天下之后，隋炀帝曾在洛阳设立"梵夹道场"，召集社会上的名僧进行佛教经典的翻译工作。

到了唐代，文人雅士将与名僧交流的传统继承下来，进入寺庙，谈经论佛，一时成为一种风尚。柳宗元的《晨诣超师院读禅经》诗曰："闲持贝叶书，步出东斋读。"李商隐在《奉寄安国大师兼简子蒙》中写道："忆奉莲花座，兼闻贝叶经。"李贺在《送沈亚之歌》中写道："白藤交穿织书笈，短策齐裁如梵夹。""贝叶书""贝叶经""梵夹"已成为诗歌吟咏的常用意象。玄奘从印度取回贝叶经，在长安大雁塔进行艰苦的翻译活动。

宋朝诗者词人也大量吟咏贝叶经。在传承后世的许多诗词作品中，贝叶等词汇不断出现，社会上还有贝叶画，成为佛学绘画中的上乘作品。

在佛教自南路传入中国南部过程中，贝叶经及其制作工艺被传入我国云南西双版纳地区，形成了独特的贝叶文化，也成为我国贝叶经保存最多和最完整的地区。

### 三、南亚次大陆的石质出版

**(一)象岛石窟的石雕**

象岛石窟是印度著名石窟，在今印度孟买东6千米处。1987年联合国教科文组织就将它列入《世界遗产名录》。象岛石窟壮丽雄奇，巧夺天工，不仅是人类的艺术瑰宝，而且为研究古代印度的硬质出版提供了宝贵的材料。象岛是一个风景秀丽而安静的小岛，象岛石窟大都用石头凿制而成，其施工周期很长，整个石雕规模庞大、技艺高超、造型雄奇，极具特色和感染力，印度的文化与艺术也在这些石窟作品中获得了生动的展示。

石窟雕刻的内容丰富多彩、鲜活细致，时而严肃庄重，时而生动活泼，不仅展示了印度教的习俗，也展现了古代印度人们广阔的生存景象和风土人情，将浓厚的宗教气息与接地气的生活气息完美地融合在一起，可以说是一部永不失传的古代印度历史的百科全书。令人惋惜的是，象岛石窟中的大量摩崖石刻被英国殖民者破坏。这不仅是硬质出版史上的遗憾，而且是世界文化史上不堪回首的一页。

**(二)埃洛拉石窟的雕刻**

在印度马哈拉施特拉邦的奥兰加巴德西北25～30千米的地方，有一座著名的石窟，名曰埃洛拉石窟。埃洛拉石窟大约雕刻于 7 世纪至 11 世纪四百年间，长度大概为 2000 米，其中共有大大小小 34 个石窟，囊括了佛教、印度教等多种宗教种类的风格。埃洛拉石窟的雕刻极负盛名。第十六号石窟的凯拉萨神庙，更是众多杰出石窟作品中的精品，风格雄奇，巧夺天工，是世界建筑史上的奇迹，艺术造诣达到了登峰造极的地步，也是硬质出版中摩崖石刻作品中的杰作。

在世界寺院雕刻中，埃洛拉石窟是最典型的代表。它的石窟作品有 14 个部分，雕刻在玄武岩材质的悬崖峭壁之上，不仅表现了美观的寺院外形，而且展示出了精美的寺院内部构造，确为世界寺院雕刻中上乘的精品。

### （三）巴米扬石窟的壁画

在阿富汗兴都库斯山脉的佛学古迹中，有一个名曰巴米扬的石窟群。这个石窟群大约开凿于公元 200—800 年。这些佛教石窟在陡峭的悬崖岩壁之上凿刻而成，除了两座雄伟壮丽的立佛雕像，还有大大小小近 1000 个小窟龛，巴米扬石窟的立佛雕像也是世上最为高大的。巴米扬石窟的壁画异彩纷呈，既具有宗教价值，又具有极高的文化艺术价值。巴米扬石窟中的壁画作品广泛散布于大大小小 50 多个石窟之中，图案丰富多彩，天井及石窟侧面和顶部都有大量壁画。其中石窟顶端的壁画是巴米扬石窟壁画多样性的典型代表。在佛教传入中国的历程中，巴米扬石窟的风格和特色也逐渐传入中国，并对中国西北部地区的石窟产生了显著的影响。令人痛心的是，2001 年，巴米扬大佛被摧毁，现已面目全非。

### （四）壁画的代表——阿旃陀石窟的壁画

在人类漫长的历史长河当中，曾经出现许多优秀的硬质出版成果，但是在饱经风霜流传至今的石窟艺术当中，阿旃陀石窟的壁画出版是其中可以与中国敦煌的石窟壁画相媲美的。1819 年，阿旃陀石窟的壁画被人们发现。一位英国的士兵在此打猎时随着一只受伤的老虎在丛林中发现了这座艺术和出版殿堂中的瑰宝——阿旃陀石窟的壁画。

阿旃陀石窟是蜚声国际的石窟，在印度德干高原的一个悬崖之上，代表着古代印度石窟艺术的极高成就。阿旃陀石窟大概从公元前一二百年开始修建，也是鼎盛时期的孔雀王朝阿育王统治时期，阿育王对于佛教的大力推崇对阿旃陀石窟的修建起到了很大的促进作用。阿旃陀石窟于 5—6 世纪凿制完成，历时大约 700 年。在阿旃陀石窟中，壁画的数量非常庞大，不仅展示了佛教文化中的故事传说，而且展示了普通百姓和王公贵族的生活场景。壁画涉及的意象也非常宽泛，包括宫廷、山脉、树木、田地、征战等景象及音乐、跳舞等生活画面。其中有大量涉及普通大众的如打猎、耕种题材的壁画，表现了古代印度的社会经济状况。

阿旃陀壁画石窟艺术既是研究古代印度地区硬质出版成就的重要实物，又是世界文化宝库中的艺术瑰宝。

## 第三节  朝鲜半岛的陶质出版和日本的木质出版

朝鲜半岛的陶质出版和日本的木质出版是古代亚洲的硬质出版的重要形式。"在新石器时代早期，朝鲜半岛出现了原始平底栉纹和隆起纹陶器。"[①]日本木版画，历史悠久，形式多样。在近代印刷术兴起之前，它是唯一可以雕版印刷且可大量出版的形式。在印刷术产生并普及以后，木版画的功能逐渐减弱，然而其并未全部退出历史舞台，而是以独特的魅力传承后世。

### 一、朝鲜半岛的陶质出版及成就

我们都知道，陶器以陶土为制造材料，依靠高温烧制而成，为人们的生产和生活服务。之前人类所使用的以石头、动物骨头、木材为原料制作而成的器皿只是在材料的外形上做文章，但陶器从本质上改变了自然原料的形态。陶制器皿的问世，翻开了人类开发自然的新的一页，为人类的生产和生活条件的变革起到了极大的推动作用。从硬质出版载体的角度来看，陶器的出现也打破了人类硬质出版中只能从自然界就地取材的限制，丰富了人类的出版介质，为后世各种形式非自然出版介质的出现拉开了大幕，在人类硬质出版的发展史上具有重要的意义。

在新石器时代初期，渤海沿海地区，包含朝鲜半岛在内，开始出现带有纹理的陶器。这种陶器的纹理特点是在陶器进行高温烧烤之前，将类似"之"或者"人"的纹理不间断刻在陶土上。在新石器时代的中期和后期，这种陶器烧制方法有了新的改进，刻在陶器上的条纹和装饰，使陶器更加美观大方，反映了当时人们对美感和艺术的追求。随着陶器形态的不断翻新，陶器纹饰也呈现愈加丰富多彩的形态和趋势。

陶器纹路的日渐丰富体现了人们对美和生活情趣的追求，而新石器时代陶器器皿上类似人形的大量丰富的图案，既表现了人的形象，又是当时宗教信仰和社会风貌的一个很好的反映。

与其他的手工业不同的是，陶器的制作需要大量烦琐的工艺，从准备陶土、搅拌，再到陶器的烧制和火候的掌握，每个步骤和环节都需要很高超的技

---

[①]  曹中屏：《朝鲜半岛的史前陶器文化》，载《东疆学刊》，2016(1)。

艺。毛坯干燥前，还要抹平与磨光。人类的出版介质的使用经历了从硬质到软质再到虚拟的过程，承载的信息越来越多，传播也越来越便捷和迅速。硬质出版介质的演变，也经历了从简单直接地利用自然界的物品到更加灵活利用的过程，每个现在看似简单的进步也都是古代人类在与自然界漫长的接触和实践中得以实现的。每个硬质出版中的演进变革都会促进人类社会的发展进步，而人类社会中每一个重大的飞跃无不伴随着相应的出版技术抑或载体的变革。

## 二、日本木质出版及成就

版画是视觉艺术的重要类别。从广义的角度来讲，版画包含印刷术大规模普及之前所具有版面特点的图形。现在的版画则是指艺术工作者通过制作版面并付梓印刷的艺术产品，版画这一技艺的发展随着印刷术的出现和演化而不断进步和发展。古时候的版画主要指木刻，独具风格的刀味和木味主使版画具有很高的艺术品位和文化价值。

出版介质的创新会对出版的发展起到巨大的推动作用，以木板为出版介质，打破了石质在出版载体制作的限制，可通过雕版大量复制和传播，满足了市民文化的需求。

这里需要突出介绍的是日本的"浮世绘"，即日本的版画。日本的版画是在江户时期开始盛行的艺术门类，是反映日本人民日常生活的风俗画。日本的浮世绘虽然是江户时代开始兴盛，但以其独特的艺术风格流传后世，并对促进西方美术的发展起到了积极的作用，以至西方将浮世绘当作整个日本绘画艺术的替代词。浮世绘的创作方法分为两类，一为木版画，二为肉笔画。

雕版印刷术是浮世绘诞生的基础。雕版印刷术在中国产生，后随着日本遣唐使的脚步进入日本，并得到普及和发展，对推动日本出版业的发展起到了积极的促进作用，也促使插画制作从图书出版中分离出来，成为一类极具特色的艺术门类——浮世绘。元代，套色印刷术产生，并在明朝取得了很大的进步，这一技艺东传到日本之后，为色彩单一的日本浮世绘注入了丰富多彩的颜色，浮世绘花样频出，更加五彩艳丽，也将浮世绘的发展推向了巅峰。由此可见，套色印刷术在浮世绘的变革历程中有不可估量的影响。只不过浮世绘是将印刷术用于硬质的木质材料上，而同时期的中国是将印刷术用于软质的纸张上。

江户时代与中国清代大致相当，社会性质都处在封建社会的末期。因为市民经济的不断发展，一种新的市民文化应运而生，人们迫切需要大量的精神食粮，这为浮世绘的鼎盛创造了很好的社会条件。浮世绘的需求量在这种大规模的需求中大量复刻，从而将其由肉笔画阶段完全推向版画阶段。浮世绘的印刷工艺不断进步，从最初的墨本演变为丹绘和漆绘，到后来彩色画笔的加入及套色版画的出现，使得浮世绘达到鼎盛，色彩绚丽，将日本在绘画层面的艺术水准不断拉高。

浮世绘木版画有两种基本样式，分别为"绘本"和"一枚绘"。"绘本"就是插有图片的画本，在江户时代的早期，"绘本"以小说插图作为起点，而后通俗的插图本逐渐产生，并在市民小说兴起的过程中得到了迅猛发展。日本民间画家菱川师宣是该木版画的开创者。"一枚绘"，就是单独成幅的木版画，这种木版画的绘画手法更加细致，且为独自赏析一幅画创造了便利。这种木版画的大小不一，共有20多种，按照刻制技术和套色数量的差异又可以划分为"墨绘""丹绘""锦绘"等丰富多彩的样式。浮世绘木版画的雕刻技艺虽然不谋求木制的刀味，但是很留意木刻纹路的展现效果，非常注重线条的流畅性，探求刻、画、印三种技法的合理搭配使用而使作品达到不断完美。日本的浮世绘画师所发明的木纹法、无色印刷等方法对实现色彩与笔画的完美协调起到了积极的作用，挣脱了之前被毛笔束缚的窠臼，丰富了创作木版画的技法。

在浮世绘的发展中也涌现出了大量的匠人，他们精雕细琢、精益求精，以执着的精神为浮世绘的发展做出了杰出的贡献。譬如拉开浮世绘巅峰时期大幕的铃木春信，以美人画见长的鸟居清长，戏剧绘画大师东洲斋写乐，还有将风景绘画技艺推至巅峰的一立斋广重。浮世绘在日本绘画界历经260多年之后，在明治维新时期终于逐渐衰退。这也反映了出版业的发展规律，一种出版形态，总会经历产生、发展、鼎盛、衰退的过程，浮世绘的发展也不例外，但出版技术的发展又不是代替与被代替的关系，只是主体地位的变化，而多种出版形态仍然是同时存在的。

谈及日本浮世绘对世界美术史的巨大影响，首先应该想到的就是其对19世纪欧洲画坛的影响。1812年，日本浮世绘大师喜多川歌麿的作品在他本人仅仅离世六周年之后，就出现在法国巴黎。19世纪下半叶，浮世绘的技法和作品更被大规模地传播到西方世界。从色彩的运用到艺术来源于生活的创作态度，从充满智慧而又奔放潇洒的绘图到对世间变化的准确而敏感的感知，日本的浮世绘艺术推动着西方艺术向现代文化不断前进。前后历时300多年，浮世绘虽然走向了衰落，但它表现出的高超而充满特色的绘画技法，深刻地影响了亚洲和欧洲的绘画艺术。19世纪的欧洲古典派绘画大师抑或印象派巨匠，没有不受到浮世绘影响和启迪的。浮世绘的艺术价值在对后世作品和绘画风格的影响中不断得到体现。

日本浮世绘版画不仅仅是硬质出版中的一朵奇葩，其中还孕育着软质出版的印刷技术。硬质出版与软质出版的重合，更从出版介质的发展上表现出了地位变化相互重叠而非取代的关系，值得重视和研究。

# 第五章　古代欧洲、美洲及世界其他地区的硬质出版

古代欧洲文明同样是由硬质出版开启的，欧洲出版自史前岩画开始，在石质文明中发展，在莎草纸出版中壮大。古代美洲文明是由印第安人的硬质出版开启的。古玛雅文明、古印加文明及古阿兹特克文明，共同创造了古代美洲的硬质出版成就。世界其他地区包括环太平洋的岩画、北纬40°的桦树皮出版，还有南半球的木雕出版，都彰显着人类集群早期辉煌的出版文明。古代欧洲、美洲及世界其他地区广泛存在的硬质出版实践及取得的成就，是世界文化和文明宝库中的瑰宝。

## 第一节　古代欧洲的硬质出版

有学者从出版媒介的角度将欧洲文明划分为岩石、壁画、泥版书、莎草纸等"原始媒介"阶段，蜡版、石质碑文、较为精美的招贴海报和莎草纸书籍等"古代媒介"阶段，以及皮纸、中国纸张等"当代媒介"出版阶段。欧洲的"原始媒介"和"古代媒介"阶段，其实就是古代欧洲的硬质出版阶段。

### 一、欧洲史前岩画的考古发现

岩画是指史前人类在洞窟内或者山崖、岩石峭壁上刻画的图形与符号。岩画是一种覆盖全世界的原始符号。有观点认为这是史前的艺术形式，更通常的看法认为这是人类文字出现之前的一种具有原始符号特征的"图像文字"。史前岩画本身就带有某种"文明"属性。

**（一）阿尔塔米拉洞窟**

阿尔塔米拉洞窟位于西班牙北部的桑提亚纳德玛，主要由两个旧石器时代的洞窟组成，距今至少有12000年的历史，是世界上最著名的旧石器时代晚期人类原始绘画艺术遗迹。该洞窟是牧羊人在1875年发现的，也是第一个被发现的绘有史前人类壁画的洞穴，被称为"史前西斯廷"①。洞窟内绘有大量野

---

① "西斯廷"，是指位于梵蒂冈宗座官殿里的天主教小堂，以壁画精美闻名。

牛、猛犸等史前的野兽形象和狩猎场景，色彩斑斓，轮廓清晰逼真。《受伤的野牛》是非常著名的艺术作品之一。

### （二）法国拉斯科洞窟《野牛》

法国拉斯科岩画是另一个著名的洞窟岩画，曾被赞誉为"史前罗浮宫"，当然它的被发现同样具有偶然性。1940年，多尔多涅乡村的四个孩子在野外玩耍时，无意间发现了这些远古时代的岩画洞窟。洞内总共有近 1500 个岩石雕刻和 600 余幅绘画，以"野牛大厅"最为壮观，这些岩画创作于约公元前 17000 年。在岩洞中还发现了作画用的木炭、颜料和雕刻工具等。岩画基本属于人类文字产生以前原始时期的作品，它们是人类早期生活的记录，岩壁成了承载和发布这些信息的出版载体。

## 二、古代欧洲的硬质出版载体

欧洲文明的第二个阶段是古希腊古罗马文明发展时期。古埃及的莎草纸，古希腊的陶片，古罗马的蜡版、木板等是该时期硬质出版的重要载体。

### （一）莎草纸传承了古希腊罗马的古典文明

古代希腊罗马文明便是建立在莎草纸上的。莎草纸最初来源于古代埃及，盛产于尼罗河三角洲。大约在公元前 3000 年，古埃及人将莎草纸出口至古地中海沿岸地区，甚至到更遥远的欧洲内陆。腓尼基人至少在公元前 11 世纪就使用传自埃及的莎草纸并将其用于贸易中。公元前 7 世纪古希腊人开始使用莎草纸。莎草纸由此成为公元前 7 世纪到公元 4 世纪 1100 年间欧洲的主要出版载体。

#### 1. 古希腊文明与《荷马史诗》出版

相传，《荷马史诗》综合了《伊利亚特》和《奥德赛》两部长篇史诗，是古希腊盲诗人荷马根据民间流传的短歌汇总编写而成的，传入雅典后成为古希腊学者口口相传的文化形态。莎草纸写本形式使得《荷马史诗》在公元前 6 世纪基本定型。公元前 3 世纪，《荷马史诗》便被广泛引用到苏格拉底、柏拉图、亚里士多德、伊索克拉底等古希腊文豪的著作中了。《荷马史诗》对于欧洲的重要意义就好比"四书""五经"之于中国。

#### 2. 莎草纸与拉丁文学

随着古希腊文明引入罗马帝国，拉丁文学诞生。公认的"拉丁文学之父"李维乌斯·安德罗尼库斯是一个希腊人，他在公元前 272 年来到罗马，将通用的希腊文教材《荷马史诗》译为拉丁文，教授罗马当地人。这一时期大量希腊人迁往罗马，带去了新的文化，极大地推动了当地拉丁文学的形成和发展，古希腊莎草纸也成为拉丁世界图书的标准出版载体。

## (二)考古发现的莎草纸文献

### 1. 编定出土的莎草纸文献目录

在被火山淹没的庞贝古城有大量莎草纸文献出土,有的出土时还完整地摆放在书架上。这批莎草纸文献被认定为公元前1世纪的作品。1922年,C.H.欧发德编写了一部莎草纸文学文本目录,总结了当时流传下来的莎草纸卷等残篇,总共有1167种文学写本,其中至少四分之一是关于《荷马史诗》的。后来,劳拉贾巴尼在欧发德的基础上续写《埃及出土的希腊文学古写本目录》,一直更新到1945年,荷马的抄本及之前提到的希腊很多作家的抄本都有了新的增加。

### 2."荷马时代"的莎草纸文献

《荷马史诗》创作时期极有可能已经有文字记载。如此规模的诗作,不可能不借助书写文本撰成。目前考古发现的《奥德赛》莎草纸残卷应该就是稍后留下的抄写副本,但它最初依托于何种书写载体已经不可考。《奥德赛》莎草纸卷应该是希腊图书出版中最精美的样本,目前存于大英博物馆。

### 3. 莎草纸文献的形制

古希腊、古罗马在其文学全盛时期的图书就是以卷轴形制为主,一般长不超过35英尺,高约9或10英寸,卷轴为一个直径约为1英寸或1英寸半的圆柱体。展开时,字栏约为3英寸宽,栏间有大约半英寸宽的空白,页眉页脚处也留有空白。① 这些标准将根据图书具体内容及奢华程度而有所调整。

## (三)蜡版、石块及金属等其他硬质载体

当然,除了莎草纸这一重要的硬质载体以外,墙壁、蜡版、陶片、石块、金属制品和木板也是古代欧洲重要的硬质出版载体。

### 1. 蜡版

古罗马人发明的书写材料——蜡版曾经风靡一时,一直沿用到法国大革命时期。蜡版书的制作主要需要木板与蜡,首先将模板做成书框,将其中间用蜡填满,然后将每块木框两侧凿出两个洞,用线将其串联,装订成书。书写工具是铁制的尖笔,尖的一头负责书写,圆的一头用于抹去错别字。较之莎草纸,蜡版价格低廉,能够重复使用。在庞贝古城的墙壁上,一幅《普罗居吕斯和他的妻子》壁画描绘了拿着蜡版和锥子的妻子和右手握着一卷卷轴的普罗居吕斯。②

---

① 一英尺合0.305米,一英寸合2.54厘米。
② 吴简易:《书籍的历史》,70页,太原,希望出版社,2008。

### 2. 墙体及石质载体

古希腊人喜欢在墙体和石头上保留信息，每天都会去阅读公共的碑文，其中有些碑文不仅表示纪念，而且能传播大量新闻，如官方文件、传单都刻在石碑上。古希腊城邦广场是希腊人进行交流的场所。宗教、政治、商业、文化信息充斥整个城邦广场。这个广场也是古希腊城市文明的象征之地。

### 3. 木牍与金属载体

很多古希腊古罗马的书信、记录往往写在木牍上。据记载，古希腊文学中关于书写文字的最早记述，即《荷马史诗》中所提到的柏勒洛丰的信，载明是写在木牍上的。另外，金属类器物或板块，如金、铜、铅、铁等都常被用作书写载体，虽然篇幅并不大。保萨尼阿斯提到生活在赫利孔山的维奥迪亚人曾向他展示一块铅版，虽然已朽蚀，但能看出上面镌刻着《工作与时日》。

## 三、古代欧洲硬质出版时期的文字符号系统

公元前1500年左右，腓尼基人发明了第一个不含元音的字母符号系统，并成为后来阿拉伯人、希腊人和罗马人的字母样板。希腊文、拉丁文的近亲是腓尼基字母，而源头则是两河流域的楔形文字和古埃及的象形文字。

### （一）古希腊人创造世界上最早含元音的字母表

公元前15世纪，生活于地中海东岸沿海的腓尼基人创造了人类历史上第一批字母文字——腓尼基字母，共包含22个字母符号。聪慧的希腊人通过对腓尼基字母的借鉴和修改，增添了元音字母，变成26个字母，使之成为世界上最早包含元音的字母语言文字体系。腓尼基字母从右向左书写，希腊人则是"耕地"（boustrophedon）式书写，前一行从右向左写完后下一行顺势从左向右写。后来逐渐演变成全部从左向右写。古希腊是孕育欧洲文明的摇篮，希腊字母也成了世界上通用语言的始祖，拉丁字母和东欧斯拉夫地区使用的西里尔字母都源自希腊字母。

### （二）罗马时代的拉丁字母取代希腊字母

希腊字母对希腊文明乃至西方文化影响深远，在《新约》里，神说："我是阿尔法，我是欧米伽。我是首先的，我是最后的。我是初，我是终。"在希腊字母表里，第一个字母是"A，α"（Alpha），代表开始，最后一个字母是"Ω，ω"（Omega），代表终了，这正是《新约》用希腊语写作的痕迹。古罗马的拉丁字母是对希腊字母的继承和发展。拉丁语催生了古罗马文明，成为公元前后罗马帝国的通用语言。5世纪以后，拉丁字母开始分裂，后逐渐形成了欧洲主要国家的语言文字。

### (三)古罗马的私人藏书馆与图书馆

罗马图书馆的出现则要追溯到 1 世纪前后，罗马首批藏书是在攻打腓尼基城邦和希腊城邦之后带回来的。这时，私人藏书馆兴起，如吕库吕斯藏书馆，他收藏的大量精美书籍多是战利品，并慷慨地允许学者借阅藏书。① 古罗马的第一座公共图书馆——帕拉丁图书馆，建于公元前 28 年。它位于阿波罗神庙的两侧，左侧为希腊文著作，右侧为拉丁文著作。遗憾的是，它在公元 80 年路麻城的大火中被烧毁，古罗马藏书几乎没有流传下来，这是出版界和文化界大损失。

### 四、古代欧洲硬质出版成就

#### (一)古罗马庞贝古城出版遗迹

庞贝古城形成于公元前 7 世纪，公元 79 年维苏威火山大爆发，整座城市被火山灰掩埋。庞贝古城的挖掘整理从 1748 年开始并延续至今，为我们研究古城的出版遗迹提供了实物证据。庞贝人用石头、墙体、莎草纸来记载并传播信息，体现了古罗马信息传播中的出版特色。

#### (二)古希腊古罗马的出版作品

著名的学科著作有瓦洛的《学科要义九书》、老普林尼的《博物志》等。《博物志》完成于公元 77 年，共包括 37 卷，涉及内容从天文地理到人种民族，从动植物到农业、药物，从矿物冶金技术到艺术，内容翔实且不乏趣味。文学类作品出版有《荷马史诗》、柏拉图的《斐多篇》、苏格拉底的《斐德罗篇》等。

#### (三)古罗马出版制度与出版人

公元前 3 世纪以前，古罗马出版活动较少。随着莎草纸传入，古罗马书籍形式发展成为莎草纸卷。作家的作品通常先由秘书将草稿记录在蜡版上，并进行修订，然后用芦苇笔在莎草纸上清晰地誊写一遍。秘书的工作就类似我们今天的出版人，也被称为当时的抄书人，他们代替作家进行抄录。后来，抄书作坊出现，出版角色也从抄书人变为专业的出版商。

## 第二节 古代美洲的硬质出版

美洲印第安是一个古老的民族，他们在美洲最早居住的时间约在 15000 年

---

① 《书籍的历史》，59 页。

到 20000 年前。历史上，玛雅、印加与阿兹特克并称为美洲三大文明，他们所创造的璀璨文化与悠久历史，为我们探索神秘的美洲出版文明拨开了迷雾。

## 一、美洲文明的载体变迁

### (一)玛雅文明的石刻与抄本

玛雅文明是中美洲印第安玛雅人在与亚、非、欧古代文明隔绝的条件下，独立创造的伟大文明，其遗址主要分布在墨西哥、危地马拉和洪都拉斯等地。玛雅文明诞生于公元前 10 世纪，分属数以百计的城邦。

1. 玛雅毛发笔

玛雅象形文字主要被刻在石碑和庙宇、墓室的墙壁上，其中以石柱、祭台、金字塔等带有宗教性质的硬质建筑物体上。前古典时期的玛雅人用类似中国式毛笔的毛发笔，来记载他们的宗教、神话和历史。

2. 石刻历史

玛雅文明的古典期是其全盛期(4—9 世纪)，他们发展了数百座城市，蒂卡尔是其中最大的一个。主要的出版遗迹有雕刻石板，上面刻有象形文字，主要描述宗谱、战争胜利、39 位国王世系及其他成就。

### (二)印加文明的硬质出版

印加文明发源于美洲高原。印加文明是美洲秘鲁文明的起源。公元前 10 世纪至公元前 3 世纪，其文明载体主要是陶瓷、石头、石墙，奥尔梅克文化的图腾——一种面孔很难看的猫经常被雕刻在巨型石墙上。印加有着自己完整的神系图谱，并通过宗教建筑和石碑进行传播，最初的出版物多为宗教图腾与壁画。海拔 2300 米的马丘比丘遗址主要是陶器出版、石质出版和骨质出版等，这些都是印加较为突出的硬质出版作品。

### (三)阿兹特克文明的历法石与绘画

阿兹特克人是居住在墨西哥谷地的居民。他们是墨西哥人数最多的一支印第安人。特诺奇提特兰是最大的宗教和文化中心。阿兹特克人对天文学及天体物理学的研究很深。1479 年他们刻制的整块玄武岩的阿兹特克历法石，圆形，重 24 吨，直径 12 英尺，厚 3 英尺，表现了阿兹特克人独特的时空观。

阿兹特克的绘画比雕刻更有生命力。绘画和图案也反映出阿兹特克人的宗教仪式。"农事庙"的图案壁画明确表示了人的感知及人与大自然融为一体。陶器石碑上也绘制了众多宗教仪式细节，一些尚未确定的象征性图画符号，表明祭司在使用一种文字，但尚未破译。

## 二、古代美洲文明的文字符号系统

美洲文明文字符号系统，玛雅象形文字最为成熟，而印加的结绳记事和阿兹特克的绘画文字，只是分散的、表意的视觉符号。

### (一)南美洲唯一的成熟文字系统：玛雅象形文字

玛雅文字是玛雅人在公元前后创造的象形文字，是世界上较早成熟的古老文字之一。玛雅象形文字是图形和声音抽象符号的组合体。玛雅文字有象形、会意，也有形声，是一种兼有意形和意音功能的文字。字体有"头字体""几何体""全身体"。玛雅文字通常按照从上至下，两行一组，以"右→左→(下一段)右→左"的顺序读，每个文字都有四个音节，呈方块图形，类似于中国的印章，一部分是意符，一部分是音符，属"意音文字"，但是由于玛雅文字艰深晦涩，至今能译解的不足三分之一。①

玛雅文字被刻写在神庙墙壁、石碑、陶器等多种硬质出版载体上。玛雅人还喜欢占卜，著名的"20121221 世界末日"的预言便是由此而来。

### (二)印加结绳记事与"查斯基"

印加结绳记事，是文字产生前的一种帮助记忆的方法，大事打大结，小事打小结。

1. 结绳记事

印加文明虽然相对发达，却是一个没有文字的民族。信息往往会被称为"卡马约克"的"记忆者"记入脑中，而所有信息的保存最终也会采用被称为"奇普"的结绳文字而记录。"奇普"就是"结"的意思，绳结会被染成不同的颜色，不同的颜色表示不同的事物：褐色代表马铃薯、白色代表银子、黄色代表金子、红色代表士兵、黑色代表时间；对于抽象事物而言，白色代表和平、红色代表战争等。② 有专家认为"奇普"是一种会意文字。

2. 印加语言：克丘亚语

西班牙人的入侵对于印加文明可谓是摧毁性的打击，他们不仅搜刮财物，毁灭印加建筑、木乃伊和陵墓，而且不遵守承诺，绞死印加王，屠杀印加的知识分子阶层——祭司，1532 年，印加璀璨的文明陨灭。值得庆幸的是古印加人统一使用过的语言——克丘亚语传承下来。

---

① 侯霞：《甲骨文与玛雅文象形字取象方式比较》，载《中国海洋大学学报(社会科学版)》，2010(3)。

② 李婕：《古印加文明探寻》，载《青年文学家》，2013(5)。

3. 未知的"基尔卡"文字符号

1570 年在托莱多总督命令收集印加帝国文物资料时，曾发现 4 幅记载印加历史的大幅粗布，这些粗布被贴在板子上，布板周围撰写着类似印加文字的符号，仿佛记载着某种神话的传说。这种仅有极少数人掌握的印加文字符号被称为"基尔卡"，最终被西班牙殖民者摧毁，永不为人所知。

4. 传递信息的印加邮差"查斯基"

在印加，邮差被称为"查斯基"，他们相互转送的不是"文书"，而是绳结或口语。查斯基在 20 天之内能走完从基多到库斯科之间的 2000 多千米路程，每天奔走 100 千米以上。"喜欢任何一种快速、对许多人有益的事情"，查斯基在印加的土地上传递信息和传播文明。

**(三) 阿兹特克的绘画文字与纳瓦特尔语**

1. 奥尔梅克人的图像文字

公元前 1500 年，奥尔梅克人在石头上刻出图像以表达思想，形成了早期的文字形式。2006 年，考古学家发现了一块刻于公元前 600 年带图像的大石板，上面的图像和符号被称为象形文字，这块石板被命名为"卡斯卡哈尔石板"。石刻被认为是早期形式的图像文字。

2. 纳瓦特尔语与绘画文字

阿兹特克的文字是绘画文字，没有字母，正在向音节文字发展，较为简单。他们用罗马字母创制纳瓦特尔词汇，形成阿兹特克的统一语言。绘画文字对于阿兹特克文明的传播起着至关重要的作用，也为纳瓦特尔语的形成奠定了基础。

## 三、古中美洲的硬质出版成就

**(一) 玛雅文明的《契伦巴伦之书》**

《契伦巴伦之书》是一部未经西班牙人改动过的书，西班牙语中为"chilam balam"，译为"预言家·美洲豹"，意为"通神者讲解神秘知识"。《契伦巴伦之书》也是一本带有宗教神灵色彩的抄本，内容有预言、咒语、神话、宗教、天文、歌曲、灾荒等时事记录，最重要的是里面还有对玛雅古代历史的编年概述。此外，该书仅有《卡奇克尔年鉴》《波波尔·乌》《拉比纳尔的武士》等作品传世。

**(二) 玛雅文明仅存的古抄本**

玛雅古抄本是玛雅文明的文献，是将玛雅文字抄写在树皮纸上。这些抄本一般都以最后存放的城市来命名，目前留存下来的有四本：《马德里古抄本》

《巴黎古抄本》《格罗利埃古抄本》《德累斯顿古抄本》。最后一本最为重要。

### (三) 古印加的"奇普"或口传诗歌

印加文学是口头文学，他们的诗作由绳结"奇普"或口传形式保存下来。

> 美丽的公主，
> 我是你爱过的兄弟，
> 你的耳环
> 断了。
> 由此，引起了雷鸣，
> 电闪，
> 雨水落下了；
> 公主，
> 你的泪水
> 一滴一滴的，
> 啊，雨水里
> 还夹杂着
> 冰雹，
> 又有雪。
> 大地的主宰啊，
> 帕查克马克
> 太阳之子，
> 他为此指派了你，
> 也造就了你。

思想、节拍、重句、想象，均具印加诗作特点，这是一首相当纯正的印加诗作。"结绳记事，是印加人民创造的一种文明形式，是瑰宝，通过绳结遗留下来的，流传于民间的文字，确实不朽。"[1]

### (四) 美洲壁画遗迹

墨西哥壁画的历史，要追溯到远古的玛雅壁画。博南帕克壁画是中美洲玛雅文明最重要的壁画遗迹。6—8世纪，墨西哥恰帕斯州博南帕克的一座玛雅神庙内诞生了重要壁画遗址，被誉为"彩色金字塔"。

有些阿兹特克艺术品上绘有图画文字，常见的图画文字有美洲豹、蛇、甲

---

[1] 许必华：《遗失的印加帝国》，43页，北京，红旗出版社，2012。

虫、闪电景象、刮风影像等。墨西哥有"壁画之都"之称。

阿兹特克文明也留下了很多史诗，有英雄史诗夸乌奎卡特尔的《鹰之歌》和亚奥奎卡特尔的《武士之歌》，有生活诗歌霍奇奎卡特尔的《花之歌》和威威奎卡特尔《老人之歌》等。这些向我们昭示了其灿烂的出版文明。

## 第三节　世界其他地区的硬质出版

世界上的硬质出版呈现区域性特征，无论是环太平洋的岩画，还是北纬40°的桦树皮文献的硬质出版，都象征着人类早期辉煌的出版文明。毛利文明，作为彰显身份的"文身"文化与记忆历史的"木雕"出版，也成为这个神奇国度独特的出版艺术。

### 一、史前文明：环太平洋岩画出版

环太平洋地区的岩画汇集了史前人类的出版活动。其丰富的题材，迥异的风格，演绎着史前人类的神话传说。环太平洋的岩画多是普遍存在的人面像、人神同行的图像，是人类初期留给我们的出版瑰宝。

#### （一）大洋洲的原始岩画

澳大利亚与波利尼西亚群岛东南角的复活节岛，是原始岩画分布最为集中的区域，岩画内容题材丰富，风格多变。

在澳大利亚的北面，有"汪吉纳风格""米米风格""X光线风格"等岩画群。昆士兰州劳拉崖壁画，大约有12000年的历史，有形态各异的人神同形图像，据传表现的是古代英雄，岩画人像比真人大，多为2.5米高，形象较为真实。在澳大利亚的南部卡么龙西山上，塔斯马尼亚岛岩刻的分布，可能是当地祭祀仪式的一种风尚记录。

#### （二）美洲的原始岩画

南美洲智利的复活节岛屿，岩画遗存很多，以崖壁雕刻为主，多集中在滨海沿岸。岩画多在海边洞穴顶部，而洞穴描绘的场景也多为鸟禽与人类结合的题材。在波利尼西亚、南美岩画都有类似的鸟与人结合的图案，动物与人的结合是早期宗教图腾文化的特定表现。

岩画多集中在北美地区，尤其是加拿大、美国和墨西哥等地，但更早的岩画则可能分布在南美的阿根廷和巴西。研究发现，这些岩画大约距今17000年。加拿大岩画主要集中在阿拉斯加的南部地区，主要内容包括人面像、鲸鱼、陆地动物和由点线组成的符号。不列颠哥伦比亚省有数百个岩画点。安大略省的皮托波洛镇，有一块巨大的石灰岩，表面刻满了300个岩刻图形。太平洋沿岸的部落中，人面像更像面具，类似的木制面具常常用于祭祀或表演，与中国北方和西伯利亚东部岩画面貌相似。以美国科玛斯印第安人岩画风格最为奇特诡秘，抽象主义图案，光怪陆离的符号，同心圆、"十字纹"、"太阳纹"、"锯齿纹"等独特纹饰，色彩浓烈且别样。①

## 二、北纬 40°的桦树皮出版文化圈

桦树皮文化是北半球所特有的一种物质精神文化形式。它产生的年代久远，延续的时间漫长，分布的范围广泛，在人们的生活和书写领域都占有重要的地位。据考证，桦树皮文化为高纬度诸民族所特有，它产生于遥远的洪荒时代。每年农历五六月时，白桦树易剥取，桦树皮也成为制作各种用具的主要材料。人们将桦树皮去掉硬皮削得平平整整，用火烤或经过蒸煮，桦树皮就会变得较为柔韧，可以裁剪出需要的形状，制作成书写载体等。同时，人们用桦树皮制作各种盆、碗、盒、箱等器皿。桦树皮除了作为实用器物的原材料外，更重要的是被广泛当作出版载体使用。因其质地较为尖硬，而且基本保留物质的原有形态，所以，我们把桦树皮出版归入硬质出版范畴。

从文献和考古材料看，俄罗斯境内西伯利亚地区的少数民族、波罗的海沿岸的拉脱维亚人，中国东北的鄂伦春、鄂温克及赫哲等少数民族也曾广泛地使用桦树皮作为信息载体和制作各种用具。桦树皮文化是鄂伦春族固有的传统文化。桦树皮制品具有易于造型、轻便、防水、隔潮和不易破损等特点，特别适合经常迁徙的游猎生活。因此，鄂伦春人的生活离不开桦树皮。据清代康熙年间进士方式济所撰《龙沙纪略》一书记载："鄂伦春地宜桦，冠、履、器皿、庐帐、舟渡，皆以桦皮为之。"由于桦树皮在鄂伦春族生产生活中的广泛运用，出现了大量关于桦树皮的传说、民歌，如《白桦林》《五姓的山卿》《白桦岭的传说》等。

欧洲新石器时代的"湖居文化"的桩上建筑遗迹中，亦曾发现桦树皮饰物的残迹；在北美，桦树皮文化更是广泛地分布在由阿拉斯加直到大西洋海岸这一广大区域内的许多印第安部落群体中。因此，桦树皮在文化人类学上有"活化石"之誉。② 澳大利亚也有少量桦树皮出版现象。

## 三、蒙古国的桦树皮文献

在蒙古国，桦树皮是一种寻常的硬质书写材料。20世纪90年代，蒙古国

---

① 田爱华：《环太平洋原始岩画研究》，载《美术界》，2012(4)。
② 关学君：《试论北半球的"桦树皮文化"》，载《北方文物》，1987(3)。

出土了大量的桦树皮文献，开启了蒙古国桦树皮文献研究的先河。

据出土文献报告材料显示，1960年，在中世纪属于金帐汗国或术赤兀鲁斯（约1243—1502年）领土的原苏联伏尔加河右岸下游的一座古墓葬中发现了带有装订线的25页桦树皮文献，据研究，这些是13世纪末的文献，正反面有字的7页，25页中有13页写的是畏吾儿体蒙古文，其他都是畏吾儿文。学术界将其称为《金帐桦树皮文书》，亦称《母子之情歌》。① 1951年，大量桦树皮文献在诺沃格勒地区出土。哈剌布罕·巴尔嘎松古城遗址半坍塌的佛塔基座中发现了1400多块桦树皮文献。该文献属17世纪前半叶蒙文和藏文。桦树皮文献的大部分内容是关于佛教的，还有一些包含了民族习俗、历史文化、礼仪祭祀等丰富内容。桦树皮文献中的文学作品，也是学者研究桦树皮文献的一个重要方面。

### 四、毛利民族的"独特"出版

毛利人是波利尼西亚人的分支，与夏威夷土著人属于同一种族。毛利人祖先乘着独木舟来到了新西兰外海的一些岛屿，并渐渐在此定居，而他们创立的毛利文化也深深地影响了整个民族的生活。

#### (一)毛利人口头文学的出版传播

毛利文学的初级形式也是口传故事和诗歌。其题材覆盖造物主、诸神、半神人、英雄人物、部落、历史、家族、传说和诗歌等。

在19世纪之前，毛利人还处于石器时期。毛利族部落生产力低下，物质生活匮乏，加之他们只有语言而没有文字，所以文学几乎没有发展。直到19世纪30年代，他们的文学作品还未能以书面形式记载下来。

直到近代，毛利文学随着毛利文化的复兴一天天繁荣起来。文学有毛利语的，有英语的，也有同时利用这两种语言表现的。传统的毛利口头文学特别丰富，是毛利人宝贵的精神财富，大部分都被记录整理下来。其形式有六大类：演说、故事、格言、吟诗、富有动作的大声告诫、动作歌。层出不穷的木雕、建筑使得口头文学依托着各种出版载体而传播下来。

#### (二)彰显身份的毛利人"文身"

毛利人身上都有着色彩斑斓的花纹。这些美丽的图案类似于现代社会的"文身"，但它的产生有着民族和时代的因素。毛利人衣着简陋，而亚麻织物是很难区分身份等级的，于是毛利人想出了"文身"的办法，花纹的内容、数量、

---

① 乔吉·乌力吉：《关于德国出版的桦树皮蒙文文献——兼评〈蒙古科学院收藏的从哈剌布罕·巴尔嘎松发现的桦树皮文献〉一书》，载《蒙古学信息》，2001(3)。

色彩都成为判别毛利人身份的重要信息。其他民族多是将图案色彩绘制或雕刻在他物之上,以记录某一事件或传递某一信息,而以自己身体作为载体的毛利民族创造了独特的出版艺术。

**(三)融入毛利人生活的木雕出版**

13世纪左右,毛利人迁徙到新西兰,成为这里最早的居民。早期毛利人没有文字,他们以口头传说和在木头上刻记号记载历史,由此形成了独特的毛利人木雕出版。

木雕是毛利文化的重要图腾,而木雕也充分融入毛利人的日常生活中。木雕经常用于表现一些宗教仪式、迎宾仪式。木雕出版也成为承载和传递毛利文化的重要硬质载体。

雕刻特别是木雕是毛利艺术的精华。其手法多样,有浮雕、立雕等,有人物、鸟兽等图案,尤以人像雕刻见长。木雕出版在毛利文化中拥有特别重要的地位,直到今天,几乎有毛利人的地方,就随处可见大到四五米高、小到可以挂在胸前的各种木雕制品。在许多毛利人的聚居地,都有专门的木雕学院。[①] 木雕出版也成为毛利人对于民族文化和艺术风格的一种坚持。

---

① 赵光、严向群:《毛利人王国探秘》,载《丝绸之路》,2006(11)。

# 中　篇
## 以柔克刚的软质出版

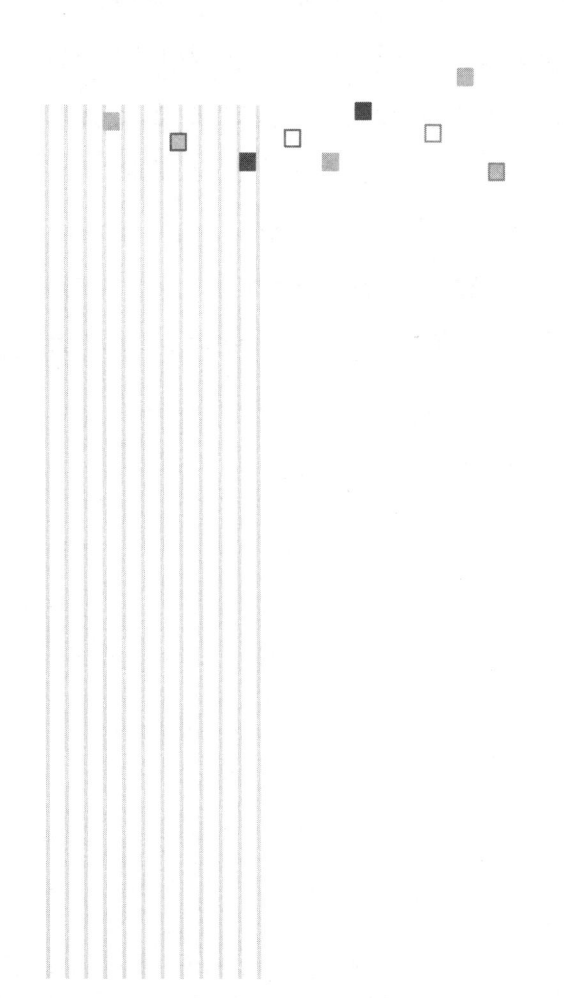

软质出版阶段，世界主要的文字符号系统全面走向成熟。出版载体从坚硬走向柔软。由于轻量化、可承印、能折叠、便携带、易传播等优点，软质出版载体一经产生就表现出强大的生命力。软质出版，以柔克刚。人类的出版历史从"开启文明的硬质出版"阶段，跨入"以柔克刚的软质出版"阶段。绢帛、兽皮、植物纤维纸、塑料布等都属于"软质出版载体"。其中植物纤维纸出版载体的创世发明，推动人类在出版技术方面从刻、铸、划、抄，走向印，包括雕印、活印、套印。由此，软质出版达到出版创新、文化创造和文明跃升的新境界和新高度。

# 导语　以柔克刚的软质出版

继"开启文明的硬质出版"时代后，中西方出版分别进入"以柔克刚的软质出版"时代。中国的软质出版时代是由公元前8世纪春秋时代软质出版载体绢帛滥觞萌动、由公元前2世纪西汉发明植物纤维纸正式开启；而西方的软质出版时代则由公元前2世纪的羊皮纸开启。

通过"上篇"对人类硬质出版的讨论和介绍，《中外出版简史》的"中篇"将着重探讨什么是"软质出版"，"以柔克刚"的软质出版时代是怎样的一个出版时代，人类在"软质出版"时代取得了哪些辉煌的成就等。

人类文明的曙光是由硬质出版开启的，具体说泥板、石块、岩壁、陶体、玉片、莎草纸、简牍、贝叶等硬质出版载体，作为人类文明最初形态的出版介质，为人类文明曙光的升起和到来，发挥了积极而重要的作用。硬质出版载体虽然有不易泯灭、传之久远等优点，但制作困难、刻写不易、传播受限、承载信息量不多等缺点非常突出。因此，一旦有价廉物美、比较柔软、可以折叠、能承载较多信息内容的软质出版载体出现，硬质出版载体的主体地位就会受到挑战和动摇。

中国最初探索出绢帛作为软质出版载体之所以没有能得到广泛的普及和运用，主要是由于价格昂贵，因此只能与简牍平行发展，没能做到取代简牍的硬质出版载体主体地位。而后西方探索出软质的羊皮纸取代了莎草纸的硬质出版载体的主体地位。直到中国在公元前2世纪制造出原料易得、价廉物美、适合印刷的植物纤维纸，其经过蔡伦的重大改良后，人类此前的一切出版载体都黯然失色。出版载体的主角从硬质开始向软质发展。从5世纪初东晋桓玄下令"以纸代简"到20世纪，1600年来，植物纤维纸主导的软质出版极大地推动了人类文化的发展和文明的进程。植物纤维纸在出版领域的规模应用及全球传播，使人类出版载体"以柔克刚"的过程得到完美收官，但出版载体的探索远未结束。

出版载体的一路变革发展，整体上走的是一条微化、软化、轻化和虚化之路，而承载的信息量却从少量走向大量、海量甚至无限量，传播和传承的方式则是愈加方便和快捷。人类从"以柔克刚的软质出版"阶段逐渐向"有容乃大的虚拟出版"发展过渡。从初期的声光电磁虚拟出版的萌芽期，到计算机革命的虚拟出版发展期，再到数字出版这种虚拟出版的当下状态，虚拟出版的未来将会逐渐走上完全人性化和智能化的发展之路，人工智能出版和大脑意识出版是可以预见的未来出版形态。

"软质"是对于出版载体性质和强度的描述。出版载体"软质化"，表明出版载体质地较为柔软、体量较轻、可以折叠、便于携带、易于流转传播，甚至能够克服各种空间上带来的障碍。绢帛、兽皮、植物纤维纸、塑料布等都属于"软质出版载体"。

公元前2世纪羊皮纸开启西方的"软质出版"时代后，到11—12世纪中国造纸术传入西方，13—15世纪中国的植物纤维纸取代羊皮纸成为主要出版载体。中国早在公元前8世纪春秋时代就有一种软质出版的载体形式，即绢帛。只是这种软质出版载体价格昂贵，难以普及和推广。西汉时期中国发明造纸术，经过不断改良，中国的植物纤维纸（为表述简洁，书中多数时候直接表述为"纸"或"纸张"）因其原料低廉、工艺先进、能够承载印刷和规模复制而成为软质出版载体的佼佼者，逐渐发展成为全世界的主流出版载体。两千多年来，人类文化史和文明史因其而辉煌。

纵观人类发展历史，其实就是人类不断探索、不断创新、不断进行文化积累的历史。从出版史的角度看，人类文明的诞生、发展和演变，同时又是与文字符号的出现、出版载体的创新及出版技术的改进相伴相生的。恩格斯认为，人类"从铁矿的冶炼开始，并由于文字的发明及其应用于文献记录而过渡到文明时代"。1958年美国芝加哥大学东方研究所召开的"近东文明起源"学术研讨会上，一位名叫克拉克洪的美国人类学家，提出了文明的三条标准。随后，英国考古学家丹尼尔出版著作《最初的文明：文明起源的考古学》引申了克拉克洪的观点。这三条标准其中之一，便是出版的符号系统——文字。没有文字符号的文明，是难以想象的。因为没有文字符号的发明，人类思想文化的积累就不可能留存和传播。人类文明的历史是在软质出版阶段完成其成熟和定型的。更具体地说，世界主要的文字符号系统的成熟与软质出版载体的发明和发展密切相关。

在植物纤维纸发明后，中国又发明了自己的印刷技术。中国在唐代发明雕版印刷技术，在北宋时期发明活字印刷技术，在元代发明套版印刷技术。中国印刷术在"官刻""私刻""坊刻""院刻""寺刻"五大刻书系统中发挥着不可替代的作用，但印刷技术一直发展缓慢，中国的复制出版事业一直处于雕版印刷、活字印刷与手抄复制"三驾马车"并行的状态。欧洲的手抄技术一直延续到15世纪中叶之前。随着德国人古腾堡的印刷机发明，欧洲才进入印刷出版时代。古腾堡的金属活字机械印刷技术一经发明，就突显出其巨大生命力，由此开启"近代出版"。"近代出版"在欧洲是以金属活字印刷为标志，大致出现在文艺复兴之前。而中国延续千余年的古代出版，则迟至19世纪末期才在西风东渐的过程中完成"近代转型"。这一转型取得从印刷技术到出版格局的全面改观。有学者认为，古腾堡的金属活字印刷技术是受到中国毕昇活字印刷术的影响而发明的。如果这个论点成立的话，那么就是印刷术在经历留洋升级后又荣归故里。

中西方的"软质出版"时代，都经历了出版格局、出版文化的"进化"。

出版格局方面，由单一、狭小的出版格局向普遍性、扩展性（不断丰富）的出版格局变化。

出版文化方面，由"回溯累积式"出版向"变革创新式"出版变化。出版活动不断紧随并推动社会文化步伐和知识革新的潮流。

当然，由于中西方截然不同的社会、经济、文化历史特征，两个地区从古代至近代的出版史，也呈现不尽相同的历史脉络。

其一，古代欧洲是神权社会，文化长期被垄断在教会手上。因此，古代欧洲出版活动、出版物也紧紧围绕宗教活动和宗教内容展开。羊皮卷时代对应漫长的中世纪，植物纤维纸产生初期也主要用于印刷赞美诗、祈祷书、人类起源的神话、箴言预言、天文占星等；而中国由于文化发展较早，浩如烟海的典籍构成了出版主体，为稳定而庞大的士大夫阶层提供丰富的思想文化资源。

其二，古代欧洲出版技术的滞后，构成了出版发展障碍，造纸术依赖引进和传入，阻碍了印刷出版繁荣；而中国造纸术、雕版印刷术、活字印刷术、套版印刷术发明既早、延续性且长，一直积极地承担着对于古代文化书籍的出版载体和出版技术各自应该承担的角色任务，因而没有造成出版瓶颈。西方是后来居上。15—16世纪，人性开始觉醒，社会经济快速发展。一旦突破技术瓶颈，出版业立即焕发巨大活力，文化迅速普及反过来促进了文艺复兴运动的蓬勃发展。而近代中国的封闭、自给自足的社会生产状态，导致19世纪末期被动接受西方文化入侵，在"社会文化被迫转型"的大背景之下，出版业（出版技术、出版内容、出版组织、出版模式等）才全面转型。

其三，西方出版业近代化的标志是"近代印刷术的发明"，它满足了日益增长的世俗文化的需要；而中国出版业转型的标志则是"近代出版企业诞生"，它标志着一个面向普通读者市场、为时代受众服务的文化产业诞生。

其四，"教育进化"在中西方都是促成近代出版企业的内在动力。11—15世纪欧洲大学兴起，书商有利可图、抄书作坊诞生，其内涵是出版内容走下神坛，打破封闭；在中国，则是西学东渐、1905年科举制度废除，新教育呼唤新式教科书，大批民营资本投资出版，其内涵是整个知识分子阶层头脑中"知识谱系"彻底改革。

总之，考察中国和世界软质出版时，它们都有一个从封闭、狭小的出版格局向开放的、广阔的出版格局变化的过程。软质出版载体，特别是纸质出版载体，由于轻量化、可承印、能折叠、便携带、易传播等优点，一经产生就展现出强大生命力。它的出现使得东西方文化历史进程迈入一个新的阶段。一言以蔽之，软质出版，以柔克刚。人类的出版历史从"开启文明的硬质出版"阶段，跨入"以柔克刚的软质出版"阶段。

# 第六章　古代中国的软质出版

中国早在公元前8世纪春秋时期就有一种软质出版的载体——绢帛，因为其价格昂贵，不易推广。中国真正的软质出版时代应该从公元前2世纪西汉发明造纸术开始算起，后经东汉蔡伦重大改良之后，逐渐发展成为全世界的主流出版载体。此后，中国又发明了自己的印刷技术。但印刷技术一直发展缓慢。古代中国的出版事业一直处于雕版印刷、活字印刷与手抄复制"三驾马车"并行的状态。中国的文字符号在软质出版时期完成隶变和楷变，完全定型。

软质出版载体的使用可以说开启了一个伟大的时代。在开启这个伟大时代的过程中，中国古代劳动人民贡献了自己卓越的智慧。

古代中国的四大发明，与出版相关的就有两大发明，一是造纸术，二是印刷术。这两大发明，可以说是带动古代中国全面跨入了软质出版时代。检视中外出版的历史，古代中国正因为最早跨入软质出版时代，文化传播带动文明进步，这就如同"力的相互作用"。社会经济发展带动软质出版，而软质出版又反过来推动古代中国经济社会、文化文明的发展进步。

"以柔克刚"是软质出版较之于硬质出版的主要特征。"以柔克刚"是中国古代道家核心思想，指用柔软的去克制刚硬的。这里的柔软并不是"软弱无力"，而是代表一种柔韧的力量，可以承载较多信息量而更广泛地传播。将软质出版时代用"以柔克刚"形容，它代表了对人类进步划时代的影响，摆脱硬质出版带来的坚硬笨重的桎梏，解开文明凝滞的枷锁，迈入思想活跃、知识普及的新时代。软质出版是人类最伟大的创举之一。

## 第一节　古代中国的帛书

因为丝绸业发展，龟甲、兽骨、金石、简牍都太过笨重，春秋战国时期（或更早），丝绸开始用于书写，称为"帛书"，或称"缣"或"缣帛"。作为承载信息的载体，帛书柔软简便，容易携带保留，吸墨性好，书写便捷，能承载较大信息量。起初，帛书与简牍共生。《墨子·兼爱下》中有载："以其所书于竹帛，镂于金石，琢于盘盂。"《韩非子·安危》曰："先王寄理于竹帛。"可见当时出版载体主要是"竹帛"并行，这是确凿无疑的历史事实。

## 一、简牍的"软质化"趋势

古代中国的硬质出版,出版载体由龟甲兽骨、岩刻石玉、青铜器物逐渐进化为竹简木牍。简牍的使用最早可以追溯到殷商时代,所谓"唯殷先人,有册有典"。简牍在春秋至汉代最为盛行。简牍的制作,由剪裁、制片,再经"杀青"(杀青像流汗,常称为"汗青")、刮削、打磨,最后刻写或书写。

但是,单个简牍承载的字数和信息量十分有限,书写长篇文章就要将多枚简牍编联在一起,《永元器物簿》部分秦简是用两根编绳将竹简编在一起。这其实已经开启了硬质载体软质化的过程。

竹简木牍的制作书写开启了古代中国的简策制度。古人喜好将单简编册,形成了卷轴的装帧形式。编册的绳子有麻绳、丝绳、皮绳等。《史记·孔子世家》说孔子晚年读《易》,"韦编三绝"。"韦"(又称"纬")就是熟牛皮绳。简牍材质以竹木为主,即削木为片制作,因竹木的性质,竹简木牍当属硬质出版的范畴。但随着简牍的普及,人们的广泛使用,简牍体现出"软质化"的演变趋势。一方面,人们用柔软的绳子将单简编册,使简策易于卷曲,卷曲后体积变小,更容易携带;另一方面,人们对简牍的制作日益精细,更薄且质优,重量变轻,还出现了用布帛类的柔软物质包扎,称作"帙"(zhì)①,或用口袋"囊"盛起。绳子、布帛、"帙"、"囊"之类的软质物品,这是硬质出版向软质出版发展的一种变通形式。接下来,我们就将揭开古代中国软质出版的神秘面纱。

## 二、帛书——古代中国最早的软质出版物

丝绸文化起源于中国是世界公认的,传说公元前 3000 年,中国已经发明养蚕织丝。西汉时期开始,中国丝绸制品通过甘肃、新疆、中亚传入欧洲,这条路就是著名的"丝绸之路"②。古人为摆脱甲骨、青铜、竹简等出版载体的"笨重",探索在绢帛上写字,开启了古代中国软质出版的滥觞。

《史记·高祖本纪》中也提到:秦二世元年,陈胜吴广起兵,一些郡县杀长吏响应。沛县令希望联合刘邦,但刘邦组织群众后,沛县令后悔了,关了城门。城外刘邦"乃书帛射城上",城内父老乡亲率子弟兵杀县令,开城门迎刘邦。"书帛射城上",就是把书信写在帛上,用箭射入城内。无独有偶,《史记·鲁仲连邹阳列传》中也记述了类似的做法,"鲁连乃为书,约之矢以射城中,遗燕

---

① 张秀芳:《浅谈简策制度及其对后世书籍的影响》,载《安阳师范学院学报》,2004(1)。

② 陈爱华、苏春耕:《帛书的出现和卷轴制度的形成》,载《兰台世界》,2011(19)。

将"。很显然，如果用传统的简牍写信，很难缚在箭上并射入城内。陈胜、吴广起义时，为了给起义做舆论准备，把写作"陈胜王"的"书""置鱼腹中"，也是帛书，而不可能是简牍。

汉代帛书数量很多。《三国演义》里描述汉献帝迁都，士兵用帛书来做军队帐篷。《隋书·经籍志》便记载："董卓之乱，献帝西迁，图书缣帛，军人皆取为帷囊。"马端临于《文献通考·经籍考》中也有记载。汉代以后，虽然已发明了纸，并得到重大改良，但缣帛仍在使用。

从汉代到晋末，这段时间是简牍、绢帛、纸这三种主要书写载体并行使用的时期。后来，纸的质量越来越好，价格越来越便宜，纸的使用也就越来越普及，越来越广泛。简牍和绢帛这两种信息和文化载体逐渐退出出版舞台的中心。

### 三、缣帛及书写

帛书的材料都是丝织品。湖南长沙子弹库的楚帛书和长沙马王堆的汉帛书，质地都是"生丝织成的黄褐色细绢"。

著名的湖南长沙子弹库楚帛书，是迄今我们能看到的最早的帛书，也是目前考古发现的先秦帛书的唯一实例。该楚帛书于解放前在湖南长沙东南郊子弹库战国楚墓盗掘出土。其出土不久即落入一度在长沙雅礼中学任教的美国人考克斯之手，由于是盗掘，流传国外十分秘密，出土和流出国外时间不甚确切。该楚帛书大概被盗掘时间为1942年9月，1946年被考克斯经上海带到美国。后又几度易手，该楚帛书现存放于纽约大都会博物馆。楚帛书仅900多字，却是珍贵的先秦时代楚地有关的文献，反映了北方思想文化在南方的流行和传播。

◁ 图 6-1 楚帛书复制件 ▷

（图片来源：万安伦摄于中国国家博物馆）

竹简木牍是需要编联的，而帛书不需要。为了书写方便，有的帛书在书写之前需要打出界栏，帛书的界栏有两种：竖栏与横栏。竖栏一般是朱色，横栏是在帛书竖栏的两端各画有一条横线。横线之外，多留白不书写。①

书写帛书颜料有墨与朱两种。出土帛书以墨书为普遍。帛书往往是图文交错。

从已出土的帛书可以判断书写帛书的文字。马王堆帛书上的文字多是战国时期的楚文字，与多地出土楚简上的字体接近。马王堆帛书上的字体大致可以分为篆隶、古隶、汉隶三种。

### 四、帛书的书制

出土帛书的书制可分为两大类，一类是折叠式，另一类是卷轴式。折叠式是像叠手绢那样，横折一下，再竖叠（或顺序相反），最后叠成一小块（现在部分小型地图还采用此式）。②子弹库楚帛书就符合这一种收存方式。这种收存方式与简牍很不一样。而卷轴式则是像简牍那样，卷起来放。比如马王堆帛书中的一尺帛，就是以木板为芯，把帛缠在上面，好像布店卖布那样。这样的木板，其实是起卷轴的作用。帛书的轴，像后世书画那样的轴，过去在长沙楚墓中曾有发现，可惜没有保存下来。③

帛书的收存形式对后世纸质书籍的装帧有深远影响。折叠式对后代各种册页式古书（经折装、旋风装、蝴蝶装、包背装、线装）有所影响；卷轴式的收存方式则直接影响魏晋隋唐的书制形式。

中国最早发明了养蚕取丝的技术，并熟练使用，因而，丝制的缣帛成为中国乃至世界最早的软质出版的载体。帛书的存在让人们认识到书写载体轻软化的历史必然性。出版载体的轻软化更推动着文化的发展与传播。

在帛书之后，我们又将迎来人类出版历史上伟大的变革，即古代中国造纸术、印刷术的发明。

## 第二节　中国造纸术的发明、传播和影响

秦始皇统一六国，中国从分封制迈入中央集权的郡县制，这一社会制度的变革也是世界上最早的。后陈胜、项羽、刘邦推翻秦王朝，刘氏建立汉王朝，

---

① 程鹏万：《简牍帛书格式研究》，157页，博士学位论文，吉林大学，2006。
② 李零：《简帛古书的整理与研究》，载《中国典籍与文化》，2003(4)。
③ 商承祚：《长沙古物闻见记·续记》，91页，北京，中华书局，1996。

先"无为而治、休养生息",后"独尊儒术",北伐匈奴。经济社会发展推动文化繁荣。

中国在汉代之时,国力已处世界前列。在人们日益增长的精神需求下,原料易得、价格低廉、能承载更大信息量并且适宜传播的新型出版载体应运而生。对人类文化发展和文明进步具有重大推动作用的软质出版载体的最高级形式——植物纤维纸,诞生了。

## 一、造纸术的起源

植物纤维纸这种新的软质出版载体的发明、改良和推广,对人类文化和文明的推动和影响不可估量。关于造纸术的起源我们持"西汉发明东汉改良说"。

### (一)西汉发明造纸术

#### 1. 造纸术发明的社会基础

汉代大一统政权,为社会经济及文化的发展创造了条件。汉初"文景之治",使得西汉国力大增,读书人数和著述人数都大量增加,用简牍、缣帛来作为书写载体是当时的主流,但这时期"缣贵简重"问题一直存在并困扰着人们。

人们希望探索出更经济、更方便、更高效的书写材料来代替简、牍、缣、帛,这是符合逻辑的。过去战争频仍,人们发明创造的主要注意点在武备和军事方面,像吴戈、越剑、秦弩等。到了和平年代,人们更加关注文化的进步和生活的质量,社会需求是造纸术发明的内在推动力。

任何科学技术的创造和发明,都需要有一个前人技术经验的长期积累过程。春秋战国时期,人们已经掌握麻纺技术和丝织品的漂絮法,这很可能为西汉造纸术的发明提供了借鉴和启发。

#### 2. 造纸术的发明

造纸术是何时发明的?是谁发明的?关于这两个问题,长期有争论。

关于造纸术,笔者持"西汉发明东汉改良说"。这是在越来越多的实物出土和科学化验的基础上得出的结论。这个观点已获得学术界越来越多的专家学者的认同,并逐渐形成共识。

有如下六次出土物证证明造纸术的发明不晚于西汉。

(1)1933年在新疆出土的"罗布淖尔纸"年代不晚于公元前49年;

(2)1957年在西安灞桥出土的"灞桥纸"年代不晚于公元前118年;

(3)1973年在甘肃居延金关出土的"金关纸"年代不晚于公元前52年;

(4)1978年在陕西扶风县中颜村出土的"中颜纸"不晚于公元前73年到公元前49年;

(5)1979年在甘肃敦煌县马圈湾出土的"马圈湾纸"不晚于西汉宣帝时期(公元前91年到公元前48年);

(6)1986年甘肃天水市放马滩出土的"放马滩古纸"的地图残片不晚于西汉文景时期(公元前179年到公元前141年),这是目前发现的年代最久远的西汉古纸,而且可供写绘之用。

鉴于此,造纸术发明"不晚于西汉说"是站得住脚的。遗憾的是,关于西汉发明造纸术没有一个蔡伦式的代表性人物。

唐朝张怀瓘在《书断二·左伯》中写道:"汉兴,有纸代简,至和帝时,蔡伦工为之。"北宋陈槱在《负暄野录》中说:"盖纸,旧亦有之。特蔡伦善造尔,非创也。"这些说法与今天考古发现一致。

### (二)蔡伦改良造纸术

现在的考古发现虽然证明造纸术是西汉时期发明的,不是东汉蔡伦发明的,但东汉蔡伦可以说是造纸技术伟大的革新家,其对造纸术的创造性、革命性和历史性贡献丝毫不能被低估。历史将永远记着蔡伦在改良造纸术上的三大贡献:一是成功用树皮、麻头、敝布及渔网等廉价原材料来制造植物纤维纸;二是将西汉传统的烧纸法造纸创新改良为抄纸法造纸,工艺大进,效益大增,质量大升;三是对此项革新技术的普及和推广,"蔡侯纸"风行全国。

蔡伦是东汉宫廷宦官,和帝时曾任尚方令,专门负责管理皇宫的器物。作为皇家工厂的尚方聚集了大量有丰富生产经验和熟练技术的工人。蔡伦担任了尚方令后,经常深入生产实践中。当时的社会经济发展,对纸张也提出了更高的要求。"缣贵而简重"已不适应社会发展需要。在这种情况下,蔡伦集中了造纸工人的实践经验,改进造纸工艺,在漂麻造纸的基础上,突出了用树皮、麻头及敝布、渔网等方法,造出了一批质量上乘的纸张。东汉元兴元年(105年),蔡伦将其改良成功的造纸法及所造纸张向汉和帝上奏。范晔的《后汉书》载:"帝善其能,自是莫不从焉,故后人咸称蔡侯纸。"①蔡伦改良造纸术还有一个重大动因是当时的邓皇后不爱红装爱纸张。

### (三)以纸代简的历史必然

蔡伦改进造纸技术使得造纸原料成本降低,但质量提高。但这一新成果没有完全改变当时以简牍为主要书写载体的硬质出版格局。只不过纸开始与简、牍、绢、帛等书写载体并行了。"贵简贱纸"的现象一直存在于三国两晋时期。南北朝时,文化事业较之前代得到了发展,除国家藏书外,私人藏书也渐渐增多,人们对纸张的需求量大增,纸张的方便之处已深入人心,简牍、帛书出版

---

① 郑也夫:《造纸术的起源》,载《北京社会科学》,2015(7)。

载体的主体地位开始动摇。

东晋元兴年间(402—404年)桓玄下令:"古无纸,故用简,非主于敬也。今诸用简者,皆以黄纸代之。"至此,官府公文和士大夫阶层写书作文都改为用纸了。主导出版载体主体和中心地位千年的简牍,终于完成历史使命,将中心和主体地位揖让给植物纤维纸。

从西汉前期到东晋末期,植物纤维纸这种软质出版载体在经过500多年的进步和发展后,凭借自己的价廉物美和质地优良,最终完胜高级别的硬质出版载体——简牍,世界从此开启软质出版介质为主要载体的新时代。

## 二、造纸术的方法原理

造纸术经过蔡伦的改进后,其过程大致可归纳为五个步骤:第一是"选",选原料。第二是"剉"("剉"同"锉"),将原料切短、碾碎。第三是"煮",即蒸煮,使纤维分解。第四是"捣",即舂捣,打浆叩解,使纤维帚化,这是构成纸页的关键。第五是"抄",即将舂捣好的纸浆送入纸池加水悬浮,然后用"笞"或"篝"(即现代的帘)来抄造。这是古代纸页成型的方法,称"抄纸法"。如今宣纸制作和土法造纸仍沿袭"抄"造工艺。[①]

"蔡侯纸"经过以上五道工序就制成了。蔡伦最伟大的创造就在于确立了造纸的基本工序和方法,他的造纸工艺也为现代造纸工艺之滥觞。

## 三、造纸术的后世影响

美国历史学家迈克尔·哈特在《历史上最有影响的一百人》中对蔡伦及其改进的造纸术给予了充分肯定和高度评价。他说:"如果没有蔡伦就没有纸,我们很难想象今天的世界将会是什么状况。"在100人的排名中,蔡伦排位第七,在39位科学家中,蔡伦排位第二,仅次于牛顿。

### (一)"蔡侯纸"对中国文化的影响

植物纤维纸这种软质出版载体的发明和广泛应用,极大地促进了中华文化的知识积累和文化传承,因此成为中华民族两千多年以来文化发展传播的主要物质载体,从而使中国文化得以代代相传,中华文明不至于中断。古埃及和古巴比伦等同属于世界文明古国,然而它们古老的历史和文化却未能完整地传承下来,这与它们的出版科学和出版文化未能持续创新发展不无关系。

造纸术发明改良后,有大量纸质书籍资料可以传承,有更多的前人思想可

---

[①] 钟志云:《关于蔡伦及其造纸术的若干问题探讨》,20—21页,硕士学位论文,华南师范大学,2007。

以借鉴。有了价廉物美的纸，书籍制作变得容易，价格降低，大量贫寒之士可以买得起书，读得起书。学习人员和知识分子阶层迅速增长。蔡侯纸除作为书写载体和印刷载体外，它在实际生活中的用途非常广泛，可用于作画和敬神祭祖，制作纸扇、纸伞、风筝，糊墙，包裹食物和物品等。"蔡侯纸"对一代又一代人民的生产生活产生了一系列积极的影响。

### （二）中国造纸术的对外传播及对世界文明的影响

造纸术在中国发明发展，普及全国。4世纪末叶开始东传至朝鲜，后又由朝鲜传入日本；大约在7世纪末向南传入印度；8世纪向西传入阿拉伯地区的撒马尔罕（今乌兹别克斯坦第二大城市），接着又传入巴格达；10世纪传入大马士革和开罗；11世纪传入摩洛哥；12世纪中叶传播到欧洲的西班牙；14世纪传到意大利，意大利很多城市都建了造纸厂，成为造纸术传播的欧洲中转站，从那里再传到德国和英国；16世纪传入俄国、荷兰；19世纪末叶，大洋洲的澳大利亚才开始有植物纤维造纸术。纸和造纸术从中国出发，经过1700余年的环球旅行，传到世界每一个角落。

造纸术传到欧洲后，加速了欧洲文化发展和文明演进的步伐，从而极大地推动了欧洲文化的快速发展和欧洲文艺复兴运动的蓬勃展开，整个人类社会的文明程度和文化水平向前大大迈进了一步。这是中国对世界的贡献，是中国人民对全人类的贡献。

## 第三节 中国印刷术的发明、发展及传播

造纸术在西汉发明，经过东汉蔡伦的改良后，在皇室的大力推动下，迅速得以推广普及。到东汉末年，造纸术逐渐普及民间，很多人都可以用上轻便便宜又能大量生产的植物纤维纸。书写载体的变革带来了文化的长足发展，也给规模复制文化信息提供了可能。随着社会经济和文化的发展，抄写的书越来越不能满足人们的需求，这就促使我们祖先必须积极想办法去探索寻求复制书籍的新方法，这样，印刷术便发明出来了。[①] 印刷术是我国古代四大发明之一，是继造纸术后我国对人类做出的又一伟大贡献。印刷术之所以在我国起源，既有印刷技术发展的内在逻辑，又有纸、墨和书册形制三大支撑性外在条件的影响。内在动因则是拓印、印章和制版印染直接推动印刷术的发明。

---

① 云利英：《简述中国印刷术的发明与发展》，载《科技信息》，2010(36)。

## 一、拓印、印章和制版印染是印刷术发明的三大源头

我们认为，印章、拓印和制版印染是中国古代雕版印刷术发明的三源头。三者从出版思想、出版技术、出版功用、出版形制、出版范式、出版效果等层面对雕版印刷的诞生产生了源头性的推动作用。印章、拓印和制版印染既独立发展又相互融合，共同催生出雕版印刷术在中古中国这一特殊时空维度中的创世发明。

### (一) 拓印与雕版印刷的出版形制、范式、版样和效果高度一致

拓印，是把石碑或器物上铭刻的文字或图案捶拓复印到纸张上的一种办法。东汉"熹平石经"前来观视及捶拓者"车乘日千余辆，填塞街道"。比较摩拓的原理与雕版印刷的全过程，我们可以认为雕版是刻石的延伸，印刷是拓印的继承和创新。

"敷纸拓扫"的出版形制，是拓印对雕版印刷的形制启示。

"以纸就版"的出版范式，是拓印对雕版印刷的范式影响。

"较大平面"的版样制式，是拓印对雕版印刷的版样启迪。

"完全保真"的出版效果，是拓印为雕版确立的复制标杆。

### (二) 印章与雕版印刷的出版思想、技术和功用具有高度的一致性

印章是中国文化现象中重要而独特的存在，是中华传统文化的瑰宝。晋代葛洪的《抱朴子》记载，道士入山，为了避免虎狼及鬼魅的侵害，要带上一种有一百二十字的黄神越章之印。这已经接近制作雕版了。清代李元复说："书籍自雕镂板印之法行……以自古有符玺可师其意，正无待奇想巧思也。"[①]近人罗振玉说："印刷肇于印玺。"印章对于雕版印刷具有源头性启示作用。

"转印符号"的出版思想，是印章启发雕版印刷的逻辑起点。

"反刻正用"的出版技术，是印章启发雕版印刷的技术要点。

"章为印用"的出版功用，是印章启发雕版印刷的功能目标。

### (三) 版画印染在刻版和制版、分版和套印技术上为雕版印刷探索路径

版画印染是雕版印刷术发明的第三个源头。印染技术主要分制版和不制版两大类。不制版印染包括蜡染、绞缬等；制版印染主要包括凸版和凹版两种类型。我们把凸版和凹版两种类型的制版印染技术称为"制版印染"。在印染与印刷术之间，有人认为："尽管印刷术不是印染术，但印刷术却诞生发明于印染术中的印花术中。"[②]

---

[①] （清）李元复：《常谈丛录》，卷一。
[②] 陈春生：《中国印刷术诞生发明于中国印染术中》，载《丝网印刷》，1998(3)。

版画印染为雕版印刷在刻版和制版技术方面开辟实践路径。

版画印染在分版和套版技术方面为雕版印刷树立榜样。

版画印染为饾版和拱花技术探索出可行性方法。

## 二、雕版印刷的创世发明

在拓印、印章、制版印染的融合推动下，雕版印刷技术创世发明。雕版印刷术学界较为一致的看法是"唐代发明说"。两个最有力物证分别是发现于敦煌石窟的《金刚经》(868年)和韩国庆州佛国寺的《无垢净光大陀罗尼经》(684—704年)。

作为印刷术完整的科学含义，它包括以下几个部分，即雕、印、刷、术。所谓雕，就是将文字符号等集中用反文形式雕刻在一块木板上；所谓印，就是指通过必备的技术手段，将文字、图像、表格等印在一定规格的纸张等载体上；所谓刷，就是将纸张等载体在印版上通过技术措施施以均匀的压力，使各个部分均能达到印刷出文画符号的效果；所谓术，就是指刻字、制版、调墨、铺纸、着色、揭页、折页、装帧等全部印刷过程中的技术措施。①

印刷术自唐代发明，在我国大约经历了三个发展阶段。唐朝是雕版印刷初步发展时期。五代至元朝是雕版印刷全面发展时期。明清是雕版印刷与活字印刷并用时期。

◁ 图 6-2  雕印藏文经书的雕版 ▷

(万安伦摄于青海玉树唐蕃古道文成公主庙)

---

① 上海新四军历史研究会印刷印钞分会编：《雕版印刷源流》，87—88页，北京，印刷工业出版社，1990。

◁ **图 6-3** 清代雕印汉文经书图文混排雕版实物 ▷

(图片来源：万安伦摄于北京房山云居寺)

需要说明的是，直到清末，出版复制仍然是手抄复制、雕版印刷和活字印刷复制三足鼎立的基本格局。这个局面的最终被打破是清末民初现代出版印刷技术的引进和普及造成的。

### 三、活字印刷的伟大实践

雕版印刷较之手抄复制有无比的优越性，它可以"雕一版而印无穷"。但雕版印刷也有其自身不可克服的缺点。它只能是一种书刻一套版，一套版印一种书。能否想出一种办法，克服雕版印刷这种弱点。毕昇不但意识到了这个问题，而且用伟大的实践正面回答了这个问题——发明活字印刷术。

北宋庆历年间(1041—1048年)毕昇发明的胶泥活字印刷术，早于德国古腾堡铅印活字(1455年)400多年。毕昇胶泥活字的制作和印刷过程，被沈括在《梦溪笔谈》中完整地记录下来：

> 庆历中，有布衣毕昇，又为活板。其法：用胶泥刻字，薄如钱唇，每字为一印，火烧令坚。先设一铁板，其上以松脂、蜡和纸灰之类冒之。欲印，则以一铁范置铁板上，乃密布字印，满铁范为一板，持就火炀之；药稍熔，则以一平板按其面，则字平如砥。若止印三二本，未为简易；若印数十百千本，则极为神速。

元朝王祯又发明了木活字，革新了排版工具。他设计制造了转轮排字架，将活字依韵排列，排版时转动轮盘，以字就人，这大大加快了排版速度。大德年间，他在徽州运用此法试印了《旌德县志》，非常成功，六万多字的志书，不到一个月就印成了一百部，还据此撰写《造活字印书法》附于《农书》之末。

明清时期的活字印刷可谓百花齐放，铜活字、木活字、锡活字、泥活字等各种活字印刷各显神通，较负盛名的有华坚的兰雪堂、华燧华煜的会通馆及安国印书馆等。雍正六年(1728年)，清廷用铜活字排印了64部《古今图书集成》，全书共10040卷、5020册。乾隆三十八年(1773年)，武英殿制作了25万多个字模的一套木活字，用以印刷聚珍版丛书及《续琉球国志》《畿辅安澜志》等。承办人金简专门编写《聚珍版程式》一书，说明木活字的制造、印书的方法和程序。

### 四、套印、饾版及拱花技术

套印，简单地说就是在同一版面上刷印出几种不同的色彩。具体做法有以下两种：一是在一块版上涂上几种颜色，一次印成，称为"涂版"或"套色"；二是把同一版面上需用的不同颜色，分别刻成同样大小的版，然后在同一张纸上依次加印，称作"套版"或"套印"。① 后方法比前方法要更复杂、精细。中国古书久有的朱墨套写传统与印染绸布技术的结合，便是套色印书印画技术产生的原动力之一。

古代把五色小饼摆成花卉、禽兽和珍宝等形状，堆叠在盘里，作为待客美馔，称为"饾饤"。由于这种分色印版堆砌拼合形似饾饤，故称"饾版"。"拱花"，是把图画的轮廓线雕刻在木板上制成拱花版，在不施印墨的情况下，用凸凹雕版嵌合压印在纸上，使纸面拱起花纹的无色印刷，类似现代的钢印，也就是后来现代印刷的起凸的雏形。

### 五、中国印刷术在世界的传播及影响

中国印刷术首先经新疆传播到中亚和西亚阿拉伯地区，然后经"一带一路"传播到世界各地。12—13世纪，欧洲国家如西班牙、意大利和法国等国通过阿拉伯地区引进了中国造纸术而建立起纸厂，但没有同时引进印刷技术，各种读物仍靠手抄。13—14世纪欧洲人接触的中国印刷品，除纸钞、宗教画和印本书外，还有大众娱乐品纸牌。纸牌是中国人的发明，14世纪印制的纸牌20世纪初在新疆吐鲁番出土。蒙古西征(1219—1260年)时，蒙古军队将纸牌传入欧

---

① 肖东发：《套版印刷的涵义及其起因》，见《中国图书出版印刷史论》，210—211页，北京，北京大学出版社，2001。

洲，很快就在一些国家盛行起来。上述中国印刷品成为印刷术传入欧洲的先导。

印刷术对于欧洲的影响莫过于推动 14—15 世纪文艺复兴运动的兴起。当时的欧洲，人们早已扬弃羊皮纸，开始使用中国的造纸方法造纸，但是在印刷术方面仍未有新的突破。直到印刷术西传到欧洲后，新兴的廉价印书帮助更多欧洲人读书、识字。这促进了文化、教育、科技的发展，摆脱了当地文化、科学停滞不前的状况，为文艺复兴运动出现奠定了重要的物质和技术基础。造纸术与印刷术共同孕育了人文精神复活的文艺复兴。凭借印刷术的巨大力量，各种先进的人类文明传播至世界各地，推动思想文化进步，使人类的文化和文明跃上新的台阶。

## 第四节　软质出版的书籍形制与出版制度

古代中国的软质出版的书籍形制和出版制度是在硬质出版的基础上探索发展而来的。

### 一、软质出版书籍形制和排印范式

**(一) 软质出版的书籍形制**

唐代以后，软质出版开始从传统的卷轴装向梵夹转、经折装、旋风装、蝴蝶装、包背装和线装发展演变。

1. 梵夹装

梵夹装最初是贝叶书的装帧形式。因其出版载体是贝多罗树叶切片，它属于硬质出版载体装帧形制之一。人们把刻写好的若干张贝叶上下各用一块硬板（木板、竹板等）夹住，并在夹板和贝叶上打两个圆孔，用钉子或绳索穿入扎紧。梵夹装传入中国后，出版载体有时会换成植物纤维纸，因此，它也是软质出版书籍装帧的形制之一。

2. 经折装

经折装就像折叠纸扇的形式，刚开始主要用于佛经装帧，故称经折装。因此前的卷轴装形式，给诵读经书带来了麻烦，"根本无法适应佛教弟子正襟危坐的诵经姿势"①。

3. 旋风装

故宫博物院藏有《唐写王仁昫刊谬补缺切韵》，向我们展示了旋风装的基本

---

① 李致忠：《古书版本学概论》，153 页，北京，书目文献出版社，1990。

形制。"收藏时，从首向尾卷起，外表仍是卷轴装，但打开来翻阅时，除首页全裱于底纸上不能翻动外，其余均能跟阅览现代书籍一样，逐页翻转"。① 这是从卷轴装帧到册页装帧的过渡形式。书页经长期卷舒后，很像空气分成若干层朝一个方向旋转而形成的"旋风"，所以称作"旋风装"。

4. 蝴蝶装

蝴蝶装简称蝶装，清代人叶德辉所著《书林清话》中说："蝴蝶装者不用线订，但以糊粘书背，夹以坚硬护面，以版心向内，单口向外，揭之若蝴蝶翼然。"②所以称"蝴蝶装"。蝴蝶装已经具备了现代图书装帧的基本特点。蝴蝶装在宋元时代流行一时。

5. 包背装

包背装与蝴蝶装很相似，不同之处就在于它是把有字的一面向外折，即版心向外，书页左右两边的余幅，齐集于右边书脊，将一张硬纸粘于书脊，把书背全部包起，这种装帧形式被称作"包背装"。包背装大约出现于南宋，经过元朝，一直沿用到明朝中叶，甚至到了清代，一些官印书籍仍采用包背装的形式。

6. 线装

蝴蝶装、包背装均是逐页用糨糊粘连，费时费力。若经常翻阅，非常容易散开。为解决这一问题，线装便逐渐流行起来了。线装书的起源大概在北宋末年或南宋初年，明朝中叶以后逐渐盛行，直至近现代胶订装出现。

(二)软质出版的排印范式

公元前 16 世纪至 1955 年③，长达 3600 多年的历史长河中，中国传统的汉文书写和排印模式是由上至下、从右往左的竖排模式，这与中国从殷商"惟殷先人，有册有典"④到东晋末年桓玄下令"以纸代简"⑤长期书写和刻抄简牍时形成的习惯有关。由于受简牍形制从上往下书写(这样可避免衣袖沾染字迹)、右手执笔(这样第一支写好的简牍总是放在最右侧)的影响，中国古代的出版规制都是"右起竖排"，这一范式延续 3000 多年。在此过程中，也有零星的和探索

---

① 李致忠：《古书"旋风装"考辨》，载《文物》，1981(2)。

② (清)叶德辉：《书林清话》，卷一。

③ 1955 年 1 月 1 日，《光明日报》刊发《为本报改为横排告读者》，并首次把从右至左的竖排版改变为从左至右的横排版，这标志着汉文由"右起竖排"开始全面改为"左起横排"。

④ 语出《尚书·多士》，记载周初政治家、礼乐家周公姬旦的话："惟尔知，惟殷先人，有册有典，殷革夏命。"意思是，只有你们知道，你们殷商的先人既有"典"("典"是指放在桌子上的较为重要和珍贵的简册)，又有"册"("册"是经过编联的竹简木牍的书制象形)，这些文献典册，记载了殷商革灭夏朝的历史史实。

⑤ "以纸代简"之令当在桓玄篡位的东晋元兴年间(402—404 年)所发。

式的汉字横排抄本和印本出版物。它们主要是受民族文字或宗教文化影响的"汉就他排"现象。中国目前发现的最早汉文横排印刷品，是明正统十二年（1447年）雕版印制的《圣胜慧到彼岸功德宝集偈》（以下简称《功德宝集偈》），由北京房山云居寺珍藏，这部佛经是由藏汉两种文字混合排印的。

◁ 图 6-4　明英宗正统十二年（1447年），国内发现最早汉藏混排横版印刷实物 ▷

（图片来源：万安伦摄于北京房山云居寺）

1955年，是汉文排印全面转为"左起横排"模式的标志性年份。早在中华人民共和国成立之初的1950年6月，在全国政协一届二次会议上，陈嘉庚正式向大会提出了中文书写应统一改为由左而右横写的提案。经过五年酝酿，1955年1月1日，《光明日报》首次采用把从右至左的竖排版改变为从左至右的横排版。郭沫若、胡愈之等也撰文指出汉字横排的科学性。到11月，中央级17种报纸已有13种改为横排。1956年1月1日，《人民日报》也改为横排，全国响应，很快，汉文排印全面改横排，与国际上拼音文字的排版模式趋同。对此一直存在争议，有人认为，这一改革有利于与国际接轨和传播科学知识。也有人认为，这一改革不利于中华传统典籍的识读和传统文化的传承。

## 二、中国古代的刻书系统和出版制度

中国古代的刻书系统主要有的官刻、坊刻、院刻、私刻、寺刻五大系统。

### (一)官刻

"官刻",是指朝廷及各级政府机关和部门的刻书。

唐代官刻后来居上但未达到系统发达之程度。

宋代官刻以质取胜,"非为利也"。

元代官刻中后期渐入佳境。

明代官刻虽盛但以"藩刻本"为精,"书帕本"最糟。

清代官刻质量甚佳但多篡改之弊。

### (二)坊刻

"坊刻",是各种书坊刻书,属于商业刻书机构。

唐五代坊刻发育发展,"书坊刻书始于唐代"。

宋代坊刻成熟兴盛,"临安陈起书坊""建安余氏书坊"最优。

元代书坊多刊刻举业和杂剧。

明代书坊成书业贸易主角。

清代书坊推动文化教育普及,"扫叶山房""李光明庄"较为著名。

### (三)院刻

"院刻",是指书院刻书活动。书院是中国古代的一种文化教育机构,很多书院自己刻书。

#### 1. 唐宋院刻

书院自唐代兴起,宋代书院体制得以确立。书院是重要的教育和出版机构。宋版精品有一些是宋代院刻本。

#### 2. 元代院刻

元代书院十分兴盛,比较有名的有广信书院、西湖书院、屏山书院、象山书院等。书院刻书,是元代刻书事业的一大特点。书院刻书一般来说口碑较好,它们刻印数量大,速度快,而且质量上乘。

#### 3. 明代院刻

明初书院转衰。由于书院经常指斥朝政,所以朝廷对书院的态度也不甚友好,书院受到冷遇,这种状况持续了百年之久。直到嘉靖时期书院才有较大发展。不久东林书院等批评时政更烈,遭当局毁灭性打压。明代书院因其与政治有着"剪不断,理还乱"的关系,受到政治对手极大排挤甚至摧残。总体上,明代书院刻书较宋元稀落。

4. 清代院刻

清代书院及刻书均比明代发达。刊刻图书成为大规模的经常性活动，形成了味经刊书处、尊经书局、广雅书局等专门刻书出版机构。刻书质量也有进一步提高。儒家经典成为刻书的主要内容。清代后期，书院制度完成历史使命，但书院刻书活动，在我国古代教育史和出版印刷史上，有其不可忽视的历史价值与文化意义。

(四)私刻

"私刻"，又称家刻，是指各种个人、家庭、家族以自用为主要目的的刻书活动，如刻家谱、经籍等。

1. 唐宋私刻

私家刻书，在唐代只是零星行为。私刻在宋代发展很快，比较为人称道的有四川广都费氏刻印《资治通鉴》，眉山文中刻印《淮海先生文集》，眉山程舍人宅刻《东都事略》，陆游刻《岑嘉州集》，朱熹主持刻印儒家经典等。这些皆精心校勘，严谨慎重。

2. 元代私刻："九经"刻本

元代民间私人刻书相当繁荣，著名的有岳氏刻"九经"，李璋刻"九经"和"四书"，刘贞刻《大戴礼记》等。

3. 明代私刻：毛晋刻本

明代私家刻书极盛，著名的如洪梗清平山堂、袁褧嘉趣堂，以及顾起经、闻人诠、范钦、王世贞、毛晋等不下30家。而其中汲古阁主人毛晋刻书是最值得称道的，其刻本又称"汲古阁本"。

4. 清代私刻繁盛

清代考据学发达，私人藏书极盛，在著名的学者群当中，涌现出一批家刻的代表。如周亮工刻《黄汉臣集》《王王屋文集》，鲍廷博刻《知不足斋丛书》30集，金山钱氏刻《守山阁丛书》《小万卷楼丛书》，缪荃孙刻《云自在龛丛书》《藕香零拾》，王先谦刻《东华录》及《续录》，罗振玉刻《宸翰楼丛书》等。

(五)寺刻

古代寺庙道观等宗教活动场所出于弘扬佛法教义等需要，经常参与刻书活动。所刻内容主要为佛教经书、道教教义等。从宋刻《开宝藏》起，到民国初年活字排印的《频伽藏》，公私雕印大藏经几乎平均30年一次，多为寺院集资刻印。道教教义刻印不如佛教多，著名的有宋《万寿道藏》《大金玄都宝藏》及明《正统道藏》。寺院有时还刊刻一些生活用书、流行读物等。

### 三、政府禁书与出版管制

#### (一)两宋时期的出版管制

总的来说,宋代还是一个文化昌盛,文化和出版管制相对宽松的朝代。两宋是文教图籍兴盛的时期。宋代还设立了一系列出版管理制度,包括预先审查、事后查验、奖励检举等。"限",是限私刻而保官刻;而"禁",为防止走漏情报,宋对辽、金图书输出禁止最严,体现了时代特征。

#### (二)元代的禁书与出版管制

在出版管理方面,元朝则着重于控制经费,不重避讳。各路儒学或州、县官署刊行书籍的经费多由学田开支,经层层申报审批同意后,由申报单位刊行。元朝书禁制度主要有三条:第一,禁止出售图谶、天文、阴阳伪书;第二,禁恶言犯上词曲;第三,禁毁道藏。元朝书禁制度较前朝相对宽松一些。

#### (三)明代的禁书与出版管制

明代的出版从整体上看比较宽松,明代甚至取消了书籍印刷税,以鼓励和支持书商多出书,应该说是历史的一大进步。隆庆以后,讳法渐严,管制渐多。明朝书禁制度主要有六条:第一,严禁诡辞欺世和天文图谶之书;第二,禁"奸党"文字;第三,禁侮辱帝王贤者的小说和词曲;第四,禁冒犯程朱理学;第五,禁八股文选本;第六,禁对官府颁布的教材进行违制改写。

#### (四)清代的禁书与出版管制

清代对图书及文化的管制非常严酷,轻者革职、杖刑、流放,重者斩立决甚至祸及九族,素有"文字狱"之称。戴名世《南山集》案、庄廷鑨《明史》案、方孝标《滇黔纪闻》案、查嗣庭案、汪景祺案、钱名世案、屈大均案、曾静和吕留良案等,皆骇人听闻。后期"文字狱"稍有收敛,但对宣扬维新变法、反清革命内容的图书,仍是严加禁止。为规范管理,接轨国际,清末还制定了相应的法规,如光绪三十二年(1906年)颁布了《大清印刷物专律》。

## 第五节 中国古代软质出版的成就

中国古代软质出版成就主要包括手抄复制成就、拓印及雕版印刷成就、活版及套版印刷成就等方面。《太平御览》《古今图书集成》《册府元龟》《四库全书》《艺文类聚》《资治通鉴》《永乐大典》等都是软质出版的代表性成就。

## 一、手抄复制的软质出版成就

### (一)"敦煌文献"抄本

敦煌遗书以佛教典籍最多,多为抄本,装帧形式主要是卷轴装,有部分经折装、梵夹装和册子本。由于抄写年代大多早于刻本,没有经过书籍刊刻过程中各类致误因素的影响,往往更接近古籍文本原貌和历史真实。

### (二)《永乐大典》抄本

《永乐大典》是明成祖朱棣永乐年间编纂的大型类书。初名《文献大成》,因编纂匆忙,成祖不满意。后加派姚广孝与解缙共同主持编成,再赐名《永乐大典》,成祖赞扬此书"包括宇宙之广大,统会古今之异同,巨细精粗,粲然明备"。全书 22937 卷(目录 60 卷),11095 册,约 3.7 亿字,汇集了古今图书七八千种。抄有"永乐正本"和"嘉靖副本"。因未刊印,历经劫难,今仅存 800 余卷且散落世界各地,不到原书百分之四。

### (三)《四库全书》抄本

清乾隆年间所修的《四库全书》,既是我国软质出版的光辉成就,又是我国文化史上的光辉一页。同时所修的《四库全书总目》,其目录学意义和文献检索成就突出。

乾隆敕修《四库全书》,总纂官是纪昀和陆锡熊(未竟而逝),收书 3457 种,共有 79070 卷。它按经、史、子、集四部编纂,故名《四库全书》,封面颜色为经绿、史红、子蓝、集灰。初抄四份,分藏皇宫文渊阁、圆明园文源阁、热河(承德)文津阁、盛京(沈阳)文溯阁,称"北四阁""内四阁"。乾隆五十三年(1788年),乾隆命人又抄录三份,分藏杭州圣因寺文澜阁、镇江金山寺文宗阁、扬州大观堂文汇阁,此称"南三阁"。还有底本一份,藏于翰林院。编撰人员修书时对书中的词句、语言有违碍的加以篡改、删削,这是另一种形式的"文字狱"。

## 二、拓印和雕版复制的软质出版成就

### (一)拓印复制成就

拓印起于汉代,随刻石发展而发展,成为后来雕版印刷的最重要技术源头之一。东汉"熹平石经"立于洛阳太学前,供士子观摩捶拓,"车乘日千余辆,填塞街道"。该石经使用标准隶书刻写,相较于之前的小篆更利识别传播。唐"开成石经"有"大规模的槌拓"[1]。

---

[1] 强跃、陈根远:《唐代〈开成石经〉的刊刻与价值》,载《文博》,2015(5)。

## (二)雕版印刷成就

### 1. 唐代《金刚经》雕印

《金刚经》完成于唐懿宗咸通九年(868年),长十六尺,由六个印张粘贴而成,卷末有"咸通九年四月十五日王玠为二亲敬造普施"题字。经卷首尾完整、文字遒劲、刀法老练、墨色均匀、印刷清晰、图文浑厚,印刷技术已近成熟。英国人斯坦因在1907年第一次到敦煌时即将其掠去,今仍存于英国伦敦大英博物馆。

### 2. 宋代《资治通鉴》编修和雕印

《资治通鉴》是北宋司马光主编的长篇编年体史书,共294卷,300万字。记载由周威烈王二十三年(前403年)至五代后周世宗显德六年(959年)16个朝代共1362年的历史。"明乎得失之迹,存王道之正,垂鉴于后世者也。"①宋神宗称:"博而得其要,简而周于事。"②北宋元祐七年(1092年)雕印行世。《资治通鉴》是北宋一次较大规模的官刻雕印软质出版活动。

### 3. "汲古阁""嘉业堂"等雕版刻书

我国历代私人藏书楼刻书,以江苏常熟毛晋"汲古阁"为最,毛氏家族共刻有世称"汲古阁"本600余种。而在近现代雕印刻书中,最有名的是"嘉业堂"刻本。嘉业堂藏书楼1920年建成于浙江湖州南浔,得名于清溥仪赠"钦若嘉业"九龙金匾,堂主刘承干(1881—1963)先后雕印线装书近300部,约3000卷,藏有书版三四万块。嘉业堂刻书主要是在20世纪二三十年代,彼时现代印刷技术已被广泛采用。嘉业堂刻书用传统雕版印刷技术,实在是一种很深的文化情怀。鲁迅喻刘承干为"傻公子",陈志岁尊其为"笃公子"。

◁ 图6-5 明清时期安徽的雕版印刷书籍 ▷

(万安伦摄于安徽合肥皖新传媒陈列室)

---

① (宋)司马光:《资治通鉴·序(御制)》。
② 同上。

## 三、活字和套版复制的软质出版成就

### (一)活字印刷成就

1. 泥活字印刷成就

泥活字由毕昇发明后,很长时间并未引起反响。清道光年间,李瑶用泥活字印成《南疆绎史勘本》《校补金石例四种》等;安徽泾县翟金生制成10万余个泥活字,排印《泥版试印初编》《水东翟氏宗谱》等,真所谓"一生筹活版,半世作雕虫。珠玉千箱积,经营卅载功"①。

2. 木活字印刷成就

王祯是元代农学家,有《农书》传世。他曾任安徽旌德县令,元大德年间,造3万多木活字,印6万多字的《旌德县志》100部。他还撰写《造活字印书法》,记载木活字印书全过程。明代木活字印刷盛行民间,崇祯年间"邸报"也改用木活字印刷。清代,乾隆年间用木活字印《武英殿聚珍版丛书》,金简著《武英殿聚珍版程式》总结木活字印刷的方法和经验。程伟元和高鹗排印的《红楼梦》两个版本,分别称为"程甲本"和"程乙本"。

◁ 图6-6 清代木活字原物 ▷

(图片来源:万安伦摄于安徽合肥皖新传媒陈列室)

3. 铜活字印刷成就

铜活字起源一般认为在明代的孝宗弘治至武宗正德年间,华理、华燧、华

---

① 陈永康:《江南名门——泾县翟氏》,载《寻根》,2002(2)。

坚、华镜华氏一家四代，用铜活字印刷《渭南文集》《宋诸臣奏议》《元氏长庆集》等。"桂坡馆"铜印《正德东光县志》《古今合璧事类备要》质量上乘。"金兰馆"铜印《石湖居士集》《西庵集》印制精良。清雍正四年至六年（1726—1728年）最大的类书《古今图书集成》用铜活字排印60部，纸质优良，印刷精美。

4. 锡、铅活字印刷成就

铅活字的出现也在明代中期，与铜活字同时，见明陆深《俨山外集》卷一二《金台纪闻下》记载："近日（明弘治末至正德年间）毗陵（常州）人用铜、铅为活字，视板印尤巧便。"

### （二）套版印刷成就

套版印刷技术相较于其他印刷技术更为复杂，元代纸币印制已有套版元素。明代将套印技术发展到新阶段的代表人物是吴兴闵氏和凌氏。闵、凌二家共用套版印刷方式印书130多种，单版分色套印技术炉火纯青。凌濛初有《初刻拍案惊奇》《二刻拍案惊奇》，所刻之书多用朱、墨二色套印，并附插图，纸墨俱佳，质量上乘。

### （三）饾版、拱花印刷成就

所谓"饾版"，是在木刻画彩色套印基础上发展而成的一种套印技术。"拱花"则是指一种不着墨的印刷方法，用或凹或凸的线条来表现花纹，和现代的浮雕印相似，俗称"起凸"。明末胡正言于崇祯年间在鸡笼山侧以饾版和拱花技法印制《十竹斋笺谱》《十竹斋画谱》。清代饾版套色印刷的代表作是沈心友等人的《芥子园画传》。

## 四、中国古代软质出版与文化发展

中国古代软质出版的历史非常悠久，先秦时代，帛书长期与简牍同时行世。两汉之际对植物纤维纸的创制和改良，更是极大地推动了中国古代文化和经济社会发展，其对中国古代文化发展的影响甚巨。

### （一）推动书法的进步

印刷的基本对象是文字符号，而书法的表现对象也是文字。以文字作为中介纽带，印刷与书法产生紧密联系。

从甲骨文到大篆、小篆，再到隶书、楷书，中国文字的结构，化繁为简，文字的笔画由弧变直。秦统一六国后，"车同轨，书同文，行同伦"，秦始皇诏令使用小篆（秦小篆）为规范字体。秦小篆较楚、晋、齐、燕文字，有两点明显特征：一是笔画拉直，二是化繁为简。汉代隶书出现，笔法更近直线，略有波折。

魏晋时期，政治高压，玄学产生，士大夫和知识阶层饮酒作赋，绘画书

**图6-7　秦、楚、晋、齐、燕"马""安""市""乘"文字对比** ▷

（图片来源：万安伦摄于安阳中国文字博物馆）

写，书法取得卓越成就。出版载体由粗糙的麻纸，逐渐改进为润墨性好、耐久、耐老化、不易虫蛀的宣纸。

王羲之的《兰亭集序》是软质出版载体与行书书法艺术的完美结合，被誉为"天下第一行书"。雕印古籍讲究美观大方，对文字的美化为其中重要方面，精心选择字体书体，精雕细刻，第一道工序常由书法家撰写楷书后由刻工拓印反刻而成。江浙以欧阳询体为多，四川以颜真卿体占主流，而福建则以柳公权体为主。

若谈出版印刷对于字体的美化，最大的成就当属"宋体字"的发明，其特点是横平竖直、横细竖粗、有棱有角、字形方正、笔画硬挺，保持了书法笔画的基本特点，端庄典雅、舒展大气，为历代文人及普通大众所欣赏。其发端于北宋，盛行南宋，故称"宋体"。"宋体字"的发明标志着出版业繁荣直接推动书法进步。

**（二）促进文学的发展**

文学的发展与出版相互影响，密不可分。中国古代软质出版极大地推动了文学发展。

唐诗、宋词的发展兴盛和广为流传，与雕版印刷技术的发明和应用有非常直接的关系。白居易的诗歌在市面上广为流布，就是因为当时有很多雕印牟利的机构和个人作为重要推手。宋词高度发展广为流传，并成为一代文学代表，更与当时完全成熟的雕版印刷技术相关联。

元明的戏剧、小说最为发达。元关汉卿的杂剧《窦娥冤》等，明代历史小说《忠义水浒传》《三国演义》等、元明戏曲剧本《西厢记》《牡丹亭》、世情读物"三言""二拍"等，都是出版印刷技术直接推动其发展和传播的。就以文学书籍出版物发行数量的种类为例，明朝出版物发行种类高达2452种，其中洪武至正德年间433种,嘉靖至隆庆年间701种,万历至泰昌年间973种,天启年间114种,崇祯年间231种。①

到了清代,曹雪芹的《石头记》、吴敬梓的《儒林外史》、蒲松龄的《聊斋志异》等,都是出版印刷技术推动作品的广为流传。随着现代铅字印刷技术的传入,中国的软质出版进入近现代时期,印刷技术改进,一大批文学作品刊印,外国思想传入中国,促进新文化思想的传播。

---

① 王海刚:《明代图书出版体系探析》,载《山东图书馆季刊》,2009(2)。

# 第七章　近现代中国的软质出版

西方"近代出版"是以1455年德国古腾堡发明机铅活字印刷术为标志的。但中国的近现代出版却出现较晚。中国自唐代发明雕版印刷术开始，到19世纪中叶，古代软质出版印刷技术历经千余年的缓慢发展后，开始被迫转型，最终在西风东渐的过程中完成"近代转型"。有学者认为，古腾堡的机铅活字印刷技术是受到中国毕昇活字印刷术的影响而发明的。如果这个论点成立的话，那就是印刷术在经历留洋升级后又荣归故里。我们认为，中国出版的近代转型的内在动因更多的是"内容主导"而非"技术主导"。在此过程中，从教会出版到洋务出版再到民营出版，出版格局由单一、狭小向普遍性、延展性变化。出版文化则由"回溯累积式"出版，向"变革创新式"出版变化。出版活动不断紧随并推动社会文化步伐和知识革新潮流。

## 第一节　晚清时期：软质出版的近代转型

中国古代软质出版的"质变"发生在1895年中日甲午战争前后，这个质变的过程被称作中国软质出版的"近代转型"。大致时间从19世纪中期开启，一直到民国前期基本完成。近代转型成功的标志是1897年中国第一家民营现代出版企业商务印书馆的创立。

### 一、新印刷技术的大力引进与软质出版的近代转型

古腾堡的铅活字印刷机标志着欧洲近代出版业诞生。这种较为先进的印刷术，19世纪中后期"反哺"中国，"新式出版"很快取代了以雕版为主的传统出版；机械动力取代人工畜力，平版、凸版、凹版、孔版等多种印刷手段陆续引进。

#### （一）石印技术的传入

1798年布拉格人塞纳菲尔德发明了石印技术。石印技术是一种平版印刷新技术，发明30年后传入中国。基本程序是先将文稿平铺在石板上，上面涂上脂肪性的药墨，使原稿在石板上显印出来，然后涂上含酸性的胶液，使字画以外的石质略为酸化，酸化的石材受水拒墨而无色，未酸化的部分拒水着墨而显

色,这样便将字画按原样印在空白纸页上。石印优点:一是能保持汉字书法的艺术美并印刷清晰;二是技术简单容易掌握;三是能随意缩小篇幅而字迹无损。① 点石斋书局石印《康熙字典》等影响较大,广受科考士子的欢迎。② 1905年清廷下诏废除科考,石印走向衰落。

### (二)铅印技术逐渐成为主流

中国传统活字以铜活字为主、木活字为辅,为手工雕刻。西方活字则用铅活字凸印,浇铸字模。19世纪上半叶,传教士们开始研制中文铅活字。1814年耶稣会传教士马礼逊在巴达维亚、马六甲、澳门等地研制锡合金字块,后印刷《华英字典》600部(为马礼逊本人编写)。1834年法国刻字工人葛兰德发明"偏旁铸汉字法"。1858年美国传教士姜别利在宁波建立印刷所,创制"电镀字模",当时称"美华字""宋字"。姜别利还设计出"元宝式"字架,使得中文检字排版法更为快捷。1895年中日甲午战争后,铅印技术渐成出版印刷技术的"主流"。

### (三)新式印刷手段和图书形制

1. 新式印刷手段

西方新式印刷术在洋务运动前后率先传入的是金属活字的机械凸版印刷和石印平版印刷。起初,凸版印刷机为手工上墨,后来"自来墨"工艺提高了印刷速度。泥版、铅版、纸型、照相铜锌版、石膏版、黄杨版等,先后传入中国。1901年上海土山湾印刷所从国外引进使用照相铜锌版技术,该印刷所用珂罗版印刷"圣母教会图画"。1907年商务印书馆也采用该技术印刷精美图片。

2. 图书形制的变迁

传统出版,多采用连史纸、毛边纸,双页单面印刷,线装。西式印刷传入,单页双面印刷,折页、订本、包封面、配贴、切边,胶订平装,又叫简装。珍贵书籍,其封面封底则采用皮、缎、布精装。

## 二、教会出版:开启软质出版"近代化"端绪

### (一)传教士出版机构

传教士出版机构从中日甲午战争前的18家,到清末达70余家。③ 其中比

---

① 《中外出版史》,113页。

② 点石斋石印的《康熙字典》,价格便宜,初印4万部销售一空,二印又销6万部,获利丰厚。该举引发了众多投资者模仿,许多老书坊纷纷步其后尘,如苏州的扫叶山房书坊,先后石印书籍419种。

③ 周其厚:《传教士与中国近代出版》,载《东岳论丛》,2004(1)。

较重要的除墨海书馆、美华书馆、广学会外，还有1818年左右伦敦会派马礼逊、米怜来华创建的英华书院，1834年美国传教士在广州创办的中国益智学会，1876年上海格致书院等。

1. 墨海书馆

该馆前身是巴达维亚印刷所，由英国伦敦会传教士麦都思等人创办，大约在1843年年初由巴达维亚迁入上海，4年后由伟烈亚力主持。它被称为近代最早的教会出版机构。[1]

2. 美华书馆

是早期传教士来华创办的规模最大、设备最全的一家出版印刷机构。前身是1844年美国新教长老会在澳门开设的花华圣经书房，1860年迁入上海，改名美华书馆。玛高温、郭士力等人为此馆贡献颇多。其为中国出版近代转型培养大批人才。1923年盘给商务印书馆。[2]

3. 广学会

广学会，前身为1834年传教士在广州创立的"实用知识传播会"和1884年在上海创立的"同文书会"，1894年始称"广学会"，它是近代影响最大、出版物最多的西方多国教会联合出版机构。初期目的是传教，很快宗旨变为"传输一般知识，促进中国维新变法"[3]。韦廉臣、李提摩太、林乐知、狄考文、慕维廉、艾约瑟、李佳白、丁韪良等齐聚于此。该会出版《万国公报》《孩提画报》《中西教会报》等报刊，广受欢迎。

(二)教会软质出版的历史作用

教会软质出版的历史作用：一是变革提升近代中国软质出版印刷技术；二是促使中国近代软质出版物"内容结构"剧烈转变；三是改变古代传统软质出版的生产和流通形态；四是促进职业化作者和编辑队伍的形成。

## 三、洋务派出版：近代软质出版的"官方译书"

19世纪50年代洋务运动兴起，官方出资创办翻译出版机构，率先开展翻译西书、引进西学的活动。

京师同文馆为代表性出版机构。1862年清廷在总理衙门下开设京师同文

---

[1] 墨海二字，来自中文古文献，"墨盆""大砚"之意。另说Medhurst的中文名是麦都思，与"墨海"读音接近。

[2] 《上海出版志》编纂委员会：《上海出版志》，222—223页，上海，上海社科院出版社，2001。

[3] 叶再生：《中国近现代出版通史》，411页，上海，华文出版社，2002。

馆,聘请丁韪良、傅兰雅等50多位"洋教习",单设"译书"一门,① 同文馆起初采用雕版印刷,1873年设印书处,购入手摇印刷机7台,中文、英文铅活字4套。② 该馆译书出版后分发政府官员。

江南机器制造总局翻译馆也为洋务派出版重镇。曾国藩的江南制造局,在徐寿、华蘅芳等人建议之下,1868年开办"翻译馆",将"翻译西书报刊"作为重要工作。该馆采用"西译中述"的方式,聘请傅兰雅、林乐知等西方传教士担任口译,中国学者徐寿、华蘅芳等"笔述",陆续翻译出版"西书"160余部,供当局阅览。

洋务派翻译出版是国人近代新式出版之肇始。

### 四、民营软质出版:"近代出版"主体地位逐步确立

1840—1894年,该时段主要是教会出版和洋务出版,民营出版的表现稍显"反应迟钝",新式印刷技术最早是在报馆普及的,而不是书局。③ 这一时期民间软质出版业,在采用新技术方面,是"石印技术一枝独秀",但"点石斋""扫叶山房""拜石山房""蜚音馆"以石印技术刊印传统儒家经典,表现为"新瓶装旧酒"。1895—1911年的16年间,民营软质出版业迅速崛起,全国新兴民营出版机构数量达200多家,新式出版应时崛起。

#### (一)民营软质出版代表商务印书馆木秀于林

1897年2月商务印书馆——这家近代最成功、影响最大、最具代表性的民营出版公司,正式在上海挂牌成立,创办人夏瑞芳、鲍咸恩、鲍咸昌(三人原受聘《字林西报》、美华书馆等)。它起初专印广告、名片、簿记、账册等商务材料,故名"商务印书馆",后出版新式教科书、译介西学著作,并转向"股份有限公司"。

#### (二)其他民营软质出版企业如雨后春笋

1. 广益书局

1900年由魏天生、杜鸣雁等人创办,服务于"过渡时代文人",出版古籍、医书、村塾教科书为主。

---

① 邹振环:《晚清西书中译及对中国文化的影响》,载《出版史研究》,1995(2)。
② 据记载,该馆印刷采用的中文铅活字,是上海美华书馆的姜别利送给丁韪良的,后来转送给同文馆。
③ 洋务派的译书局,资金充足,获得传教士的机器设备也相对容易,而民营出版之所以主要采用木刻雕版印刷、聚珍版活字,而非铅印,原因也在于此。

2. 神州国光社

1901年黄宾虹等合伙创办于上海，采用珂罗版影印数百种书画、字帖、金石、印谱。

3. 文明书局

1902年由廉泉、俞复、丁宝书等人集资创办于上海。它出版新式学堂授用书《蒙学读本》等。

4. 广智书局

1902年冯镜如在上海创办广智书局。它出版许多西方学术译作，"出版各书皆务以输进文明为宗旨"①。

5. 有正书局

1904年狄平子（字楚青）在上海创办有正书局，其以珂罗版印刷书画、碑帖，还影印《红楼梦临本》、八十回本《红楼梦》。

**(三) 近代民营软质出版业的特点**

第一，采用新的出版印刷技术。

第二，引进现代企业管理制度。

第三，大量新式知识分子加入。

第四，出版内容以新学新知为主。

第五，出版企业多集中在上海。

## 五、软质出版近代转型的动因、特征及历史作用

**(一) 软质出版"近代转型"的动因**

西方软质出版近代转型属"自然渐进式"，而中国是"外源性、跳跃式"。西学东渐后中国社会"西化"的"社会变革"是软质出版近代转型的特殊动因。旧式雕版印刷适应的"回溯式累积出版"，不适应新式书刊的刊印，至1912年中华民国创立前后，近代出版格局已基本形成。中国软质出版的近代转型是"内容主导驱动"，而非"技术主导驱动"。

**(二) 软质出版"近代转型"的三个特点**

一是"翻译出版"始终是软质出版近代转型的重头戏。

二是"内容引领"而非"技术决定"的变革趋势。

三是软质出版主体由多元趋向民营一元。

---

① 《广智书局特别告白》，载《新民丛报》。

### (三)软质出版近代转型的历史作用

在"出版救国"思想主导之下,更新思想、创造文化、改造社会是软质出版近代转型的主要功能。随着大批新式知识分子加入出版业,出版不断推出适应社会潮流的书籍报刊,面向大众进行文化传播,促使中国出版基本望见世界现代先进出版背影,为出版未来发展奠定基础。

## 第二节 民国时期的现代软质出版

软质出版"近代转型"完成后,诞生了"新式出版"即中国现代软质出版。其在民国时期的主体地位得以巩固,并呈现明显的"规模化和商业化"特征,同时与政治、经济、文化、社会的联系日益密切。

### 一、民国初期至"五四"时期:新思潮与软质出版现代变革

民国初年,软质出版勇立潮头,与新文化互为表里,开辟了一个崭新的软质现代出版新时代。

#### (一)延续清末余绪的民国初期的软质出版业

中华民国初建的六七年间,软质出版业基本承接清末余绪,缓步前进。其中既有新书局的建立,又有旧书局的关闭。民国初期最主要的软质出版物类型,是新式教科书和新式工具书。1912年借中华民国东风成立的中华书局是现代出版界的大事。由于政治高压,商业化、娱乐化小说出版畸形繁荣,"朝甫脱稿,夕即排印,十日之内,遍天下矣"①。《小说月刊》《礼拜六》等文娱杂志风行。

#### (二)五四思潮下现代软质出版的潮流

袁世凯复辟帝制失败后,北洋军阀连年混战,因无暇顾及文化管制,客观上给了出版业发展的空隙,为思想文化活跃提供了条件。1915年,陈独秀在亚东图书馆的介绍下,联手群益书社,发行月刊《青年杂志》,一年后改名《新青年》。此后新文化出版物日益增多,推动了新型出版即现代软质出版发展。

1. 新思潮下"新书业"的涌现、改组

新思潮给现代软质出版带来的变化,首先反映在大批中小出版社的繁荣上。五四运动以后新成立的中小出版社,如亚东图书馆、泰东图书局、北新书

---

① 据统计,1910—1921年,全国文学类期刊达52种。见范伯群:《中国近现代通俗文学史(下)》,555页,南京,江苏教育出版社,2000。

局、开明书店、光华书局、新月书店等,都富有时代气息,被时人看作"新书业先行者"。出版社顺应新时代潮流,及时调整内部机构和编辑队伍,革新出版内容。商务印书馆、中华书局原来一直以"出版教科书、工具书为大宗",这时则一起转向"与一般性知识图书、学术著作并重";在"新文学"运动影响之下文学读物出版数量剧增;儿童读物从内容和数量上得到了突破性发展。

2. 五四时期现代软质出版物数量的激增

杂志出版的数量、种类都最为突出。《新青年》《每周评论》《少年中国》《新潮》《星期评论》《太平洋》等新杂志创刊。商务印书馆的老牌期刊《东方杂志》《小说月报》《妇女杂志》在舆论和市场的"双重压力"下,被迫更换主编、调整内容。《小说月报》自沈雁冰接任主编,从"鸳鸯蝴蝶派"大本营变成新文学作品生长的重要摇篮之一。

3. 现代软质出版与文学社团的结合

新文学社团与现代软质出版机构的联手,是五四时期一种新的文化现象。前者为后者提供智力资源,后者为前者提供资金和经营支持,两者良性互动。新文学社团的壮大,离不开刊物和报纸副刊,报刊出版又为新文学发展提供了园地、培养了作家。文学研究会、创造社、语丝社、新月社等往往"社刊同名"。

## 二、民国现代软质出版的黄金十年

1928年,南京国民政府形式上统一全国,政局进入"相对稳定"的十年。现代软质出版迎来俗称的"黄金十年"。

### (一)大书局规模的扩大

民国软质出版业"三巨头"(商务印书馆、中华书局、世界书局),实力不断壮大。商务印书馆带头领跑;中华书局1937年上半年,几乎每天出版两种以上新书;世界书局排名第三,1926年至1933年出版新书2043种。[①]

### (二)中小书局的崛起和壮大

这一时期,既有小书局旋起旋灭,如发行过《新青年》的群艺书社、出版过"创造社丛书"的泰东书局,都因经营不善而倒闭;也有许多中小书局顺应形势调整战略,得到快速发展,如亚东图书馆、开明书店、光华书局、北新书局、良友图书印刷公司、上海长江书店、新知书店等。邹韬奋领导的生活书店,因思想进步,经营得法,发展迅猛。

---

① 朱联保:《关于世界书局的回忆》,见宋原放、陈江主编:《中国出版史料·现代部分(第一卷)》,261页,武汉,湖北教育出版社,2001。

### (三)现代软质出版书刊数量和质量大幅提升

1. 软质出版数量增加

这一时期,由于大书局规模扩大、中小书局不断涌现,全国软质出版物呈加速增长态势。"语言文字"类书籍出版,从1911—1928年平均每年22种,增加到1928—1936年平均每年179种之多。而全国出版物的数量,从1927年的1323册增加至1931年的1581册,更发展到1936年的6717册之多。

2. 软质出版质量提升

这一时期,出版界在书刊质量上,取得了较大的成绩。教科书、工具书、古籍、译著、丛书等每年都有好书涌现。出现这一现象的原因有二:一是新式知识分子到20世纪二三十年代已走向成熟,他们著书立说,促进出版业繁荣;二是竞争加剧,那些有长远眼光的出版者,皆以提高书刊质量作为取胜之道。

## 三、日本侵华致使中国现代软质出版业衰落

随着日本侵华战争的全面发动,中国军民开始了艰苦卓绝的"全面抗战"。平津、上海向来是出版业的中心,1937年上海、南京于淞沪会战后先后沦陷,导致中国现代软质出版业遭到致命打击。

### (一)战争对现代软质出版业的重创

战争造成的重创,首先是资料、财产上的巨大损失。日军连续轰炸、掠夺,内地书局纷纷转移疏散,途中损耗巨大。全面抗战期间,随着日军战火的蔓延,各地的大中小出版机构普遍遭受浩劫。1938年长沙"文夕大火",城内大小书局瞬间"化为灰烬"。1944年,湘桂战事爆发,暂避桂林的出版业损失90%以上。战争期间,全国软质出版业营业额缩减触目惊心。商务印书馆北平分馆,1938年的营业额是战前的16%。

### (二)抗战期间软质出版界的内迁

1937年11月,中华书局决议把总办事处迁往昆明,仅保留"驻沪办事处";商务印书馆的经营和生产重心逐渐转移至香港。大东书局、世界书局、开明书店、生活书店等也纷纷撤离上海。"出版巨头"们从沪撤离,标志着上海"出版中枢"地位不复存在。战时软质出版业的内迁,保存了有生力量,使得抗战期间国人的精神食粮有了一定的来源;同时,一些落后地区的文化面貌也因出版界的到来而兴盛起来。这算是大不幸中的小幸运。抗战期间,秉持为文化而战的顽强出版精神,1937—1945年,全国共出版图书22552种,期刊2000种,主题基本为救亡图存。

## 四、抗战胜利后现代软质出版业的重建

1945年8月以后，抗战胜利的欢愉刚刚来到，重创后的出版业尚未复苏，内战旋即爆发。

### (一)软质出版界的"复苏"迹象

大后方出版界就地调整，精简改组。沪、宁、平、津几个出版业中心，出现复苏迹象，许多内地新成立的书局、书店(比如重庆文通书局)也都落户于上海。全国出版业略微显露生机。1946年全国出版1461种书籍，反映了出版重创后复苏的缓慢而艰难。

### (二)国统区现代软质出版危机

1946年下半年全面内战爆发，国内出版业的复苏成为泡影。"原料危机"复现——白纸价格奇高，1947年白纸价格上涨至1946年的100倍；排字工资猛涨了206倍。通货膨胀导致出版业利润微薄，使得奄奄一息的出版业雪上加霜。老牌《东方杂志》等期刊自动停刊，1949年1月，商务印书馆也决定停止出版所有期刊。

## 五、民国时期的软质出版的体制和机制

民国的软质出版企业具有三大典型特征：民营化主体、市场化手段、规模化经营。以下我们分机构组织、人员构成、资本形式、出版流程等来简述其体制和机制。

### (一)机构组织与人员构成

民国时期大、小出版社因资本规模悬殊，内部机构组织和人员构成不尽相同。

1. 组织机构

商务印书馆在1915年设立"一处三所"(总务处、编译所、印刷所、发行所)，编译所是"中枢"，负责具体出版。设"总经理""经理""监理"负责协商、筹划；董事会及股东大会听取报告。此为中华书局、世界书局、开明书店等出版机构所借鉴。

2. 人员构成

总经理、总编辑一般是各出版社位高权重的职位。总经理主要负责管理和经营，而总编辑(或编译所所长、编辑部主任)则是负责书店出版方针、出版业务的负责人。他们的个人知识背景喜好，往往影响出版社的出书路数、风格等。例如开明书店早先由负责商务印书馆《妇女杂志》的章锡琛起家，后当中学

教师出身的夏丏尊任总编辑后，遂将中学生读物做成了开明的品牌。

3. 编辑人员的待遇

编辑部(所)是各书局核心部门，人才集中，担负着选题组稿、编辑加工、著述编译等核心工作。故此编辑薪水普遍高于其他事务部门，在社会各行业中居于中上。故此民国时期众多优秀人才被网罗至书局、书店，"为他人作嫁衣"，如商务印书馆编译所人才济济，张元济、高梦旦、王云五、胡愈之、沈雁冰、顾颉刚、郑振铎等群贤毕至；中华书局聘请范源廉、黎锦晖、田汉、徐志摩等名流加盟；开明书店则罗致了夏丏尊、叶圣陶、丰子恺等文化大家。

4. 店员及其来源

编辑之外的职员(称店员)的来源：在大书局，主要通过招考，中小型书店则保留雇用同乡或亲戚的旧式书业陈规。民国时期书业人员整体流动性比较大，"合用则留，不合则去"，更有教师、学者、官员在编辑身份之间流动。这养成了出版业重视人才、培养人才的良性循环机制。

(二)股份制与多种融资方式

民国时期书店集资方式，约有三种：独资、合伙、股份制。出版业的高风险性、招股不易，故中小书店多采用独资、合伙制经营；若一旦招股成功，就容易成为大书局。除股份制之外，书店还有吸收民间存款、吸收官僚资本、作者稿酬入股、借用读者资金、利润转化成资本等融资方式。

(三)编辑与发行活动

1. 编辑

民国时期的软质出版竞争激烈，主要集中在编辑和发行环节，而编辑过程中的选题、组稿至关重要。各个书局的图书选题取决于时代潮流、读者定位、市场预估、自我风格等；有"跟风型""模仿提高型""策划创新型"等不同类型的选题策划，选题策划反映了出版人的学识眼光。

2. 发行

民国时期各书局的书刊发行大致有几种：渠道发行、批发零售、批销、邮购、代销代购等。而专门的书刊批发机构则几乎没有，发行机制尚不健全。

## 第三节　民国时期主要软质出版机构和人物

民国时期，重要的软质出版机构和重要的软质出版人物较多。

### 一、民国时期的主要软质出版机构

民国建立后，一直实行"出版登记制度"。1912—1949年全国新登记的图书出版社和个人出版企业，约计一万家。资本构成有"独资""合伙"和"股份制"；有综合性书局、专业性书店。经过战争劫难，到 1949 年前，进行过出版登记的出版机构只有 100 多家。民国时期历史较久、影响较大的软质出版机构有以下几家：

### （一）商务印书馆

1897 年成立的商务印书馆，是一家印刷技术先进、资本积累雄厚的出版机构，全盛时拥有数十家各地分馆。它聚集了一批精干编辑和业务人才，如张元济、蔡元培、高梦旦、杜亚泉、陆费逵、孙毓修等。民国初期的商务印书馆秉承"稳重温和"方针，后受到严重冲击。1915 年成立"一处三所"（总务处、编译所、印刷所、发行所），为现代管理打下基础。它积极引进电镀铜板、自动铸字机等新印刷技术。元老张元济、高梦旦面对挑战，顺应潮流，奋起改革，1921 年为聘请王云五进馆，高梦旦主动让出编译所所长之职。王云五主张"计划化""系统化""成套化"，在"趋新"同时，仍重视古籍出版，对传统文化传承贡献突出。

### （二）中华书局

1912 年陆费逵、戴克敦、陈寅等人在上海创办中华书局。该书局是靠中华民国成立前预先策划的一套新式教科书起家的。这套"新中华教科书"，包括修身、国文、算数、伦理、英文等课程。在老牌商务印书馆的"空档期"，中华书局一举推出与中华民国政府相适应的教科书获得极大市场。1913 年中华书局改组为股份有限公司，下设编辑、事务、营业、印刷四所。"一业为主、多种经营"，是中华书局的特色。

### （三）世界书局

1917 年由沈知方创办的世界书局，4 年后改组为股份公司（因房屋外以红漆装饰，人以"红屋"称之）。初期出版《春明外史》《金粉世家》等言情小说，及《江湖奇侠传》《福尔摩斯探案集》等武侠侦探小说。1924 年起世界书局努力挤入小学教科书出版行列，"大众化"是其出版特色。

### （四）亚东图书馆

创立于 1913 年的亚东图书馆，起初是汪孟邹（安徽绩溪人）艰难创办的小书局。前六年亚东图书馆共出 6 本书，且多为地图册。不久，章士钊主编抨击时政的杂志《甲寅》委托亚东图书馆发行，后来，陈独秀推荐的北大书籍也由它经销，这些为亚东图书馆带来了生机。五四运动以后该书局出书数量逐年增加，到 1928 年已经小有名气。

### （五）泰东图书局

泰东图书局成立于 1914 年，经理赵南公，编辑有张静庐等人。早先它曾出版"礼拜六派"作品，1916年袁氏帝制梦破灭，出版杨尘因70万字的《新华春梦记》获名。新文化风起之时，它主动迎接潮流，出版《新的小说》《新人》两种新杂志。1938年赵南公逝世，历时24年的泰东图书局歇业。

### (六)"新文艺先行者"：新潮社与北新书局

1918年成立的新潮社与1925年北新书局，有前后接续的关系，二者是当时中型出版社中最早响应五四新文化运动，以"新文艺"书刊作为出版特色的新书局。北京大学傅斯年、罗家伦等成立学生社团新潮社，出版《新潮》杂志。北新书局是一家私营机构，与新潮社有前后继承的关系，书局名称①、创办成员（李小峰是新潮社早期成员）、作者资源（鲁迅、冰心、孙伏园等）、出书方向（新文艺书）一脉相承，曾享有"新文艺书店老大哥"的美名。

### (七)凝练特色的"同人书店"：开明书店

1926年由章锡琛、章锡珊兄弟开创的开明书店，起初资本比较薄弱。1928年，夏丏尊、杜海生、丰子恺参与改组其为股份公司，集资5万元，开明书店始发展壮大。开明书店注重凝练独特的出版特色、重视质量，多从读者需求出发、创新图书内容。开明书店的"编校合一""精于管理"，为其不败之策。

### (八)"以杂志为生"：良友图书公司和上海杂志公司

良友图书公司(1925—1946年)，本是商务印书馆美术编辑伍联德集资创设的一家印刷所。1926年编印新型画报——《良友》画报问世，风行一时、畅销海外。赵家璧依托该公司主编《中国新文学大系》，是为大手笔。

上海杂志公司于1934年5月成立，是资深出版人张静庐首创的一家"专门贩卖杂志的书店"。抗战期间辗转迁徙中它曾出版《战地》《七月》等期刊。1951年，它和几家书店组成文艺联合出版社，1955年公私合营，并入新文艺出版社。

### (九)"共同信念联结一体"：生活书店、读书出版社、新知书店

生活书店由邹韬奋、徐伯昕等创办于1932年7月，前身是《生活》周刊杂志社，提倡大众化文风，发行量一度达15万份；读书出版社起源于《读书生活》半月刊(1934年，李公朴、艾思奇等主编)；新知书店成立于1936年，由钱俊瑞等几位有共同志趣的共产党员集资开办。三家书店在追求进步的共同信念下于1948年合并，继续保持"商业化运作"和"鲜明一致政治色彩"的"民间书店"本色。

---

① "北新"二字，是取北京大学和新潮社首字组成，显然有意借着新潮社的牌子，借助其影响力。

## 二、民国时期的重要软质出版人物

民国时期的软质出版人物众多,有职业出版人,如张元济、沈知方、李小峰等;还有兼职出版人,如陈独秀、鲁迅、茅盾等。他们都对民国现代软质出版和文化事业做出较大贡献。

### (一)张元济

张元济(1867—1959年),号菊生。光绪年间进士,倡导"维新",建通艺学堂。戊戌变法失败后,被清廷"革职永不叙用"。1898年他由李鸿章推荐至上海,出任南洋公学译书院的院长,并翻译印刷"西学"书报。1902年他受夏瑞芳邀请到商务印书馆任职,主持编写适应清末改革后新时代潮流的新学丛书、新式教材,将商务印书馆由印刷为主转向内容出版为主。"以扶助教育为己任"的张元济,对商务印书馆编译所的工作倾注了全部心血,堪称"富于新思想的旧学家,也是实践新道德的老绅士"①。

### (二)王云五

王云五(1888—1979年),广东香山人。1921年他被延聘入商务印书馆,从编译所长一路升任至总经理。他主持商务印书馆期间,顺应形势,大力改革,裁撤旧员,引进新式人才。尤其1930年国外考察归来,他着手商务印书馆的规范管理和财务的制度化,取得较大收效。王云五以"杂家"著称,"四角号码检字法""中外图书统一分类法"都是王云五业余研究发明。在他主持下,商务印书馆图书选题策划开始借鉴国外,如"百科全书"系列。王云五注重出版规划和出版管理。

### (三)陆费逵

陆费逵(1886—1941年),复姓陆费,字伯鸿,1906年就职于文明书局,集编、印、发于一肩,两年后被商务印书馆的高梦旦以"重金引进",从编辑做到"出版部长"。1912年1月,陆费逵正式离职,与友人合资创办了中华书局。凭借才学和胆识,将中华书局发展为仅次于商务印书馆的"第二大书局"。陆费逵有洞察眼光,早在武昌起义时,他就预见清廷将亡,日后的教科书内容必将更新,遂约人预先编写新式教科书,中华书局即在这套教科书基础上起家。陆费逵具有"优秀家长式"的个人魅力,一生致力于"书业进步",秉持"出版业良心",是一位有道德操守和文化使命感的出版家。

### (四)邹韬奋

邹韬奋(1895—1944年),名恩润,江西余江人。在生活书店以前,他已经

---

① 汪凌:《张元济:书卷中岁月悠长》,57页,郑州,大象出版社,2002。

从事杂志编辑六年,是当时知名刊物的主编。《生活》杂志坚持"大众立场",坚持以时代精神启发读者兴趣,1932年的销量创了杂志史纪录,有15万5000份之多。"只求真实,不说空话,闲话"①——邹韬奋提出的编辑理念、理想,体现了一代出版人的精神追求。在"义""利"之间,邹韬奋很好地协调了两者关系:"出版是事业性和商业性的有机结合,两者可以兼顾。"②

### (五)鲁迅

鲁迅(1881—1936年),浙江绍兴人。他一生办过8家出版社(如未名社、朝华社、三闲书屋、野草书屋、版画丛刊会),编辑过《莽原》《语丝》《奔流》《译文》等20种刊物,③ 亲自参与编辑的书80多种,其中自费印刷13种。可以说,鲁迅一生都与出版实践活动相关联,他不但是一位伟大的思想家、文学家,而且是一位优秀的现代出版家。他反对文人受雇,主张自由出版。重视书刊质量,一丝不苟地对待版式、插图、装订、校对等。他擅长装帧艺术,有先进的广告意识和版权意识。鲁迅是卓越的现代出版家。

### (六)茅盾

茅盾(1896—1981年),浙江桐乡人,原名沈德鸿,字雁冰。他曾考入北京大学预科生。商务印书馆编辑是其出版生涯的开端。他与郑振铎、叶绍钧一起组织"文学研究会"。他主编并革新《小说月报》,使其从一种保守杂志一变而为"新文学"刊物。1930年他加入"左联"。1937年抗战全面爆发,茅盾热忱地投身文化救亡运动,创办《文艺阵地》,主编《立报》。抗战结束后,他还主编过《文联》《小说》等刊物。茅盾也是一位重要的现代出版家。

### (七)赵家璧

赵家璧(1908—1997年),江苏松江人。学生时代他曾主编《晨曦》(月刊)、《中学生》(良友图书公司开办),大学毕业即受聘为良友图书公司编辑。他与鲁迅、郑伯奇等左翼作家相交甚密、思想靠近,主编了《良友文学丛书》《一角丛书》等左翼书刊,装帧十分考究。1936年,他邀请胡适、鲁迅、茅盾、郑振铎等人编写巨著《中国新文学大系》(十卷,蔡元培作总序),被当时人誉为"出版界丰碑"。赵家璧是民国时期有着重要成就的现代出版家。

---

① 徐诚、王一方:《韬奋:我的出版主张》,南宁,广西教育出版社,1999。转引自吴永贵:《中国出版史》,260页,长沙,湖南大学出版社,2008。

② 徐伯昕:《韬奋先生的一生》,载《出版史料》,2004(3)。

③ 万安伦:《现代出版视野中的鲁迅》,载《鲁迅研究月刊》,2012(10)。

## 第四节　中国共产党领导下的软质出版事业

1921年中国共产党一成立，就出版了《共产党》《向导》，组建新青年社、上海书店等图书出版机构。随着革命斗争不断深入，宣传的观点逐渐明晰。十年内战、抗日战争、解放战争期间中国共产党领导下的现代软质出版事业，在艰难的内外环境中曲折发展。

### 一、中国共产党早期的现代软质出版活动（1921—1927年）

#### （一）马克思主义学说引入中国

马克思主义理论，最早由传教士的《万国公报》等传入中国。清末梁启超的《新民丛报》、孙中山等《民报》（东京）上都有零星介绍。十月革命后《新青年》《每周评论》等刊物上，李大钊等人系统介绍该理论。1920年陈独秀在上海成立"马克思主义研究会"，翻译出版这类书籍。1920年8月，由该会会员陈望道翻译、新青年社发行的《共产党宣言》问世。1920年11月李达主编《共产党》月刊宣传了列宁建党学说等。

#### （二）早期中国共产党的软质出版发行机构

1. 新青年社

五四运动后，《新青年》杂志内部发生分化，1920年在陈独秀主持下，它自北京又回迁上海，宣布脱离群益书店，成为同人组织。它因出版《阶级斗争到自由之路》等书籍及画片，遭巡捕房查封。《新青年》迁移广州，刊印《伙友》《劳动界》等"工人刊物""新青年丛书"。

2. 人民出版社

该社是中国共产党在上海召开"一大"时（1921年7月）决议成立的，任务是集中出版马克思、列宁著作。该社一年间总共出版了16种印刷质量较高的书籍。出版了《马克思全书》3种（《资本论入门》等），《列宁全书》4种（《列宁传》等），《康民尼斯特①丛书》4种。

3. 上海书店

作为"一个小小的书铺子"②，上海书店成立于1923年11月，负责出版发

---

① "共产主义"之早期音译。
② "我们要想中国新文化运动史上尽一分责任，所以开设这一个小小的书铺子"——引自《前锋》。

行对外宣传刊物《中国青年》《向导》等。其发行方式隐蔽：或晚上秘密发行，或另租房子转移目标，前后总共出版30多种革命书籍。

4. 长江书店

随着北伐军攻克长沙、武汉，1926年12月长江书店宣告成立，由瞿秋白、苏新甫等主持，在蓬勃发展的大革命形势下，出版、重印了《中国青年社丛书》《〈向导〉周报汇刊》、马列著作、毛泽东的《湖南农民革命》等50余种书籍。

**(三) 早期共产党软质出版活动的特点**

第一，中国共产党的出版机构虽有明确政治立场，但鉴于复杂的环境，多借"新文化""学理讨论""新学说译介"为名。

第二，"在夹缝中求生存"，或更换社名，或秘密发行。

第三，早期的革命书店往往是隐蔽的革命者的联络机关。

## 二、苏区的现代软质出版（1927—1936年）

1927年秋收起义后，南方各省先后成立赣南为中心的中央革命根据地和几十个地方革命根据地，统称为"苏区"。苏区的现代软质出版工作，在反"围剿"的环境中服务于政治军事斗争和人民大众的需要。

**(一) 根据地初期的软质出版**

中央苏区出版业的"发祥地"——闽西，创办的首家出版社是长汀县"毛铭新印刷所"改编的"闽西列宁书局"。中共地下党员、工人在此印刷布告、传单、小册子、文化教育图书，及《红旗报》《战线报》，为后来苏区出版积累了一定经验。

**(二) 苏维埃政府建立后的软质出版宣传**

1931年中华苏维埃共和国临时政府在瑞金成立，软质出版业随之出现一度的繁荣。中共中央机关报《红色中华》《红星》等相继创刊，中央出版局、中央印刷局、印刷厂、总发行部纷纷宣告成立。1937年苏区创办的报刊有300种。①

**(三) 苏区现代软质出版的特点**

苏区软质出版具有明确目的和政治立场，与党的纲领、主张、中心任务保持一致，围绕中心任务展开。出版物继续为大众服务，语言活泼、喜闻乐见，巩固了红色政权。出版条件十分艰苦，印刷以油印为主，石印、铅印为辅。

---

① 叶再生：《略论十年内战时期苏维埃区出版物及其特点》，见其编：《出版史研究》，北京，中国书籍出版社，1995。

### 三、全面抗战期间各根据地的现代软质出版(1937—1945 年)

#### (一)根据地的"软质出版中心"——延安

陕北根据地先后出版了 20 余种报刊和 400 多种书籍。① 这些书籍主要由解放社、大众读物社、新华书店、华北书店等刊行。鲁迅艺术文学院、边区文化教育研究所等团体也出版了一些图书、地图、年画等。解放社主要负责出版马恩列斯的译著;新华书店则出版了《中国通史简编》(范文澜)、《甲申三百年祭》(郭沫若)等非政治类书籍。② 延安在各边区的"出版中心"地位得以确立。

#### (二)其他抗日根据地的软质出版业

晋察冀、晋冀鲁豫、山东、晋绥抗日根据地的出版业,往往先由一家报社附设出版发行部,然后慢慢单独分立出来,集出版、印刷、发行于一体;而且所印图书以翻印延安出版物为主。1940 年《晋察冀日报》社出版了书籍杂志 156 种,报纸 49 万份。晋冀鲁豫边区《新华日报》("华北版")1939 年正式发刊。1940 年晋绥新华书店成立,组织发行网和支店,吕梁印刷厂共印刷小册子 21 万册,翻印书刊 2 万多册,印制领袖照片、画片、画册、地图 4.7 万多册。③ 山东《大众日报》社出版的各种教材影响较大。

#### (三)抗日根据地软质出版业的特点

一是党性特征鲜明——出版党报党刊、领导人著作、党的历史文献和马列著作、政策文件是重头戏;二是"为现实政治服务",贯穿根据地出版业的始终;三是由于根据地人民文化水平不高,出版走通俗化和大众化之路。

### 四、共产党领导的国统区软质出版活动

#### (一)第一次国共革命战争时期(1927—1937 年)

国民政府严厉打击有"共党赤化"嫌疑及左翼倾向的书籍报刊。中国共产党遂采取灵活、隐蔽的出版发行策略,开设的华兴书店、北方人民出版社、无产阶级书店均是"地下运行";一些民营书店(以生活书店、读书出版社和新知书店最为有名),也由中国共产党暗中加以出版指导。中国共产党积极领导左翼文化,先后出版了《前哨》《萌芽》等。

---

① 赵晓恩:《延安出版的光辉》,23 页,北京,中国书籍出版社,2002。
② 抗日战争中,延安建立"中共中央出版发行部",统一党的出版印刷发行工作。
③ 张山明:《解放区印刷出版工作》,载《出版史料》,2003(1)。

### (二)全面抗战时期(1937—1945年)

该时期以1941年"皖南事变"分为前后两段。全面抗战初期,大敌当前、国民情绪高涨,在国统区,中国共产党出版了大量政治理论性的书籍,将马列著作和毛泽东的著作扩大了传播范围。《新华日报》是中国共产党在大后方重要公开的合法出版机构。"皖南事变"后出版环境严重恶化。

### (三)第二次国内革命战争时期(1946—1949年)

第二次国内革命战争时期,中国共产党在国统区的出版环境十分恶劣。中国共产党以生活、读书、新知三家书店为主体,其他用"副牌书店"进行书刊出版。许多地区党组织将出版、印刷、发行转入"地下"——比如湖南的立文书局,天津的知识书店,江西的文山书店等都是隐蔽发行。[1]

## 五、解放区的现代软质出版事业

### (一)东北书店及东北地区其他书店

作为全国解放最早的区域,东北解放区的出版事业功勋卓著。[2] 主要出版机构有光华书店、兆麟书店、东北书店、鲁迅文化出版社等。东北书店除了翻印部分延安解放区等的书籍外,还自行编辑出版新书。

### (二)华东、华中的"新华书店"和山东地区的书店

华东新华书店早在抗战末期附属于《大众日报》社,1946年1月独立,翌年改名"华东新华书店总店"。山东书店集编、印、发于一体,共出版《新华文摘》《文化翻身》期刊及484种图书。

### (三)华北新华书店和中原新华书店

1942年成立的晋冀鲁豫边区华北新华书店,陆续接收了邢台的敌伪新民书局,扩大了印刷力量。1946年在邯郸出版了《北方杂志》《大众科学》,在邢台出版了《儿童杂志》。

中原解放区的中原新华书店(河南省宝丰县),1948年年初迁往郑州、武汉,翻印了马、恩、列、斯、毛的著作和党的方针政策、时事等书籍,后来自己组稿出书。

此外,富有人民特色的"随军书店"也出现了。"前线还在打枪,书店的同

---

[1] 高信诚:《中国图书发行史》,438页,上海,复旦大学出版社,2005。

[2] 东北的出版事业在抗战时期被摧毁得十分严重,据《辽宁省志·出版志》统计,到抗战胜利时尚能勉强维持营业的民营出版机构,仅安东诚文信书局、商务印书馆奉天分馆、萃文斋三家。

志就用三批骡子驮着图书到村镇向群众发行,受到彭德怀同志的赞扬。"①

**(四)从分散走向统一**

1949年天津、南京、武汉、上海等陆续解放,中央宣传部鉴于各地新华书店"各自为政",成立"出版委员会"以统一管理书店。华北隶属各地的书店,统称"新华书店";东北200多个书店统一改为"东北新华书店"。② 12月成立"出版总署"(胡愈之任署长),领导全国新华书店。③

**(五)解放区现代软质出版特点**

解放区的现代软质出版有几大特点:

一是各解放区的软质出版事业全部以新华书店为主体。

二是在出版物品种丰富性上其有较大改善,除了宣传品外,还有大量实用性的普及书刊、文艺作品和中小学教材等。

三是软质出版的印刷、装帧质量、发行量,都比之前出现了质的飞跃。

四是从穷乡僻壤到中心城市,其从一块块根据地发展到全国新华书店的统一。

总之,无论是苏区还是解放区,还是国统区抑或日伪区,中国共产党领导的出版活动,基本上是以软质出版活动为主的,这些出版活动和出版成就,是中国近现代软质出版的重要组成和先进构成,是中国软质出版史上辉煌灿烂的一页。

---

① 《中外出版史》,146页。
② 到中华人民共和国成立时,全国的新华书店分支店一共有735家,职工约8100人。
③ 《新华书店五十年纪事》,见《新华书店五十年》,6页,北京,新华书店总店,1987。

# 第八章　古代欧洲的软质出版

在文明生长的过程中，古代欧洲的软质出版也从萌芽走向成熟。从古埃及传入的莎草纸在制作和保存上具有较大的局限性。因此，以兽皮，主要是以羊皮和小牛皮为替代原料的"羊皮纸"在古希腊、古罗马开始试用。公元前2世纪，帕加马国王和埃及托勒密国王在图书馆建设的竞赛中互不相让，迫于托勒密王朝的原料封锁压力，帕加马开始尝试推广使用羊皮纸。欧洲由此开启软质出版新时代。古代欧洲的软质出版时期，其出版文字符号从拉丁文字演变成英语、法语、德语、意大利语等语言。本时期，出版技术主要是抄写复制技术。古代欧洲历经以古希腊、古罗马文明为中心的古典时期（公元前9世纪至公元5世纪），以及以基督教文明为核心的中世纪时期（5世纪至15世纪左右），渐次迎来文艺复兴和文明繁盛的曙光，也迎来古腾堡印刷术创生和广泛传播的崭新复制时代。在重大的历史发展和文明跃升过程中，古代欧洲的软质出版的历史功绩不可低估。

## 第一节　古希腊、古罗马时期的软质出版

古希腊、古罗马时期的图书出版极大地促进了其文化发展。按出版载体流变，其经历了莎草纸为主时期，莎草纸与羊皮纸并存时期，羊皮纸为主时期。

### 一、莎草纸的普及

作为硬质出版向软质出版的过渡形态，尼罗河三角洲地区的莎草纸自被发明以来，一直在地中海沿岸缓慢而持续地传播。现存的莎草纸书籍中，存在古埃及语、科普特语、希腊语、拉丁语、阿拉伯语等数十种曾经使用的语言文字，证明莎草纸作为一种出版载体曾风行于地中海沿岸地区。

在古希腊柏拉图著作中，有关于柏拉图及其弟子使用莎草纸书籍进行教学和辩论的内容。由此可知，莎草纸在公元前4世纪即已成为希腊地区重要而普遍的出版载体。

古罗马时代莎草纸使用更为普遍，罗马皇家造纸厂从埃及进口莎草纸原料，进行大规模生产。生活在公元1世纪的学者老普林尼在他的《博物志》中详

细描述了当时莎草纸的制作过程及其品质。

在埃及托勒密王国的亚历山大图书馆①，存有数以十万计的图书。这些图书大多由莎纸草写成。

## 二、莎草纸的限制与新型软质出版载体羊皮纸的发明

公元前8世纪左右莎草纸传入古希腊，逐渐被普及和广泛使用。公元前3世纪前后，由于莎草纸原料供应、制作、保存、传递的局限性，"羊皮纸"在希腊、罗马地区开始尝试制作和使用，帕加马城②是中心，羊皮纸的英文单词"parchment"正源于该城名称的音译。

羊皮纸开始作为莎草纸的辅助性出版载体存在。情况的突变发生在公元前2世纪。帕加马国王和埃及托勒密国王在图书馆建设的竞赛中互不相让，帕加马国王计划使用非常手段劫走托勒密王国亚历山大图书馆的馆长阿里斯托芬尼斯。愤怒的托勒密国王宣布禁止向帕加马出口莎草纸原料，并下令将阿里斯托芬尼斯投入监狱。无奈之下，帕加马开始尝试推广使用羊皮纸。

羊皮纸刚开始造价比较昂贵，但在政府的大力倡导和政策鼓励下，羊皮和小牛皮的供应数量迅速增加，羊皮纸的制作工艺也得到极大改善，羊皮纸的价格开始降低，而莎草纸原料供应中断，加上其不能折叠、不易检索、容易损坏、容纳文字过少等缺点，至4世纪左右，经历了超过三个世纪的共存阶段，羊皮纸终于取代了莎草纸成为古希腊、古罗马地区主导性的出版载体。

## 三、文字符号的演变：腓尼基字母、希腊文、拉丁文、欧洲诸语

除了出版的物质载体发生演变之外，古希腊、古罗马时期的书写文字符号也发生过重大的变化。希腊文字源于腓尼基字母，腓尼基字母又来源于古埃及的象形文字和两河流域的楔形文字。腓尼基文字是世界上最早的字母文字，没有元音字母，只有辅音字母。

希腊人对腓尼基字母进行改造，用于转写自己的语言，他们加入完整的元音系统，使拼音文字的表意能力大大增强，降低了辅音系统带来的歧义。③

在希腊字母形成早期，腓尼基字母就跟随希腊城邦的殖民扩张传入亚平宁

---

① 亚历山大图书馆不是一座图书馆，而是亚历山大里亚城中一系列图书馆的总称，其主馆位于红海之滨，紧靠港口，是史学描述的重点对象。
② 《中外出版史》，172页。
③ [加]罗伯特·洛根：《字母表效应：拼音文字与西方文明》，何道宽译，81页，上海，复旦大学出版社，2012。

半岛，形成埃特鲁斯坎字母，埃特鲁斯坎字母又演化出古罗马时代通用的拉丁字母。在罗马帝国兴盛时期，拉丁字母发展壮大，区分出大小写。罗马帝国分裂，拉丁字母经过发展演变，逐渐分裂发展成英、德、意、法、俄、西、葡、波等欧洲国家主要的现代语言。英语属于印欧语系日耳曼语族的西日耳曼语支；德语属于印欧语系日耳曼语族的西日耳曼语支；法语属于印欧语系罗曼语族的独立语支；俄语属于印欧语系斯拉夫语族的东斯拉夫语支。这些语言追根溯源都是从拉丁语分裂、分化出来的。

### 四、古希腊、古罗马时期的出版成就

#### (一)古希腊、古罗马时期图书出版的社会背景

这时期图书出版的社会背景主要表现在：

一是识字群体扩展与大众出版良性互动；

二是思想著作兴盛与哲学出版相辅相成；

三是文化教育发达与教材出版互为因果。

#### (二)官方机构的图书编辑出版活动

埃及的亚历山大里亚城位于红海之滨，始建于公元前332年。亚历山大图书馆建于公元前259年，由历代托勒密国王推动建设，目标是要收集起全世界的书籍。为了尽可能搜集文献，托勒密国王命令过往亚历山大里亚的船只，不分国籍，必须交出所携带的书籍。这些图书由图书馆抄写员抄写完毕后返还复印本，而原本则留存图书馆以供后来人学习和研究。[1]

经过几代人持之以恒的抄写和翻译，亚历山大图书馆迅速崛起为当时西方世界中最大的图书馆，鼎盛时期号称有藏书70万册。[2] 亚历山大图书馆规模之宏大、管理之稳定，不愧为一时翘楚。[3] 亚历山大图书馆在出版历史和文化传播历史上占据重要地位，是毋庸置疑的。然而，辉煌一时的亚历山大图书馆，终究未能逃脱毁灭的命运，公元前48年，毁于恺撒远征埃及战火之中。

与图书馆相近的是博学园的设立。博学园从根本意义上讲仍是一个皇家供养的学术团体。但在多数时候，博学园的学术空气也比较自由。

---

[1] 《中外出版史》，165页。

[2] 据普利尼、李维等罗马作家的记录，莎草纸每一册的文字内容并不多，70万册书籍的量与今日之70万册书所载容量相去甚远。

[3] [埃及]穆斯塔法·阿巴迪：《亚历山大图书馆的兴衰》，臧惠娟译，64页，北京，中国对外翻译出版公司，1996。

## (三)民间的图书编辑出版活动

古希腊时期,民间的图书编辑也很盛行。在种种手工行业中,抄写员已经独立出来成为一个行当,为贵族或有钱人抄写他们想拥有的书。最初的图书可能并非为了售卖而制作,而此时的图书的传播和阅读非常兴盛,在柏拉图的《申辩篇》中记载过苏格拉底的话,阿纳克萨格拉的书,在任何地方都能花一德拉克马买到。

古希腊时期,贵族使用奴隶或雇佣抄写员抄写书籍。这些抄写员在当时拥有很高的社会地位,受过较好的教育。抄写活动一般分两种,一种是一个人对照原本抄写,另一种是一人诵读,多人同时抄写。第一种适应于只抄一本书的情况,而第二种适应于需要复制多本书的情况。同一本书籍的不同抄本会犯各不相同的拼写错误。①

古希腊时期出版行业只具备雏形。古罗马时期,出版行业的形制得到完善,出版行业十分兴旺。抄写员使用相似的书体,每行文字的数目一致,有大量的书籍在市场上流通,最早的书商、书店也已经产生。

## (四)书籍的流通与销售

古希腊时期,书籍依赖传抄流通,并形成产业雏形。

色诺芬《远征记》中就有关于殖民地图书贸易的记载,他随雇佣军途经博斯普鲁斯海峡到达色雷斯的希腊人船只被抢劫,船上的商品就是大量的书籍,它们是从希腊城邦运往其他希腊化殖民地的。

作家作品的流通,依赖书商和书店的营销。罗马共和国晚期,这样的书店已经十分普遍。到罗马帝国时期,作家的作品普遍加入到商业流通渠道中来。据小普林尼回忆:一个外省人在晚餐会上轻松地认出了他,还能背诵其作品。

书商或发行商承担图书的印刷和销售,他们会雇佣有技术的奴隶翻印图书,罗马的一些大书商,世代相传,通过出版作家们的著作获得丰厚利润。书商和作家之间的关系比较微妙。大作家与书商的关系较为友善。相反,书商对一些没有地位的作家就没那么客气。

罗马帝国的各个行省也产生了发达的出版产业。

476年,西罗马帝国灭亡,仅余政治中心在君士坦丁堡(今土耳其的伊斯坦布尔)的东罗马帝国,欧洲大陆的主体部分进入中世纪时期。这一重大历史变故也影响了出版业的历史走向。

---

① [荷]H. L. 皮纳:《古典时期的图书世界》,康慨译,64页,杭州,浙江大学出版社,2011。

## 第二节 造纸术传入前的中世纪软质出版

中世纪时期，出版发展缓慢。

476年，西罗马帝国被日耳曼人所灭。作为日耳曼民族一支的法兰克人，建立横跨西欧的法兰克王国。加洛林王朝时期注重文化教育，使欧洲地区一度呈现文化复苏的局面。查理大帝死后，法兰克王国内斗不止，在843年签订的《凡尔登条约》将国家分为西法兰克王国、中法兰克王国和东法兰克王国，以此为基础形成了现代的法兰西、意大利和德意志。

日耳曼人的另外几个分支盎格鲁人、撒克逊人、朱特人，在5世纪中叶进入大不列颠群岛，经过合并建立了7个小王国。828年，威塞克斯王国吞并了其他6个王国，一统英格兰。

罗马帝国的崩溃和基督教的昌盛改变了出版业的发展方向，也改变了欧洲文明的发展走向。从出版历史上看，中世纪时期的宗教出版兴起，世俗文化出版衰落。这个时期，是羊皮纸主导的软质出版载体的历史时期。

### 一、文字符号的发展与变化

罗马帝国衰亡后，欧洲主体由日耳曼民族的众多部族控制，他们普遍拥有民族语言而无民族文字，书面记载仍然依靠西罗马帝国留存的拉丁语。随着罗马基督教廷权威的树立和各部族文化发展，以拉丁语为基础，整个欧洲的语言文字形式出现"多川分流"的重大变化。

#### （一）从拉丁语到罗曼语族

欧洲从中世纪进入近代的标志，在文字方面表现为拉丁文的消亡和各个民族文字的拉丁化。罗马帝国崩溃后，各地遗留下来的拉丁口语经过演变，形成了罗曼语族。在罗曼语族拉丁化之后，日耳曼诸语言由原来的鲁纳字母也逐渐拉丁化。7世纪，英国采用了爱尔兰罗马字母；8世纪，德国也采用了哥特体的拉丁字母，开始了拉丁化进程。文艺复兴时期，拉丁字母开始影响到北欧、东欧的维京人和斯拉夫。

伴随着民族语言的拉丁化，处于正统地位的拉丁语本身却在消亡。

#### （二）文字复制的形式

中世纪时期的欧洲拼音文字符号系统已经采用了稳定的从左至右的书写格式。查理大帝的图尔城圣马丁隐修院院长阿尔琴创制加洛林体。而后，加洛林小写被哥特大写体取代，哥特大写体又被哥特小写体取代。意大利文艺复兴后，加洛林字体恢复使用，成为现代罗马字体的雏形。自加洛林小写开始，欧洲的拼音文字符号系统实现了单词分开，并出现了标点符号。这种改进使得文字的书写更加快捷，阅读也更加方便。中世纪晚期，手抄行业继续发展出斜体字，使书写更加流畅，其使用节约了书籍传抄耗费的时间。抄写的工具也有进步，芦苇秆笔变成翎管笔(多为鹅毛管笔)，使抄写变得轻快迅速。

## 二、新软质出版载体羊皮纸得到普及

中世纪手抄书籍载体主要是犊皮。犊皮由牛犊、绵羊或山羊皮经煺毛、清洗、刮削等工序制成。由于原材料多取自山羊或绵羊皮，也称为羊皮纸。绵羊皮纸多呈奶色或黄色调，而山羊皮纸多呈棕灰色调。制作一本书籍所要消耗的羊皮数量不菲，大约每150页手稿就要使用12张羊皮。①

羊皮纸始终没能获得如莎草纸一样的广泛传播和使用。加洛林王朝时期，国王赏赐给修道院的土地，往往要附加一项条款，即该土地上出产的犊皮需用来生产纸张。羊皮纸的大规模使用，是在莎草纸断供后被迫产生的，因此始终没能摆脱"替代品"的天然劣势。

## 三、修道院抄写制度与书籍的制作

修道院抄写在传承文明和发展出版的同时，由于其非为保存文献而只是修行方式，因此修士们常常用牛奶浸泡和石头刮擦将原有文献清除，以便反复抄写，这样也毁坏了不少古典原作。

### (一)书籍的抄写方式

在中世纪，一本合格书籍的制作，需要做好以下几项内容。第一步，校勘。校勘者必须具有渊博的学识、一丝不苟的态度，对历史上流传下来的不同版本进行比较和鉴别。第二步，羊皮纸的准备。抄写前抄写者须用刮刀刮净皮面，去除羊毛及其他杂质，将凹凸部分磨平。第三步，书籍设计。即抄写者确定开本大小，安排版面和布局。《圣经》等宗教类书籍一般使用大开本，而一般作品多用四开本。羊皮纸通常折成三折或四折，用铜板刻针或墨线画出线格。第四步，抄写。抄写者由木炭制墨，调成黑墨水，盛在兽角所制的容器里，使用鹅或其他飞鸟的翎毛制成翎管笔进行抄写。为防止火灾发生，抄写只在白天进行，室内不允许点燃人工光源。抄写前，修士们要进行祷告，然后进入抄写室，由一人朗读、其他人抄写，其中还有一位德高望重的阿尔琴进行监督。第五步，彩饰、插图和装订。从加洛林时代开始，书籍的装饰愈加繁复精致，达

---

① 毛佳鹏：《中世纪早期地中海地区书写材料的交流》，载《首都师范大学学报(社会科学版)》，2011(S1)。

到了极高的艺术水准。

### (二)书籍设计、插画与装饰

在抄写过程中，抄写员需要决定哪些位置应当添加装饰，并在羊皮纸上留下空白。他们通常会在留白旁边标注装饰内容，对构图提出意见，而装饰者本人的意见却显得不如抄写者重要。

中世纪书籍存在的目的主要是传播基督教文化，教会为向教徒宣传教义，设置了许多机构负责羊皮书的抄写和装帧，追求美感的贵族审美更促进了中世纪繁复华丽的书籍装帧艺术的发展。这些书籍使用黄金浮雕、珠宝镶嵌、象牙雕刻、字体装饰、插画装帧等各种形式。创作于800年的《林迪斯法恩福音书》封面中心镶嵌一颗菱形红色大宝石，福音书封面边框也由黄金雕刻成连续图案，同样镶嵌了宝石。《奥瑞乌斯抄本》封面则为黄金制成。

此外，羊皮书的开本大小也经历变化。《圣经》一类的宗教书籍一度流行大开本，多为教堂自用。自大学开办、世俗文化恢复，作为商品流通的羊皮书开本逐渐缩小，以满足携带的需求，并降低造价。

## 四、造纸术传入前中世纪软质出版的成就

### (一)宗教出版的盛行

随着教会势力的扩张及基督教文化的兴起，中世纪的百姓无缘再接受非宗教的古典文化，羊皮手抄本的誊抄、制作、阅读与收藏等一系列活动只在宗教机构里得以延续，古希腊、古罗马时期繁荣的民间出版业被摧残殆尽。在外族入侵、帝国崩溃的年代，星星点点的修道院也一定程度上成为文化的避难所。

从5—6世纪的意大利苦行修士圣本笃开始，修道士修炼的功课中出现了规定的抄写任务和规范的抄写流程。圣本笃在修道院内设立了抄写室，建立了宗教书籍抄写和翻译的制度，使出版成为宗教机构又一种固定的专职。7世纪时，这种出版行为已经扩展到欧洲的其他地区。教堂开始大量抄写和收藏图书，并建立借阅制度，为后世的图书管理提供借鉴。在传抄过程中，许多严格的出版流程被保留下来，这对现代出版业规则的制定有很好的借鉴意义。

### (二)软质出版渐多的图书馆藏书体系

古罗马帝国崩溃后，曾经规模宏大的图书馆逐渐衰败，收藏的图书凋零殆尽。此时，只有一些修道院拥有图书馆和数量十分有限的图书。据估计，一般修道院的藏书量在200~300册，德国有名的赖赫瑙修道院图书馆只有413册书。历史最悠久的意大利的博比奥修道院图书馆，苦心孤诣收藏图书三个世纪，才拥有大约650册藏书。

宗教出版和藏书体系在中国和欧洲文化的发展史上都起到了很重要的作

用。但中世纪的宗教出版往往将异教徒的著作弃之不用或干脆毁坏，也造成大量古代优秀文献的灭失。①

**(三) 世俗文学的软质出版物**

西罗马帝国灭亡后，拉丁文学几乎凋零殆尽，加之宗教的钳制，世俗文学长期处在停滞状态。随着社会经济的逐步恢复，各民族语言的丰富和拉丁化，领主、贵族、骑士等阶层精神气质的形成，欧洲大部分地区再次产生了风格迥异于前的世俗文学。② 这些文学作品通过修道院学者和城市中的抄写员得以出版，成为中世纪世俗出版为数不多的代表作品。③《罗兰之歌》《尼伯龙根之歌》《熙德之歌》《破晓歌》等英雄史诗、骑士文学，通过游吟诗人、修道院抄写员等传播开来，世俗出版恢复活力，持续影响后世文学创作。

随着中国造纸术和印刷术的到来，欧洲即将迎来文化和文明的快速发展时期，北欧、东欧等文明荒地，也将迎来文明普照的曙光。

## 第三节　造纸术传入后的欧洲软质出版

起源于中国的造纸术，以战争、商贸等跨文化方式，不断向西传播，最终在 11 世纪后期到达欧洲。植物纤维纸改变了欧洲知识生产与传播的方式，与之后的古腾堡印刷术相结合，极大地推动了欧洲的文化和知识的普及，最终开出灿烂的"文明之花"。

### 一、造纸术的传入和改良与文字符号系统的成熟

**(一) 造纸术的传入和改良**

1. 造纸术的传入与普及

11 世纪后期，一种新型的书写材料——植物纤维纸及其制造技术经过北非和西亚等地的商贸路线从中东和非洲地区传入意大利。在纸张西传的过程中，阿拉伯人扮演着重要角色。751 年，唐代将领高仙芝率领的军队被大食将军沙利的军队在怛罗斯打败后，唐军中部分造纸工匠被俘到阿拉伯，从而使得造纸术传入阿拉伯地区。

12 世纪初，处于阿拉伯政权统治下的西班牙沙提发城出现了欧洲第一座造

---

① 舒天：《基督教与中世纪的西方文学发展》，载《国外文学》，1993(3)。
② 同上。
③ [英] 菲利普·沃尔夫：《欧洲的觉醒》，郑守健、顾犇译，195 页，北京，商务印书馆，2011。

纸厂。

13 世纪晚期，西欧法国、意大利等地开始大量使用植物纤维纸。

14 世纪中期，意大利的造纸业全面兴盛，成为欧洲纸张生产中心。伦巴第造纸商积极活跃，伦巴第纸也成为欧洲软质出版史上一座高峰。

15 世纪，植物纤维纸及其制造技术传入东欧。

1567 年，莫斯科郊区卡尼诺才建起第一座造纸厂，实现了俄罗斯软质出版载体的突破。

从东西方的造纸术传播路径中，我们可以看到造纸术与古代世界经济发展有着密切的关系。从出版史与经济史的关系中，我们可以看到造纸业中心就像一只"候鸟"，总是栖息在经济繁荣地区。

2. 造纸术的改良

8 世纪后期，阿拉伯人通过战争和贸易等交锋和交流方式，将中国的造纸术引入中东地区。遗憾的是，阿拉伯人学到的造纸术只是当时中国北方的麻纸技术，并没有掌握中国南方先进的皮纸和竹纸技术。12 世纪中期，意大利工匠在原有的阿拉伯造纸技术基础之上，进行了工艺改良，开始在纸浆里加入动物胶，改善了纸浆黏着度，提高了纸张的品质。

**(二) 欧洲文字符号系统的成熟**

伴随着出版活动的延续与发展，欧洲的文字符号系统也随之走向成熟。欧洲地区原有的希腊语和拉丁语逐渐让位于各民族语言。建立在拉丁语基础之上的欧洲各民族语言的发展，使得拉丁语逐渐没落，进而退出口头语言和书面文字的舞台。伴随着欧洲印刷术革命，英语、法语、德语、意大利语、俄语等欧洲各种通用的出版文字符号系统最终得以成熟完善。中国较为单一的出版符号使得中国的出版文化传承性较强，创新性略显不足。而西方较为丰富的出版符号虽然在传承性方面不及中国，但是显示出较高的创新性。

## 二、欧洲软质出版载体与木版印刷技术的结合

14 世纪中叶，植物纤维纸已遍布欧洲各地。15 世纪初，纸张已经成为欧洲出版业的主要出版载体。纸张表面平坦、柔软的特性，使得大规模图像复制活动成为可能。这种技术起源于中国，最初是应用于布面压印，后逐渐拓展至纸张，并且从图画转向文字，开启了欧洲木版印刷的先河。

木版画出现早于木版文字印刷是可以理解的。前者是大众的需求，而后者仅仅是一小部分神职人员和学者的兴趣。所以，古代出版史上先有印刷图、后有印刷文，是一个合理且自然的顺序。

从木版画到纸牌、纸币，再到历书，显示出印刷的图像转向文字。木版印

刷作为欧洲从"抄写时代"向"印刷时代"转化的过渡阶段，与古腾堡的金属活字印刷之间的关系一直是学界讨论的热点话题。木版印刷经历了从雕版向活字的转变历程。木活字作为欧洲最早的印刷活字形态，启迪了古腾堡。

木版印刷在中外出版史上都起到了承上启下的作用。

### 三、软质图书形制与出版检查制度

**(一)图书样态**

在古腾堡改进欧洲金属活字印刷之前，欧洲出现了零星的木版印刷出版物，对于整体的出版业影响不大。当时，欧洲的出版业还是以手抄本为主要形态。手抄本为后世的印刷书留下了大笔的遗产，主要表现为字体、书封、开本、插图、装帧等图书形态。手抄本时代的书封大多装饰精美，一般采用皮革作为底面，镶嵌金银等贵重材料。早期的印刷书大多也是请画家进行专门装饰，书内插图仍被保留。便于携带的小开本书籍逐渐替代了原来修道院式的大开本书籍。

**(二)出版检查制度**

中世纪，宗教组织和各国政府都推行严格的出版检查制度，竭力阻止异端邪说扩散。一是撰写并更新禁书目录；二是实施事前批准与事后审查相结合的制度；三是组建相关的出版检查委员会。

但是中世纪的出版审查制度并没有真正阻碍新思想及承载新思想的"禁书"的传播与推广，反而促使许多手抄本乃至后期的印刷本转向地下生产与交易，催生出一批带有地下色彩的书籍产业。

### 四、造纸术传入后的欧洲出版组织与软质出版成就

11世纪，随着造纸术的传入和出版物的增加，原有的修道院制度逐渐走向没落，新兴的大学逐渐成为知识生产和出版传播的中心。

**(一)大学的兴起与大学出版**

欧洲中世纪大学极大地促进了知识的繁荣和出版的发展。新兴的大学没有太多的历史包袱，对于纸张的接受程度也要高于修道院。修道院逐渐沦为文化的荒漠地带。

印刷术传入欧洲之前，大学的图书馆十分简陋，如1395年巴黎大学教师的藏书仅有9本，甚至于在1371年当法国国王向该校借书来抄时，都要付一

笔巨额押金。①

欧洲早期大学的出版业相比于修道院而言，是一种世俗性的民间出版业。从一开始，大学便显示出与修道院完全不同的价值取向。1488 年，巴黎大学教会登记的教辅人员中，出现了 24 位指定书商、4 位羊皮纸书商、7 位造纸商、2 位装饰画师、2 位装订商人和 2 名作家。② 以上可见大学出版与大学发展关系密切。同一时期的中国出版业主要有官刻、坊刻、私刻、院刻和寺刻五大刻书系统，与欧洲大学功能相似的书院也是其中一种刻书系统。

大学出版与大学教育良性互动，一方面促使欧洲出版业的进步，另一方面也推动大学的发展壮大。这些因素都极大地促进了欧洲文艺复兴的早日到来。

**(二) 文艺复兴前后的软质出版成就**

文艺复兴作为欧洲历史乃至人类历史的划时代事件，也是出版史上的重要事件。对于文艺复兴前后的出版成就的梳理，我们可以发现出版业的变革对于人类文化发展特别是欧洲文艺复兴有着不可磨灭的推动作用。

文艺复兴之前的出版成就主要集中于修道院。文艺复兴时期，一批具有人文主义色彩的作家如彼得拉克、薄伽丘等人，一方面将收集来的古希腊、古罗马时代的经典作品进行翻译，整理汇编后集中出版；另一方面他们还进行模仿创作，涌现出一大批诸如《神曲》《十日谈》等经典著作。随着这些著作的出版，文艺复兴思想广泛传播。

作者与出版商之间的关系一直是出版史上重要的关系。文艺复兴前期，作者和书商之间的关系不甚密切。文艺复兴中后期，是作者与出版商建立关系的重要时期。经过文艺复兴时期的磨合，在印刷时代的欧洲出现了专门为出版商创作的商品文学，同时也建立了相应的出版签约制度。这是软质出版取得成就的重要方面——制度成就。

文艺复兴时期的欧洲出版业和中国明代中后期的出版业具有很多相似的特点：一是民间出版业的发展壮大；二是出版审查制度呈现从严格到松弛，再从松弛到严格的转变过程；三是出版内容的多元化；四是出版技术的不断创新改良。这些都反映出人类出版活动的巨大变革。

中国的出版印刷业在明清之际总体发展较为缓慢。相比之下，欧洲的出版业在文艺复兴之后虽然经历了一些波折，但始终不断向前发展，在纸张制作、印刷、出版流程等方面积累了不少的宝贵经验。这些终于在几个世纪后回馈中国，并在中国痛苦而深刻的近代化转型中扮演重要角色。

---

① 宋文红：《中世纪大学教材的发展及其特征》，载《现代大学教育》，2007(2)。
② 《中外出版史》，186 页。

# 第九章　近现代欧洲的软质出版

出版作为一项文化传播活动，在世界范围内产生和发展，已经有了数千年的历史。近代出版史的开篇，是以15世纪中叶欧洲古腾堡的机铅活字技术的发明和运用为标志的。出版史在欧洲大陆翻开了崭新的一页，人类从此开始迈入机械铅活字印刷新时代。此时，欧洲已全面使用中国的植物纤维纸取代羊皮纸。从羽毛笔到铅活字，从抄书人到印刷机，从小作坊生产到大规模的机械印刷，欧洲的出版业凭借新的印刷技术不断发展与扩大。《古腾堡圣经》《纽伦堡编年史》是早期摇篮本印本图书。工业革命使得出版业在生产技术上实现了机械化大生产。欧洲最早迈入现代出版新阶段。

## 第一节　新印刷术的发明与使用

在漫长的中世纪，欧洲的出版业一直处于手抄复制阶段。因受到教会的严格控制，出版业实质上并未得到较大的发展。到了15世纪中叶，古腾堡新的活字印刷技术的发明和使用标志着欧洲近代出版业的诞生。

### 一、古腾堡机械铅活字印刷术的出现

#### (一)现代出版技术的奠基人：古腾堡

古腾堡全名约翰内斯·古滕贝格·拉登·古腾堡（约1397—1468年），德国发明家，被公认为是近代机械金属活字印刷技术的开拓者与奠基人。

古腾堡大约在1397年出生在德国美因茨的一个贵族家庭。1448年古腾堡就基本研制出金属活字铸造和印刷技术。1455年左右，他成功地运用现代金属活字印刷技术印出了《圣经》。由于印出的《圣经》每页几乎都是42行，故称为《四十二行圣经》。就在《圣经》的印刷马上就要完工的时候，古腾堡向福斯特的借款合同到期，为了还债，古腾堡连活字字模和印刷厂的设备也都拿去抵债了。最后福斯特完成了《圣经》的出版，也因此获取了巨额的利润。1465年，美因茨的大主教为了奖励古腾堡在印刷技术创新方面所做的贡献，给了他一笔养老金用来维系其晚年生活。1468年古腾堡在家乡逝世，葬于美因茨的弗朗西斯科教堂。

古腾堡活字印刷技术是否受到中国活字印刷技术的影响，目前学术界还没有较为一致的看法。但中国的活字印刷术和活字印刷思想对古腾堡有所启迪，这个判断应该是可以成立的。古腾堡开启了一个新的历史纪元。从此人类开始迈入近现代印刷时代。古腾堡是当之无愧的"近代印刷业之父"。

### (二)古腾堡的活字印刷技术

古腾堡创造了一套新的印刷系统。

古腾堡首先采用了木活字，但制作小号的字母木活字又十分困难，加之字块太小容易导致强度不够，所以古登堡改用了强度大的金属材料去做活字。人们在坚硬的金属块上面镌刻向外凸的字母，一个金属块上只有一个字母；然后将这个金属压在一个相对较软的金属模块上，这样就形成了一个凹字；再将凹字字模放在铸造机中，把铅、锡等金属合金溶液浇铸在上面。这样就能保证所有的字母标准化，制造出完全相同的字母。这项技术使人们能够系列地制造规格化的活字。

为了应用发明出的这项新印刷技术，古腾堡从葡萄酒压榨机器上获取了灵感，发明了手摇印刷机。古腾堡还制造出了新的油墨。新制成的油墨很好地和新式印刷机配合起来使用，使印刷出来的图书字迹更清晰、质量更好。

古腾堡对印刷业的进步做出了创造性的贡献。这些发明创造结合在一起，形成了一套高效的新式印刷系统。

活字印刷术最早源自中国。早在11世纪，北宋的毕昇就研制出胶泥活字印刷术，但现代的活字印刷技术却是由欧洲回传中国的。"古腾堡本人因为在活字、印刷机械化生产技术、油墨上的杰出发明，被尊为现代印刷之父，人们认为正是他的发明让印刷史一下子就跨越了500年。"[①]

## 二、印刷术的传播与应用

尽管新的印刷技术还存在缺点，但作为一门先进的技术在不断改良后，开始走上快速和广泛传播之路。1462年，美因茨遭到拿索的阿道夫·德·纳索占领并掠夺。这座城市惨遭战火蹂躏，位于市区的福斯特印刷厂被烧毁，印刷工人纷纷逃亡到欧洲中部。印刷技术很快在日耳曼各地区传播开来。"1465年起，德国各地科隆(1466年)、巴塞尔(1468年)、奥格斯堡(1468年)、纽伦堡(1470年)、施派尔(1471年)、乌尔姆(1473年)、吕贝克(1475年)等都陆续开设了印

---

① 苏新平：《版画技法(上)》，103页，北京，北京大学出版社，2008。

刷所。到 1480 年，共有 30 个左右的城镇开设了印刷所。"①

**(一)意大利**

在欧洲，意大利是德国之外最早传入近代活字印刷技术的国家。近代印刷业虽然诞生于 15 世纪的德国，但却在人文主义盛行的意大利走向成熟。1465 年，德国本笃会请来了美因茨的孔拉德·斯文海姆和科隆教区的阿诺德·帕纳兹，他们来到了罗马的邻近城市苏比亚科，在修道院内安置了第一台印刷机，由此意大利开始了印刷出版。1466 年罗马出现了印刷厂。1469 年威尼斯也出现了印刷厂。后来，佛罗伦萨、米兰等地也都相继有了印刷厂。阿尔杜斯·马努提乌斯是威尼斯最著名的印刷出版家。

**(二)法国**

法国国王查理七世(1403—1461 年)听说古腾堡研究成功金属活字印刷术后，早在 1458 年就派遣铸币师尼古拉·詹森(1420—1480 年)前往德国美因茨学习这项新技术。铸币师尼古拉·詹森学成返国时，查理七世已经退位，其子路易十一世(1461—1483 年)夺取王位后，他对这种新技术并不感兴趣，铸币师尼古拉·詹森一怒之下离开故国。铸币师尼古拉·詹森的离开使法国近代印刷业的出现推迟了若干年。直到 1479 年，古腾堡的印刷技术才终于传入法国。1500 年后，法国涌现一批杰出的出版印刷商，其中有若斯·巴德、乔弗鲁瓦·托勒及五代从事出版业的埃蒂安纳家族(1502—1674 年)。16 世纪中叶，巴黎的印刷所约有 71 个。②

**(三)英国**

相比欧洲大陆，印刷技术传入英国的时间相对较晚。英国引入印刷技术的关键人物是印刷商威廉·卡克斯顿，他在书商兼印刷商约翰·维尔德帮助下于布鲁日创办了印刷厂。1472—1473 年他出版了第一部英文版书籍《特洛伊史回顾》。1476 年，卡克斯顿在伦敦的邻城威斯敏斯特建立了第一家英国印刷所，这标志着英国印刷出版业的诞生。到了 16 世纪初，英国发展成为欧洲图书贸易大市场。

**(四)其他国家**

"德国的东邻波兰，1474 年在克拉科夫(Cracow)开设了第一家印刷所。北欧丹麦最早印刷厂是斯内尔(Snell)在欧登塞(Odense)城于 1482 年建立的。葡

---

① 项翔：《近代西欧印刷媒介研究——从古腾堡到启蒙运动》，53 页，上海，华东师范大学出版社，2001。

② 刘明翰：《外国历史常识：中世纪部分》，302 页，北京，中国青年出版社，1982。

萄牙的印刷厂是托雷达纳(Toledana)于1489年在里斯本建立的。"①

直到1522年，俄国的第一个印刷厂才出现在莫斯科，到了1564年，莫斯科的印刷厂才印刷发行了第一本印制书籍，这足足比西欧晚了一个世纪。到了17世纪以后，圣彼得堡慢慢发展成为俄国的印刷出版中心。

### 三、欧洲出版业的革新与发展

在古腾堡逝世后，尽管印刷技术有一些改进，直到工业革命前，实质上都没有太大的创新。可圈可点的事件有16世纪末阿姆斯特丹出现的"每小时可印250张之印刷能力"②的"荷兰印刷机"发明，及稍后的"哈斯印刷机"发明。到19世纪，在工业革命的浪潮席卷之下，欧洲出版业发生了一系列翻天覆地的变革。

#### (一)造纸术进步促进出版跨越发展

技术革命对印刷行业的冲击，首先带来最大影响的就是造纸行业。欧洲经阿拉伯人学习到中国造纸术后，纸张的制作一直都是通过手工来完成的，纸张在一本书的成本费用中大约占到20%。1798年，法国的尼古拉斯·路易斯·罗伯特发明了用机器造纸的方法，即长网造纸机；1803年，伦敦富德林那兄弟发明高效造纸机，现代造纸生产从此进入机械化时代。继印刷术之后，中国的另一大发明——造纸术开始被西方人超越。1844年，加拿大诗人查尔·斯费纳蒂发明了木浆造纸技术。纸张生产成本大幅下降，使得印刷品生产成本不断降低，大大推动了印刷品的普及。

#### (二)机械印刷技术推动出版转型升级

19世纪初，德国印刷工人康尼格来到伦敦，经过潜心研究，发明蒸汽印刷机，将手工动力改为蒸汽动力，将人工上油墨改为滚筒自动上油墨。1811年4月，康尼格用蒸汽印刷机印刷的第一个样本是有3000多页的《年度注册目录》，印刷速度从每小时250页提升到400页，创造了当时世界印刷速度的最高纪录。1814年11月，《泰晤士报》改用蒸汽机印刷，每小时可印1100张。1815年，威廉·考柏又对印刷技术进行革新，印刷速度达到每小时4000张双面印张。1850年，《泰晤士报》的印刷数量从18世纪晚期的每天1500份激增到每天38000份，成为世界第一大报。

机械印刷技术推动出版在世界范围内的转型升级。

---

① 项翔：《近代西欧印刷媒介研究——从古腾堡到启蒙运动》，6页，上海，华东师范大学出版社，2001。

② 林启昌：《印刷文化史》，135页，香港，东亚出版社，1971。

## 第二节　近现代欧洲的软质出版业

19世纪以前,欧洲出版业的生产方式在技术层面上其实没有实质性的变化,但随着图书出版业的不断发展,出版业的组织形式逐渐完善,开始向现代出版形式转变。

### 一、不断发展的图书出版业

#### (一)出版业发展的社会文化环境

1. 文艺复兴与宗教改革运动的兴起

14—17世纪,欧洲经历了文艺复兴和宗教改革运动,开启了欧洲历史的新纪元。应该看到出版印刷业对其重大的推动作用,借助出版印刷技术的发展,文艺复兴、宗教改革中很多思想家的先进观点也得到了广泛传播。[1] 而文艺复兴和宗教改革需要印刷大量的启蒙著作、通俗读物和新宗教作品,这又为新兴的印刷业提供了广阔的市场。

2. 启蒙运动与理性思想的传播

尽管当时出版业受到欧洲各国审查制度的严厉打击,很多图书遭到查封和销毁,但欧洲的出版业还是在艰难的环境中获得了新的发展。阅读已经成为当时社会各阶层一种新的生活方式和风尚。加上识字的群众越来越多,社会对图书、杂志和报纸等出版物的需求也在不断增多。出版物成为传播科学思想和理性主义的重要工具和主要载体。茶余饭后阅读报刊也已经成为人们的生活习惯。

3. 工业革命与近代软质出版的良性互动

欧洲工业革命与近代软质出版是良性互动的。工业革命首先是一场技术革命。新的造纸技术和印刷技术,极大地提高了印刷速度和效率。排版、装帧、插画等平面设计在书籍中得到了更好的运用,印刷品的质量在不断提升,更好地满足广大民众的需求。工业革命推动城市的规模和人口不断扩大。阅读的人群迅速扩大,软质出版市场更为广阔。交通运输方便,使得图书等印刷品能够更方便到达读者的手中,有利于形成高效的图书发行体系。

#### (二)图书出版市场的扩大

最初的书籍贸易没有形成独立的发行体系,而多依附于已经建立的普通商

---

[1] [荷]彼得·李伯庚:《欧洲文化史(上)》,赵复三译,282页,上海,上海社会科学院出版社,2004。

品的市场和集市。15世纪后期，里昂、斯特拉斯堡、巴塞尔、莱比锡、法兰克福等发展成为重要的图书集市。法兰克福图书博览会延续至今，每年10月举行的"法兰克福书展"已经成为世界上规模最大的书展。

**（三）出版业组织形式的变化**

1. 以印刷商为中心的出版业

古腾堡活字印刷术发明以后，让所有人看到了新技术彰显出的强大优势，特别是造纸术的引进和本土化，为欧洲新的印刷技术找到绝配的软质出版载体。相比手抄书籍，印刷书籍具备复制快、价格低、便于传播等许多优势。印刷商看到有利可图的市场，纷纷利用资金开办印刷厂。早期，图书出版流程都在印刷商的主导下完成。

2. 书商成为出版业核心

17世纪，印刷技术的普及使得进入出版业的技术门槛降低，越来越多的人才和资本开始进入到出版行业，这时印刷商已经开始丧失最初的资本和技术优势。17世纪下半叶，书商通过对版权的经营来完成出版活动已经成为主流，书商在当时往往还承担当今出版商的主要工作。

3. 专业出版商初步出现

18世纪，市场竞争更加激烈，印刷商和书商们开始越来越关注消费者，他们积极引导公众的阅读兴趣，开发新的题材，编辑的工作开始得到重视。图书选题、图书内容精练和设计细节等编辑环节举足轻重。可以说这些印刷商和书商是世界首批具有现代意义的专业出版商。

4. 出现专业图书出版社

工业革命后，图书出版业发展到一个新的高度。面对竞争日益激烈的出版环境，一些出版社逐步发展成为专业图书出版社，其中比较著名的有：布罗克豪斯出版公司成为专业工具书出版社，德国的施普林格出版公司成为专业的学术图书出版社。

## 二、软质图书形制的变化

**（一）图书样式发展变化**

1. 开本的变化与发展

印刷软质图书时首先需要考虑的一个重要问题就是图书的大小，即图书的开本。早期的印刷图书开本很大。文艺复兴时期，人文思想的传播加速了图书的流通，民众开始喜欢短小、秀丽、实用性强的图书，商人们考虑到携运方便和价格等因素，往往会印刷小开本，8开、12开、16开，甚至偶尔也会出现

24开。小开本图书逐渐成为大宗。

2. 封面从无到有再到精

开始的印刷书籍没有封面和书名，不翻阅正文是无法知道其中内容的。1475—1478年，图书封面才出现。封面上内容是对图书的简要介绍，有时会加上书商、印刷者及印刷地点等信息。框饰和插图也开始出现在封面中了。15世纪末，封面的装饰开始流行，边框雕版的风尚迅速传开。

3. 书籍插图及其影响

欧洲的图书插图最早是在宗教读物中出现的。很多传教士的经书中就有大量的手绘插图。后来，人们将木刻的图版与活字同时放到印刷版内，一次性印刷好图文。再后来，一些画作也作为书籍插图。这对后世的图书装帧和绘画艺术有着深远的影响。

(二) 软质图书装帧的探索

由于当时书籍的销售量有限，加上当时书籍的运费又高，经常把散装的书页装箱，买到图书的读者根据自己的喜好再去委托专业的装帧家将其装帧成一本完整的书，这一习惯保持了很长的历史。16世纪20年代后，图书的装帧和形式有了改变。19世纪，为了适应大规模的机械生产，出版商不再选用旧式的封皮，而是把简单的封面、封底缝贴在书本上。19世纪以莫里斯（1834—1896年）为代表的一批设计师非常钟情书籍的装帧技术。图书装订有精装与平装的区分。

## 三、处在高压管控下的出版业

(一) 教会对异端出版的审查

在印刷术出现的最初时间，教会完全有理由欢迎新兴的印刷业。《圣经》、祈祷书、弥撒书、基督教文学作品，纷纷从欧洲各地早期的印刷厂中印出。随着书籍销量增大，为了防止异端宗教思想的传播，教会开始对印刷书籍进行审查。1559年保罗四世统治下的罗马宗教裁判所发布《禁书书目》，罗列了上千种禁书。许多作品都在被禁之列。许多印刷商遭受宗教法庭的迫害，有的被处以火刑。

(二) 英国对出版严厉的管控

英国的亨利八世同罗马教皇决裂后，实行政教合一。约在1525年，他颁布公告禁止异教或煽动性图书。1538年，他更是变本加厉要求：禁止或避免用英文印刷错误及异端的观点。1637年，"星法院"公布了最严厉的法令，制定了详细的申请执照程序，规定印刷商的总数不得超过20家，并对违抗者进行严惩。

1643年，英国国会颁布《出版管制法》，规定任何书籍必须经过出版检察官的审阅批准，否则不能出版和发行。正是这项法令促进英国诗人弥尔顿写下著名的《论出版自由》，逐项驳斥建立审查制度的荒谬性。

### (三) 法国有严密的图书监管体系

在欧洲大陆，法国由于国内封建势力非常强大，出版业是最早受到国家严格控制的。从1470年，印刷技术传入法国之后，巴黎的神学院就担负起了检查的职责。1639年，法国国王路易十三和大臣黎塞留在罗浮宫创办了皇家印书馆，以确保印刷行业在自己监管下运行。1701年，法国设立书业管理局，对图书出版予以严格审查。资产阶级取得政权后，虽然颁布了明确的法令宣布出版自由，但图书审查制度却依旧被保留下来。

### (四) 俄国的出版检查制度废除较晚

19世纪中叶，欧洲很多国家开始废除出版检查制度，俄国却相反，将出版检查制度发展到顶点。很多规定比当年教皇禁书还更加严格，如烹饪书中不允许讲炉灶的通风，因为它暗示革命；不能提大作家果戈理的名字；大作家托尔斯泰的《复活》经过了500多次修订才得以出版。1825—1855年是沙皇尼古拉一世在位的30年，俄国的检查制度最为黑暗。

英国(1679年)、瑞典(1766年)、丹麦(1770年)、法国(1789年)先后废除了出版审查制度。1966年梵蒂冈最终废止出版审查制度。

出版审查制度的废除，绝不意味着对出版业没有任何限制。实际上，直至今日，各国政府因宗教、政治、道德、战时等各种原因，都在不同时期对出版业施加或多或少的限制。出版业自身所带有的文化属性，就必然决定了其需要受到政府的管理，只是希望这种管理不要过于压制言论自由与思想的表达。科学的管理是为了出版业更加有序化和规范化，从而更好地发挥自身的职能，去传播与保存人类的更多先进思想与文化。

## 第三节　近现代的欧洲软质出版成就

欧洲大陆是近代出版业的发源地，正是在这片土地上，人类的出版活动不断扩大，出版业得以飞速成长，最终发展成为现代社会中支柱性的文化产业。欧洲出版业对软质出版的新探索和取得的新成就，也可以为当下中国出版业的发展提供一些有益的借鉴。

## 一、繁荣的图书出版业

### (一)近代图书批量生产的开始

西方目录学家把 15 世纪 50 年代至 15 世纪末欧洲活字印刷的文献称为"摇篮本",这是西方印刷书籍发展的早期阶段。"摇篮本"时期,最具代表性的图书就是《古腾堡圣经》《纽伦堡编年史》,它们代表了当时软质印刷图书的最高成就。

#### 1.《古腾堡圣经》

1455 年左右,古腾堡用金属活字印制了世界上最著名的印刷书,即《古腾堡圣经》。《古腾堡圣经》全书共有 1282 页,其中除了 1—10 页和 257—264 页,其余的页数全都是 42 行,又称为《四十二行圣经》。135 本采用的是意大利制造的碎布优质纸,剩下的 45 本则是牛皮纸制成。"没有装订也没有修饰的印本,当时售价 20 古尔登①,相当于普通手抄本《圣经》的价格,也大致相当于一个熟练的作坊师傅一年的收入。装饰完善的牛皮纸本售价 100 古尔登,等于一座坚固的位于市中心的房屋的价格。"②《古腾堡圣经》的出版开辟了欧洲近现代软质出版的新纪元。

#### 2.《纽伦堡编年史》

《纽伦堡编年史》以《圣经》为基础来讲述人类发展的历史,即创世之初直至 1493 年的世界历史。编著者哈特曼·舍德尔(1440—1514 年),纽伦堡人,1466 年获得博士学位,1493 年 7 月 12 日《纽伦堡编年史》在纽伦堡问世,语言为拉丁语,由安东·科贝格印刷厂制成。该书估计出版了约 1400—1500 本拉丁语版本及 700—1000 本德语版本。③ 它不仅是"摇篮本"最完善的图书之一,而且是最早出色地将图文混排的书籍之一。

### (二)畅销书的出现与流行

#### 1. 源于商业活动的《百科全书》

1727 年,英国人 E. 柴慕贝尔斯在伦敦出版了一部《科技百科全书》,引起人们广泛关注。巴黎出版商勒·布雷东想将英文《科技百科全书》翻译成法文,邀请学识渊博却生活困顿的狄德罗主持。翻译过程中,狄德罗发现该书缺乏系统性、逻辑性、条理性,还充斥着束缚人性的宗教思想,于是决定重组编辑团

---

① 古尔登,德意志金币名,通行于 14—18 世纪。
② 刘新利:《古腾堡圣经》,载《世界宗教文化》,2001(1)。
③ 徐亚娟:《简话外文善本馆藏之〈纽伦堡编年史〉》,文津流觞(32)。http://www.doc88.com/p-8992915610706.html。

队,编纂全新的《百科全书》。达朗贝尔、孟德斯鸠、伏尔泰、卢梭等积极献力。新《百科全书》不但系统总结了此前人类在各领域取得的最新成果,由于很多作者都是启蒙运动思想家,其内容还有强烈的反宗教和反封建色彩。从1751年至1772年持续了21年,共出版了28卷后又由出版商组织编了7卷"补遗"和"索引"。1780年全书再版时共35卷。《百科全书》编纂出版,将法国启蒙思想运动推向高潮。它的出版,为现代百科全书奠定了基础。

2. 消遣娱乐的通俗读物

18世纪的出版市场,通俗的小说是满足中下层民众阅读需求的最好文学形式。"《帕美拉》在一年之内共出了5版,才勉强满足了当时读者的需求;《约瑟夫·安德鲁斯》在13个月里共销售了6500册;《阿美丽亚》第一版5000册,在一个星期之内销售一空。"[①]小说的地位也最终获得了社会的广泛认可。

《大不列颠诗人全集》每卷的售价只有16便士,《莎士比亚全集》每卷1先令6便士。很多经典的小说不断被重印,像笛福的《鲁滨孙漂流记》、斯威夫特的《格列佛游记》等,长期获得大众欢迎。

**(三)历史悠久的出版机构**

在欧洲,最有名的出版集团就是德国的贝塔斯曼集团,有180多年的历史。1835年,印刷商卡尔·贝塔斯曼(1791—1850年),在德国小镇居特斯洛创建了这家以本人名字命名的出版社。经过几代人的努力,经营规模越来越大。尤其是第四代海因里希·摩恩(1885—1955年)贡献卓越。贝塔斯曼现将业务伸向更为广阔的传媒市场,已成为欧洲最大的传媒集团。

剑桥大学出版社,1534年成立,是世界上历史最悠久的出版社之一,出版过弥尔顿的《利西达斯》(1638年)、牛顿的《数学原理》(第二版,1713年)、摩尔的《伦理学原理》(1903年)等名作。

此外,牛津大学出版社、德国斯普林格出版社也极负盛名。

## 二、近现代成长成熟的软质图书发行业

在图书出版业刚刚兴起的时候,当时由于还没形成较为完善的图书发行体系,所以早期的图书发行和销售主要依靠一些大型的集市和书市,但随着图书业的发展,现代出版业的发行体系也在不断发展完善。

**(一)图书批发商出现**

如何让出版的图书尽快销售,图书的发行就成了一个重要环节。18世纪末,英国出现了专门作为中间商的图书批发商,他们是图书流通渠道中重要的

---

① 李斌:《18世纪英国民众阅读的兴起》,载《历史教学》,2004(7)。

一环。图书批发商就是在出版商和零售商之间联系的桥梁和纽带,这个角色在后来的出版业中极为重要。

**(二)图书俱乐部的销售模式**

图书批发发行体制逐渐确立后,到 19 世纪末,欧洲又出现了图书俱乐部。它是一种新的图书发行渠道,是为会员读者购书及其他文化活动而搭建的平台,对 20 世纪的图书出版业产生了重要的影响。图书俱乐部是经营者让读者以会员身份入会,向会员提供较为优惠的图书零售服务等。1900 年瑞士兴起的合作运动是现代图书俱乐部的雏形。20 世纪 20 年代图书俱乐部出现在德国,1933 年会员总人数发展到 80 万。贝塔斯曼集团就是依靠图书俱乐部起家并发展壮大的。

**(三)超级连锁书店**

现代的超级连锁书店是在 20 世纪 80 年代才发展起来的,指在连锁书店中形成超大规模的中心书店,这是连锁书店发展的最新形式。英国主要的超级连锁书店有 W.H. 史密斯、瓦特斯通、迪龙和奥塔卡等。德国的有胡根都博、沃尔特比德、鲍里瓦德等。超级连锁书店采取的是多元化的经营,除经营图书外,还经营音像、乐器、文具等文化用品,甚至还有咖啡厅、饮料店、面包屋等生活服务场所。超级连锁书店已经不是单纯的图书卖场,而是市民文化服务平台。

## 三、欧洲软质出版的新探索

近几十年,以图书、报纸和杂志为代表的纸质出版物受到了互联网技术带来的巨大冲击,虚拟出版物使得纸质图书出版业面临严重威胁。为了应对传统出版物发展困境,欧洲的出版业开始了新的探索。

**(一)努力拓宽海外市场**

在欧洲,法国是出版强国。据统计,法国图书业 2012 年的产值约为 30 亿欧元,成为法国第一大文化产业。在法国,图书的对外出口为图书出版业获得了较大的利润,努力拓宽海外图书市场,也许能够为法国软质出版业的发展开拓新的领域。拓展行动包括:一是定期邀请外国作家到本国介绍其作品;二是每年支持 60 名本土作家到国外进行考察和创作;三是设立阿朗贝尔基金,以促进不同思想的交融。[①]

**(二)专业科学的定位**

欧洲大部分国家的图书出版业都市场化运作。在英国,除了牛津大学和剑

---

① 雷霏:《法国图书出版业国际推广策略分析》,载《编辑之友》,2014(1)。

桥大学出版社以外，其他的出版社都是以营利为目的，始终围绕着读者的需求来选题策划，再出版图书。有识之士认为专业科学的定位是未来软质出版的希望所在，消失的出版社都是失去自己定位的出版社，而生存下来的出版社都是有专长的出版社。

### (三)积极进行图书宣传

在欧洲，人们往往认为图书不仅是丰富人们精神生活的产品，而且是一种需要在市场上进行销售的产品，需要通过更多的宣传让人们更好地去了解和购买。在德国，每年举办的法兰克福书展作为国际上最大的图书展览会，其实就在为宣传图书提供机会。出版商还会利用各种传播媒介来进行宣传，包括在电视和互联网上投放广告等方式。

个人认为，只要有精良的图书作品和喜爱图书的读者，那么软质出版物就会以合理的比例和合适的地位一直存在和发展下去。

# 第十章　世界其他地区的软质出版

软质出版成就，主要集中在发明植物纤维纸和雕版印刷术、活字印刷术及套版印刷术的中国，以及发明羊皮纸和现代活字印刷术的欧洲。除中国和欧洲外，在世界其他主要地区，文明的发展和进步同样离不开软质出版的探索与进步，软质出版发展与文化文明跃升良性互动。从软质出版载体来看，东亚地区的"和纸""高丽纸"的发明促进了东亚地区文化的繁荣与发展。软质出版符号上，日本创造了"平假名""片假名"，朝鲜半岛创造了"谚文""韩字"等文字符号系统。出版技术上，前期是中国的雕版印刷技术主导，后期则是欧洲的金属活字印刷技术主导。19世纪后，从整体水平上看，美洲地区的软质出版水平明显高于世界其他地区，位居世界前列。

## 第一节　亚洲其他地区的软质出版

除中国外，亚洲其他地区的软质出版也各有特色、各有所长，值得认真研究和系统总结。无论是出版载体，还是出版符号，也无论是出版技术，还是出版成就，都对本民族文化甚至世界文明做出过重要贡献。

### 一、东亚其他地区的软质出版

#### （一）软质出版符号系统的惊世创举

1. 创新突破：日本"平假名""片假名"

日本古代并没有文字。日本最开始使用汉字作为日常文字。日本人借用了汉字的形体，在固有日语的读音中体现了日本人自己的思想，万叶假名标记是日本文字的萌芽期；飞鸟时代是日本文字的发展期，汉字、变异汉字和标音的假名"三种文字形式"共同存在；平安时代是日本文字走向成熟期——吉备真备对片假名、弘法大师对平假名贡献突出。假名是日本人发明的最早成熟的文字符号系统。

2. 朝鲜半岛韩字的创新发明

朝鲜世宗大王(1397—1450年，汉名李祹)组织成三问、申叔舟、郑麟趾等学者于1443年12月成功创制谚文,后更名为《训民正音》,旨为"教百姓正字音"。《龙飞御天歌》是《训民正音》颁布后,第一部用谚文写作的诗歌。谚文一直沿用到20世纪初期韩语的出现。新式的韩语书写系统来源不明,有人认为来自蒙古语和维吾尔语,有人认为受拉丁字母影响。

**(二)软质出版载体的师承与发展**

1. 素负盛名的"高丽纸"

朝鲜学习改良中国造纸术,制造出品质优良的"高丽纸"。高丽纸质地坚实,富于韧劲,色泽光彩,受墨微渗有韵,宜书宜画,且有镜面及发笺等多类。高丽纸出口周边国家,深受欢迎。唐朝时,中国中原地区就有高丽纸输入,被誉"天下第一",宋朝称其为"鸡林纸"。

2. 流传于世的"和纸"

奈良至平安时代,日本已学会从朝鲜半岛传入的麻纸制造技术。8世纪,日本造纸术已相当发达。平安时代最为著名的造纸中心是伊势、美浓、三河等地。楮树一直是当时主要的造纸用料,但用雁皮树生产的纸张更美观结实。这一新发现,使日本迈向独立制作"和纸"新时代。

**(三)软质出版技术创新改革与出版成就**

1. 优质创新:朝鲜雕版印刷术与金属活字技术

据1966年在韩国庆州佛国寺释迦塔内发现的雕版刻印佛经《无垢净光大陀罗尼经》(大致雕印于704—751年前后)推断,8世纪新罗已传入雕版印刷技术。1011年,政府资助雕印《大藏经》,1087年完成,目前保存下来6791卷,藏于韩国庆尚南道的海印寺,称"高丽大宝";1042年雕印《汉书》《唐书》;1045年雕印70余本《礼记正义》、40余本《毛诗正义》等。

13世纪初,中国活字印刷术传入高丽,经改良创新,高丽创制铜活字和铅活字。约1234年高丽崔允仪用金属活字刻印《古今详定礼文》,官员李奎报作序曰:"遂用铸字,印成二十八本(部),分付诸司藏之。"① 这是世界上较早的金属活字本。1403年太宗李芳设铸字所,命李稷主持铸造几十万个铜活字。1436年,朝鲜铸成世界上较早的铅活字。1721—1724年,朝鲜铸成两副铁活字,所印字体精瘦美观,印迹清晰。

2. 后起之秀:日本的雕版印刷技术

印成于770年的《陀罗尼经》是日本目前所见最早的软质雕印作品。1009年,日本印成1000部《法华经》,标志着其全面开始雕印软质书籍。1325年,

---

① 陈尚胜:《中韩交流三千年》,108页,北京,中华书局,1997。

日本雕印一部中国诗集《寒山诗集》。壬辰战争，日本侵入朝鲜，将其图书与铜活字掠入，开始运用金属活字印制书籍。并借助朝鲜铜活字研制出木活字，1597年排印《劝学文》，"此法出朝鲜"明载书后。

## 二、南亚与东南亚地区的软质出版

### （一）软质出版符号系统的新创：似旧又新的越南"喃字"

公元前111年至939年，中国统治越南，古代汉语文言文成为其书面语言。越南人学习和模仿汉字的造字法发明喃字。喃字在13世纪越南陈朝形成体系，陈仁宗朝刑部尚书阮诠在喃字发展成熟过程中有重大贡献。越南曾将中国的《尚书》《诗经》等用喃字译为教材。1662年，后黎朝玄宗帝下令禁用喃字，烧毁喃字及作品，喃字发展与越南文化损失巨大。喃字恢复使用于西山朝和阮朝前期。

### （二）软质出版载体与印刷技术的推陈出新

1. 发展进步：越南的蜜香纸与印刷术

越南自西汉武帝以来即由中国管辖，中原文化和中原科技传播便捷。造纸术经蔡伦改良后，传向世界各地。3世纪前后，越南使用香树皮为原料造蜜香纸。西晋时广州刺史嵇含《南方草木状》云："交趾有蜜香树……蜜香纸以蜜香树皮叶作成。微褐色，有纹如鱼子，极香而坚韧，水渍之不溃烂。"

2. 软质出版载体新变：造纸术传入印度后贝叶主体地位被取代

纸张传入前，古印度主要用贝叶和桦树皮作为书写材料。649年，玄奘《大唐西域记》中没有任何关于当时印度社会使用纸的明确记载，而贝叶记载则随处可见。此时，造纸术似乎还没有传入印度。玄奘之后不久，"纸"字就出现在印度典籍之中。671年至695年，中国高僧义净旅居印度，在其著作《梵语千字文》中提及"纸"字梵文有四种写法。由此推断，义净到达印度之前，"纸"已出现。中国造纸术是经克什米尔传入锡亚尔科特，再传向印度各地。

3. 东南亚其他地区变化中的软质出版载体与印刷技术

在造纸术传入之前，古代缅甸、泰国、印尼等地也主要以贝叶为书写材料。南宋陈槱《负暄野录》载："外国如高丽、阇婆亦皆出纸。"阇婆，大致为今印度尼西亚爪哇岛或苏门答腊岛等地。可见，中国造纸术南宋时已传入印尼等地区。孟加拉国学习中国造纸术，用桑树皮制成皮纸，深得好评。1406年中国航海家马欢《瀛涯胜览》形容皮纸："光滑细腻如鹿皮一般。"航海家巩珍《西洋番国志》亦夸赞："一等白纸，光滑细腻如鹿皮，亦是树皮所造。"元明之际，我国东南沿海一带华人前往东南亚各国经商或者定居，将印刷术传入菲律宾、马来西亚、泰国等国家。

关于印刷技术，早期雕印图书的活动主要为华人。华人龚容雕印的《基督教教义》，是菲律宾较早的雕印书。

4. 杰出的软质出版成就：印度"诗圣"泰戈尔作品

泰戈尔（1861—1941年），人称印度"诗圣"，首位获得诺贝尔文学奖的亚洲作家。泰戈尔更是一位杰出的出版人，共写作出版50多部诗集、12部中长篇小说、100多篇短篇小说、20多部剧本等。这些优秀的软质出版作品数量多，在社会上好评如潮，深受读者喜爱。

### 三、中亚和西亚地区的软质出版

#### （一）软质出版载体与印刷技术：撒马尔罕纸与印刷术

2世纪，纸和丝绸、瓷器等其他中原特产一起沿着"丝绸之路"传入"西域诸国"。3世纪后，波斯和美索不达米亚平原已经开始使用中国纸。8世纪中叶，唐军战俘将造纸技术传入撒马尔罕。造出的撒马尔罕纸品质优良，行销西亚、非洲，后传至欧洲。11世纪撒马尔罕纸仍处阿拉伯乃至世界领先地位。

蒙古大军西进的时候，将中国出版的宗教印刷物、纸牌和纸币带入中亚和西亚地区。这三项软质出版物在印刷术西传中发挥了特殊作用。13世纪，中亚和西亚地区都有了出版印刷活动。中国的印刷技术经过阿拉伯人传入欧洲。阿拉伯人还曾对中国印刷技术进行过"拼音化"的转型提升。

#### （二）中亚和西亚阿拉伯地区的软质出版成就

1. 软质出版载体与《古兰经》出版传播良性互动

伊斯兰教圣典《古兰经》被后世转录在羊皮纸和植物纤维纸上，依靠软质出版载体的便携性和优越性获得更长久和更广阔的范围传播。今天，《古兰经》出版发行量仍极大。

2. 阿拉伯纸张的应用促进科学著作的译介

830年马门国王在首都巴格达创建"智慧宫"，系统地开展翻译事业。其中翻译家侯奈因和儿子伊萨克、外甥何伯希最为著名。伊萨克曾将亚里士多德、柏拉图和希波克拉特等人的著作译成叙利亚文。他的学生将其译成阿拉伯语。这些科学著作，因为纸张的广泛使用，在较短时间内被抄录翻译，为创造性地发展阿拉伯科学文化事业铺平道路。

## 第二节　美洲地区的软质出版

古玛雅文明、古印加文明与古阿兹特克文明并称为美洲三大文明。它们所创造的独一无二的璀璨文化，为我们探索古代美洲的软质出版文明开启了精彩的篇章。1620年，"五月花"号货船到达美洲大陆，迅速开启美洲现代化进程。由此，软质出版发展引领世界。

### 一、古代美洲文明中的软质出版

**（一）古老的探索：玛雅文明中的软质符号与软质出版载体"纸"**

约公元前2000年，墨西哥南部、危地马拉、洪都拉斯一带活跃着古老的玛雅人。玛雅人被称为"新世界的希腊人"。玛雅的文字符号属象形文字体系。一些建筑物、陶器和书写"纸"上都会发现这种原始文字的痕迹。玛雅文明已出现软质出版载体的"纸"。这种"纸"以鞣制过的鹿皮或树皮为主要原料。《契伦巴伦之书》是一部玛雅文明遗落下来的珍稀出版物。该书记录了预言咒语、神话传说、宗教仪式、天文资料、音乐歌曲、自然灾荒等时事内容，最为重要的是有对玛雅的古代历史进行编年概述的内容。作品用欧洲纸为软质出版载体。《契伦巴伦之书》是一部堪称伟大的玛雅文化的软质出版成果。

**（二）原始的艺术：阿兹特克文明中的绘画文字与"纸张"载体**

继古玛雅文明之后，墨西哥出现了另一支有高度古代文明特色的美洲土著文化——阿兹特克文明。阿兹特克文字与玛雅文字同属于一种类型的绘画文字。这些绘画文字更原始，主要用来记录土著居民交纳贡品的种类与数量。阿兹特克人保存下来的大量文字图画古抄本，其中有些叙述故事情节，有些用画面来表现完整故事，有些画面仅表示一个句子。阿兹特克人发现压制"阿玛德"树的树皮可制成纸浆，于是制造了原始的纸张。这些记录信息的绘画文字符号，有很多是以牛皮、树皮、布帛等软质出版载体为介质的。阿兹特克人主要的记事法是特斯科科大事记和特诺奇蒂特兰大事记。

**（三）另类的软质出版：印加文明中的奇普和基尔卡**

印加人没有文字，但发明了两种独特的记事方法，辅助回忆历史和记录神话传说，即奇普（也译为基普）和基尔卡。在统计和记事时，采用奇普的方法，使用工具为多彩的系结绳。绘在织物、毛织品或布板上的历史图符则为基尔卡。这些都是借助软质载体（如细绳、毛织物、粗布）来保存文化内容，形式新颖，方法独特，表明古印加人对保存文化与出版探索的良苦用心。"基普卡马约克"是印加帝国主要管理使用基普和基尔卡的官职。

**（四）中国造纸术和印刷术对美洲的影响**

美洲大陆土著人最早使用石片、木片等硬质载体作为书写材料。后来新移民少量使用羊皮纸这种软质出版载体，大量的都是使用一些从欧洲带来的植物纤维纸。1575年西班牙人在墨西哥建造纸厂，中国造纸术正式传入美洲。

17世纪，美洲大陆是英国的殖民地，国内没有造纸技术，也没有造纸厂，纸张全依赖进口。1638年，美洲大陆出现第一个印刷厂，但纸张供应严重制约印刷厂发展。1694年印刷厂厂长邀请荷兰造纸家列顿豪斯在费城建立美洲大陆第一家造纸厂，规模很小，仅有4名造纸工。造纸业逐步发展起来，为美洲大陆乃至美洲大陆的软质出版奠定坚实的载体基础。

加拿大最开始的纸张使用基本依赖进口。1803年，美国移民沃尔特·韦尔在魁北克省创立第一家造纸厂。1819年，霍兰在哈利法克斯建立第二家纸厂。1885年，加拿大建立起现代化的酸法木浆厂和磨木浆厂，改用木浆造纸，迅速增加了新闻纸的产量。加拿大生产的新闻纸出口至世界各国，是世界上生产纸浆和纸张的大国之一，成为软质出版载体的高质量生产国。

## 二、近现代美洲地区软质出版发展情况

**（一）遥遥领先：近现代美国软质出版业**

美国是世界著名的近现代出版大国，近现代软质出版（主要是纸质出版）领跑世界。17世纪30年代末，北美洲大陆近代出版印刷业开始起步。1638年，英国移民斯蒂芬·戴（约1594—1668年）在北美建立剑桥印刷厂，这是北美英国殖民地的第一家印刷厂，位于波士顿附近的哈佛学院。1744年北美洲大陆出现了第一份近代学术期刊，基本上与欧洲国家同步。此后，美国近现代的软质出版印刷业一直遥遥领先于世界其他地区。20世纪初，形成了波士顿、费城和纽约等软质出版中心城市。第二次世界大战后，科学技术发展迅速，科研文献需求量激长，进一步刺激了软质出版业的繁荣与发展。在此之后，美国出版物的发展历经"印刷型→微缩型→视听型→电子型→数字型"过程，领导了世界出版业的发展潮流。

1. 美国近现代软质出版业发展概况

（1）图书

美国图书业生产发展呈波浪形。20世纪70年代美国图书业基本上保持在年产图书40000种的水平上，1983年开创了年产图书53380种的最高纪录。在这之后，图书年产量略有下降，到1987年图书年产量再创新高，达到56027种图书的顶峰。此后，开始下降，1990年下降至46743种。目前，美国图书出

货数基本维持在 26 亿至 27 亿册之间。2008 年，首次出现"自出版"图书种数超过传统出版的情况，目前这种软质出版模式还在发展中。

(2)报纸

20 世纪美国的报纸总量超过 10000 种，周报最多，其次是日报。《乌利希国际期刊指南》1996 年统计美国周报约 5000 种，日报超过 1500 种。《纽约时报》《华盛顿邮报》《洛杉矶时报》是当今美国最具影响力的三大软质出版载体的报纸，也是软质版成就的重要体现者。

(3)期刊

据《乌利希国际期刊指南》1997 年统计，当时收录美国出版的期刊、年刊和不定期出版的刊物共 50740 种，其中科技期刊占 20%左右。美国著名的杂志有《国家地理杂志》《时尚》《时代》《财富》等。美国最大的三家杂志出版商为时代华纳出版公司、先进出版集团和赫斯特公司。美国的学术期刊出版质量较高。

2.美国早期的出版机构

美国的出版机构分为营利性出版机构和非营利性出版机构两类。商业性出版公司主要有兰登公司、西蒙与舒斯特公司、读者文摘公司、麦格劳-希尔公司等。非营利性出版机构主要是政府出版机构、大学出版社和学术社团出版机构。

非营利性的大学出版社，价值取向主要看学术水平和社会价值。大学出版社作为教育机构的一部分，无须缴税，一些校刊、教材和学术著作的刊印出版是其主要任务。哈佛大学出版社、麻省理工学院出版社等较为著名。

**(二)顽强生长：加拿大近现代软质出版业**

1.加拿大软质出版业发展的背景

加拿大是美洲地区新兴的软质出版国家。加拿大本土软质出版业的发展之路异常崎岖。

地理位置紧邻美国，加拿大文化无法完全抵抗美国文化的影响。本身其是移民国家，世界各个国家和地区的人群及文化交互融合，主流文化不断受到冲击。这些因素让加拿大政府和软质出版商面临着巨大的商业竞争和文化融合的压力。因此，加拿大的软质出版业长期受制于人，自身力量薄弱。20 世纪 60 年代，加拿大政府逐步认识到发展本国软质出版业的重要性与迫切性，扶植许多新兴的民族出版社。最近 50 年，加拿大的软质出版业发展迅速。

2.出版社行业组织

加拿大全国性出版行业组织较大的有三个：加拿大出版商协会(英语)、加拿大图书出版商理事会和加拿大出版商协会(法语)。

加拿大出版商协会(英语)1971 年创立，总部设在多伦多，它是 200 多个中、小型出版社的协调机构，共有会员 130 多个，每个省设一个省级分会。加拿大图书出版商理事会，总部也设在多伦多，是 50 多个规模较大的外资出版社的协调机构。加拿大出版商协会（法语），总部设在加拿大法语中心区的蒙特利尔市，该协会是加拿大 40 多家法文图书出版社的协调机构和利益的代表，会员主要集中在魁北克省法语区。

3. 图书出版与发行

加拿大的图书种类较一些西方发达国家要少很多。直至 1991 年，在版图书 37000 万种，出版新书 9000 多种，其中较大规模的出版社出版图书 7000 多种。政府对图书出版业采取一系列有力措施来鼓励和扶持其发展。例如，收取低额邮费，向本土出版社提供资金援助，免收增值税等，这些措施有力地促进了加拿大软质出版图书业的发展和繁荣。

4. 报刊出版与发行

加拿大最有名的两份报纸是《环球邮报》和《多伦多明星报》。《环球邮报》1844 年创刊，1955 年改组，影响力较大。1892 年，《多伦多明星报》在多伦多出版，是加拿大发行量最大的晚报。加拿大期刊出版 20 世纪 70 年代以来增长较快，1970 年创办的期刊多达 2200 种，至 1991 年，全国共有 5000 多种期刊。

## 第三节　非洲地区和大洋洲地区的软质出版

广袤的非洲大地，悠久的文明传统与丰硕的文化宝藏在这里孕育、创造、繁衍，生生不息。学者认为："非洲可能是人类先祖最早的发源地，是人类文化的摇篮。"硬质出版在古代非洲文明发展中贡献突出，软质出版在非洲文明中同样异彩纷呈。

大洋洲受汪洋之隔，曾是历史上最孤单的人类文明。澳大利亚独具特色的报刊业与优秀的世界级新闻大亨，对世界软质出版文明有重要贡献和独特价值。

### 一、非洲文明中的软质出版

#### （一）多样的探索：非洲文明中的文字符号

非洲不同地区的人们创造了各种不同的文字，其中一些文字已经达到成熟水平。这些文字符号被刻画在岩壁、木板等硬质出版载体上，也有很多记载在兽皮、布帛、"纸张"等软质出版载体上。

1. 斯瓦希里（Swahili）文字

7 世纪，黑人居民同阿拉伯人交往密切，形成一种"共通的语言"。在语言共通的基础上，当地居民借助阿拉伯字母的注音，发明创造了斯瓦希里文字。这种文字以班图语言为基础，融入些许阿拉伯词汇，并使用阿拉伯字母注音，之后将阿拉伯字母换成拉丁字母。这种文字主要流传于东非沿海地区。

2. 阿扎米（Ajami）文字

9—12世纪，阿拉伯语在苏丹及乍得湖等地迅速发展。豪萨族、富尔贝族和卡努里族在原语言的基础上，借用阿拉伯字母，加入一些辅助符号，发明了适应本民族特有的文字体系，统称为阿扎米文字。其中，豪萨文的应用最广泛，代表作有《卡诺编年史》。

3. 瓦伊（Vai）文字

19世纪非洲人布克拉根据以前瓦伊人使用的记事符号创制了瓦伊文字。这是一种音节文字，主要在利比里亚、塞拉里昂境内使用。在瓦伊文字的影响下，周边其他一些民族都创造了与之相似的、适用于本民族的语言文字。

4. 巴蒙（Barnum）文字

20世纪初期，巴蒙国国王尼奥亚选用早期流传在土著居民中的图形与符号，学习模仿欧洲和豪萨等地的文字，赋予原固定符号相对应的语音和语义，创制巴蒙文字。1918年巴蒙文字最终成型，简化为92个符号，代表作品有《巴蒙历史与习俗》。巴蒙文字在某种程度上和古埃及文字相似。

5. 恩西比底（Nsibidi）文字

20世纪初，在尼日利亚南部的卡巴拉尔地区和喀麦隆克罗斯河流域，发现了恩西比底文字。这些文字由简易的图画组成，具备一点文字体系的特征。它的符号可以随意组合，不同的组合产生不同的意义，因此并不能称之为严格意义上的文字。

历史上的非洲本土文字出现较晚，且分布地域较少。晚至19世纪，有些非洲民族仍没有属于本民族的文字。有些民族即使创制出文字，也只有少数人在特定的情况下使用，普及率极低。在图画符号向文字符号过渡时，文字体系本身不完善，居民文盲率高，专业知识储备少，完全掌握文字是一件极其困难的事。

**（二）莎草纸被淘汰：新兴软质出版载体发展成熟**

约5—6世纪，中国纸张沿"丝绸之路"传入西亚和北非一些地区。但当地人仍然比较多地使用传统的莎草纸和羊皮纸。埃及曾经也是世界著名的造纸中心。埃及制造的莎草纸为周围许多地区文化传播提供了卓越的硬质出版载体。当然有人认为纸莎草制造的不是"纸"而是"片"，因为它没有发生化学变化，只是发生了物理变化。但有一点是肯定的，那就是这种硬质出版载体已经表现出向软质出版过渡的倾向。8世纪后期，中亚和西亚地区开始大规模兴起中国式造纸厂，莎草纸遭遇前所未有的劲敌。

9世纪末，非洲第一家植物纤维纸的造纸厂在尼罗河三角洲地区设立，主要生产中国纸。至此，中国造纸术正式传入非洲。工匠在造纸过程中，不断创新，改进技术，在原有造纸原料麻、桑等植物中加入本地盛产的棉花，生产出的纸张品质更为精良。这种新型软质出版载体的发展成熟，为非洲的软质出版业发展奠定了新的介质基础。

随着造纸业和纸张贸易的活跃与繁荣，埃及软质出版的手抄本数量增多。开罗的街道上还出现了许多专门从事抄本贸易的书商。10世纪末，开罗皇家图书馆的藏书多达20万册，其中绝大部分都是新式纸张的软质手抄本。1100年前后，摩洛哥首都菲斯建立了造纸厂。此后，造纸术迅速扩散传播到西非、东非和南非等地区。莎草纸逐渐退出历史舞台。

## 二、大洋洲文明中的软质出版

人类学家研究发现，4万年前，最早一批人进入澳大利亚，他们后来被称为土著居民。18世纪大量西方殖民者入侵大洋洲，破坏土著居民的传统文化。后世得以保留下来的土著传统文化很少，人们收集确切的关于大洋洲古代软质出版文明的内容和材料更是十分困难。

位于大洋洲的国家澳大利亚，其近现代软质出版的报刊业发展令人瞩目，一直享有独特的地位，其印刷媒体的垄断资本在资本主义世界中曾经是"最高、最令人瞩目"的。可见澳大利亚在近现代软质出版报刊业上的成就吸引了世界的目光。

### （一）神秘珍稀：土著文化中的软质出版萌芽

在殖民者侵入大洋洲之前，土著居民有200～260种不同语言，500～600种方言。毛利土著文化独一无二。澳大利亚土著居民除了用语言交流之外，一些地方还出现过萌芽状态的文字符号。遗憾的是，随着欧洲殖民者的入侵，土著文字符号系统的发展和完善过程被打乱。这种符号文字由手指、头、唇、手势及身体动作加上适当数字符号组成。这种文字一般在狩猎、战争时观察环境，或举行仪式时使用。大洋洲居民将这些萌芽状态的文字符号刻在石头或木头等硬质出版载体上，也描画在鞣制过的动物皮、树皮等软质出版载体上。这些都是大洋洲非常珍贵的古代软质出版萌芽。

### （二）新载体与新技术传入与澳大利亚的现代软质出版

大洋洲的现代出版载体和出版技术传入较晚。中国造纸术于19世纪后期最后传入大洋洲。1868年，澳大利亚墨尔本附近建立起第一家造纸厂，开始生产印刷和书写用纸，至此大洋洲的造纸业正式开启。造纸术自西汉发明后开启传播之旅。从中国出发，经过 2000 年的环球旅行，纸和造纸术终于传遍五大洲。这种优秀的出版载体与中国出版技术相结合，成为中国对世界出版及世界文化的最伟大贡献。这种贡献之于人类文明发展和文化传承无论怎样评价都不为过。

1. 澳大利亚现代软质出版组织与机构

澳大利亚书业行业组织很多，主要有图书出版商协会、大学出版社协会、书商协会、图书贸易组织、儿童图书委员会等。1949 年成立图书出版商协会。澳大利亚的出版机构大致有三类：商业性出版社、政府资助的出版社、大学出版社。墨尔本大学出版社成立于 1923 年，是澳大利亚规模最大、历史最悠久的出版机构。

2. 澳大利亚现代报刊出版业的发展

1788 年，英国向殖民地澳大利亚输送囚犯的舰队，带来了澳大利亚第一台印刷机。1795 年，总督亨特为便于发布政府文件和各项规章制度，任命有印刷经验的囚犯乔治·修斯充当政府印刷工，主要印制政府文件。1801 年，另一名囚犯乔治·侯接任，并于两年后印制出《悉尼公报》。

19 世纪 30 年代至 20 世纪初是澳大利亚报业发展的黄金时期，报业市场生命力旺盛。它代表性的有 1824 年《澳大利亚人报》、1831 年《悉尼先驱晨报》、1840 年《先驱报》、1854 年《时代报》等。1910 年的《悉尼太阳报》是国内第一份在头版刊登新闻的日报。

20 世纪 80 年代，新闻媒介主要控制在 4 个新闻集团手中，分别是先驱报与时代周刊集团、默多克的新闻公司、费尔法克斯公司、帕克斯新闻联合控股公司。

3. 澳大利亚现代图书出版业的发展

图书出版业同样不断发展，著名的图书出版城市有悉尼和墨尔本。悉尼安格斯与罗伯逊图书出版社不仅历史最为悠久、规模最大，并且不断开拓海外市场，国内外影响深远。1910 年成立的巴特沃斯出版社，是国内最大的法律出版社。《澳大利亚在版图书》和《澳大利亚图书一瞥》是澳大利亚专门的图书信息刊物。

4. 杰出的软质出版家：鲁伯特·默多克

鲁伯特·默多克于 1931 年 3 月 11 日生于澳大利亚墨尔本，是世界最为著名的报业出版大亨。他创建的新闻集团是当今国际化程度最高的综合性传媒公司之一。1952 年他接任父亲创办的小报《新闻报》，先后收购《世界新闻周刊》《太阳报》《纽约邮报》《泰晤士报》等。20 世纪 80 年代初，他的新闻集团年营业额达到 12 亿澳元。他是世界新闻出版界屈指可数的软质报刊出版业的领军人物。

　　随着软质出版技术与载体的不断发展革新，软质出版业的前进之路上又出现新的景观。尾随而至的虚拟出版的发生发展将为人类文化的传播与文明的进步带来新的突破与飞跃。

# 下　篇
## 有容乃大的虚拟出版

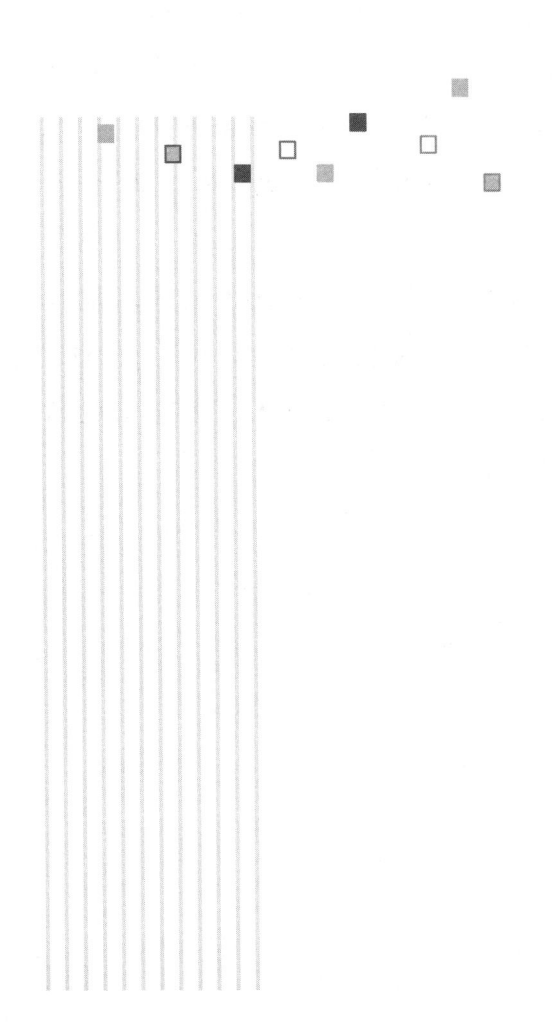

"告别铅与火,迎来声光电,奔向数与网。"人类出版经过"开启文明的硬质出版"时代和"以柔克刚的软质出版"时代,逐渐发展到"有容乃大的虚拟出版"时代。声光电磁的发明和发现及其在出版方面的应用,是开启虚拟出版的条件和先声。虚拟出版经过声光电磁的"萌芽期",到计算机革命的"发展期",再到数字出版的"当下期",直指人工智能出版和大脑意识出版的"未来期"。随着大数据技术、云计算技术、元数据技术、虚拟现实技术(以下简称"VR"技术)、增强现实技术(以下简称"AR"技术)、混合现实技术(以下简称"MR"技术)等新技术与出版的深度融合,虚拟出版的未来前景光明。

# 导语　有容乃大的虚拟出版

人类出版经过"开启文明的硬质出版"时代和"以柔克刚的软质出版"时代，逐渐发展到"有容乃大的虚拟出版"时代。本篇的核心概念有两个，一个是"有容乃大"，另一个是"虚拟出版"。

声光电磁的发明和发现及其在出版方面的应用，是开启虚拟出版的条件和先声。换句话说，声光电磁的发明及其在人类知识信息的收集、挖掘、整理、编选、校勘、把关、传播、传承等方面的探索性和开拓性运用时期，乃是虚拟出版的"萌芽期"，这也是虚拟出版的第一个发展阶段，或者说是虚拟出版的初级阶段。

从铅与火到声光电磁，从有形出版到无形出版，人类出版步入了新纪元。在虚拟出版的"萌芽期"，机械技术的精密化催生了唱片与留声机，又进化为磁带与录音机；光、电技术通过摄影、电影、电视渐渐改变了人们接收、传递信息的方式。伴随着对声、光、电、磁四种可承载信息的虚拟物质的刻录、复制与传播，出版活动不再局限于纸质等固态印刷媒介，开始跳脱于纸面外；伴随着出版物对感官的刺激从眼到耳、到耳目并行，表现的内容从静态到动态，出版对人类的影响也从阅读方式的简单转变扩大为交流方式、传播方式乃至生活方式的全面转变。从最早唱片技术的出现，其技术从唱片和留声机逐步发展为磁带、胶片电影、光电管、广播、电视、电脑，人们获取信息的途径开始从书籍和报刊，逐渐转向承载信息量更大、技术更先进的各种虚拟出版载体。各种新闻报道、影视歌曲接收和欣赏逐渐在家里就可以完成，信息获取从报纸到广播，到电视，我们的生活方式也不断随着新的出版技术与载体的出现而改变。就像"牛郎织女"时代，人们无法想象听到远隔万里的声音是怎样的情景。处于虚拟出版"萌芽期"的世界，人们也无法想象数字技术会在声光电磁的基础上进行怎样的演绎，引领人类从单向传播时代进入交互传播时代。

声光电磁发明发现以后，大约经过150年的发展，计算机这项人类出版史上重大的综合性发明在20世纪中叶出现。而随着计算机和出版印刷技术的发展，人类出版的书籍和报刊品类越来越齐全，传播速度也迅速提升，在深度和广度上，都达到了前所未有的程度。随着更多科学技术知识被印刷成书籍和报刊等形式，科学技术知识的传播速度和传承能力也在迅速提高，反过来又促进计算机技术的进一步发展。计算机与出版业的结合为人类经济社会的发展创造了更加广阔的前景和空间。计算机出版技术伴随着社会的进步和发展而不断地升级和更新。这是虚拟出版发展的第二阶段,即计算机出版阶段。

计算机的出现,给虚拟出版带来了划时代的巨变。这一时期,虚拟出版新载体不断涌现,以其先进的技术,丰富的内容,多样化的介质形态,扩展了信息处理和传播的空间,促进了信息传播手段的现代化,使虚拟出版微型化、虚物化、数字化的趋势势不可当。信息技术更新速度不断刷新纪录,带来虚拟出版的技术变革,在印刷领域表现得尤为突出。排版、制版、印刷技术告别"铅与火",推动了印刷领域的虚拟化进程,桌面出版也由此蓬勃兴起。发展期的虚拟出版对传统出版除印刷以外环节的改造和升级也同样不可小觑,在这样的变革中,出版相关产业的融合程度不断加深。数据库等数字出版产品的雏形在此阶段孕生,加之互联网技术的逐步普及,虚拟出版开始走向成熟。

在计算机出版印刷技术发展和进步的同时,数字化技术开始酝酿并悄然兴起。在"0"和"1"的碰撞中,虚拟出版进入快速发展期,迈向数字化出版时代。经过数十年的改良创新,数字化已渗透到各行各业,特别是在出版印刷行业,数字化技术得到了更加长足的发展和进步。有人认为"印刷术是现代化数字技术的引线"[①]。虚拟出版的数字出版阶段一经出现,便迅猛发展。由于数字出版技术一日千里的发展跃进,人们的阅读习惯也从传统的纸质阅读,逐渐向数字阅读转变,尤其是在一些新闻和娱乐信息的获取方面,越来越广泛应用数字阅读。当下的数字出版和数字阅读阶段,乃是虚拟出版的第三个发展阶段。

在数字出版时期,网络成为出版的最基本载体,并且随着互联网技术的不断改革,以网络为基础的技术载体使数字出版内容形成了从单向浏览时代、信息聚合与用户分享时代到万物感知与智慧控制时代的演化,出版不再是一种单向的、滞后的内容输出行为,而是迎来了出版内容输出者和接受者及时进行有效互动的时代。数字出版物的形态也极其丰富,除了对传统的图书、报纸、期刊进行数字化出版外,网络游戏出版、数字音乐出版、数字动漫出版、网络广告出版和数据库出版也成为数字出版的重要组成部分,已然成为数字出版实现盈利的主力军。尤其是数字化印刷告别了传统的印版和胶片,简化了工艺流程,并且在与网络技术的结合中,数字出版衍生出移动出版、按需出版等新型出版模式。正因为互联网把地球连接成了一个整体,数字出版也在全世界范围内蓬勃发展,以欧美为代表的数字图书、以日本为代表的数字动漫等都对我国的数字出版发展提供了借鉴。数字出版强调内容的数字化,生产模式和运作流程的数字化,传播载体的数字化和阅读消费、学习形态的数字化,逐渐形成了

---

① 贺圣遂:《为出版插上飞翔的翅膀——论技术在出版变迁中的作用》,载《编辑学刊》,2009(2)。

挑战传统出版的强大力量，也为虚拟出版的进一步演变与发展奠定了基础。

  虚拟技术在出版领域的发展、应用如火如荼。为了有效分析虚拟技术的发展现状，合理预测虚拟技术在出版领域的发展趋势，更进一步促进虚拟技术在出版领域的发展应用，笔者进行了大量研究后发现，目前主要用于虚拟出版的新技术仍在变动不居和快速发展之中，未来多种技术形态中的大数据处理技术、云计算技术、元数据技术、数字版权保护技术、VR、AR、MR及人机交互技术，这些新技术和新发明对虚拟出版的未来发展正在或将要产生更加深远的影响。当下移动出版和按需出版方兴未艾，需要积极引导，认真规范。可以预见的虚拟出版未来发展趋势是人工智能出版和大脑意识出版。

  人只要有爱好和欲望，就会发挥无限想象力。出版发展史上的每一个重要里程碑，都源自人们对出版的热爱和对技术研发的渴望。从虚拟出版发展的历史脉络来看，虚拟出版技术的每一次变革和应用，都为虚拟出版的发展注入了新的血液，将虚拟出版推向一个更高的台阶，构筑了虚拟出版的崭新格局。

  从声光电磁发明发现开启虚拟出版的"萌芽期"，到计算机革命迎来虚拟出版的"生长发展期"，再到虚拟出版当下状态的"数字出版期"，虚拟出版已经历经了三个重要的历史发展阶段。这三个阶段的发展，为虚拟出版探索出不同的出版样式和出版形态。未来可以预见的是，在数字出版发展到一定阶段后，将会出现甚至正在出现人工智能出版，再进一步发展为大脑意识出版等更高级的虚拟出版形态。这将是虚拟出版的第四个发展阶段，也就是虚拟出版的未来形式和未来状态。

# 第十一章　声光电磁发明发现：
# 虚拟出版的"萌芽期"

　　一种新媒介的产生和运用，往往会导致一种新文明的产生。印刷术的发明使人类保存知识和历史的方式从手抄复制时代进入了印刷复制时代，而声光电磁的发明和发现及其在人类知识信息的出版、传播、传承等方面的初始性的和创造性的运用，乃是虚拟出版的"萌芽期"，这也是虚拟出版发展的初级阶段。从铅与火到声光电磁，从有形出版到无形出版，人类出版迈入了新纪元。在虚拟出版的"萌芽期"，机械技术的精密化催生了唱片与留声机，又进化为磁带与录音机。伴随着对声、光、电、磁四种可承载信息的虚拟物质的复制与传播，出版活动不再局限于纸质等有形印刷媒介，开始跳脱于纸面。人类不但能记录虚无缥缈的声音，还能捕捉稍纵即逝的影像。各种虚拟和半虚拟的出版介质被发明出来，唱片、胶片、盒带、光电管等不一而足。出版载体和出版技术相互促进，共同发展。

## 第一节　声光电磁的发明发现与音像出版萌芽

　　1877年，美国发明家爱迪生发明了"会说话的机器"——留声机。在虚拟出版的萌芽之初，人们体验到一种从未有过的对于出版的全新认识。一种崭新的记录生活和历史的方式出现在人们的视野中，原来声音也是可以记录的。人们突然发现，人与人之间的交流可以跨越时空，声音原来也是可以被传递的。这一发现令人们欣喜若狂。记录声音并传播声音，人与人之间的对话交流不再受时空制约，这种对话交流也不再局限于面对面和纸质书信等实体方式，而是似乎可以通过虚拟的一些东西传递。这是虚拟出版的初级形态。从声光电磁发明发现到1946年计算机的出现，是虚拟出版的萌芽时期。出版形态终于跳脱于纸面，从声音的维度到静态图像的维度，从静态图像的维度又到动态有声影像的维度。出版的内涵和外延出现新的跨越，出版物的形态日益丰富多彩，直至各个音像出版社的各种音像出版物全面走向大众。

## 一、机械技术的精密化与声音的记录和出版

直到录音技术的出现，出版史再也不局限于文图出版史，而是开启了新的篇章：声音出版史。

**(一) 声音记录和声音出版的萌芽**

通常人类录音技术的开端是以 1877 年爱迪生发明留声机作为标志的。虽然留声机的发明对世界的影响是巨大的，但是追溯历史，录音技术真正出现的时间还要前推 20 年。因为现有材料证明，在 1857—1860 年，当时人类已经能够记录歌声了。

人类最早录音的发现者戴维·焦万诺尼是美国研究声音历史的专家。他在巴黎专利局找到两张刻有音频轨迹的纸，大约制作于 1857—1860 年。通过修复和研究发现，这段录音虽然很"原始"，但记录的音频轨迹十分清晰。这段录音是此间巴黎人斯科特用他自制的录音设备录制的。录音的音轨记录在被煤烟熏黑的纸上，上面记录的是由一名年轻女子演唱的 18 世纪民歌《致月光》，录音的持续时间仅为 10 秒。这段录音的歌词大致如下：

    Au clair de la lune，（在那月光之下）
    Mon ami Pierrot.（我和皮埃罗）
    Prte……（录音断断续续中止）①

虽然这记录只有短短的 10 秒，但是对于人类而言，已经是一种很大的进步了，自此之后，人类开始通过媒介记录声音。②

**(二) 留声机的鼻祖——声波振动记录器**

1857 年，法国发明家斯科特发明了声波振动记录器，虽然能将声音转换成声波振动的形态，记录到一种可视媒介上，但是无法从声波的形态再转换成可以播放的声音。因此，人们把这种声波振动记录器看作是留声机的鼻祖。

**(三) 真正意义上的留声机**

托马斯·爱迪生受到声音振动原理的启发，开始研究声音录制和复原的问题。1877 年 8 月 15 日，爱迪生发明了留声机，并成功录制"玛丽有只小羊羔，雪球儿似一身毛……"留声机也被视作 19 世纪最引人振奋的三大发明之一。最初的留声机，音质很差，录音的时间也很短。1929 年，爱迪生式留声机停止生

---

① VIVIAN：《人类一个半世纪的有声记录》，载《电脑报》，2013-10-21。
② 同上。

产，取而代之的是新一代录音出版形式——唱片。

**（四）唱片：崭新的声音出版载体**

唱片的出现是随着留声机的发明而产生的。如果说留声机在出版意义上是声音的复制，那么唱片就是声音出版的载体，是真正将声音出版物带入大众视野的媒介。法国诗人兼科学家克劳斯 1877 年提出"克劳斯构想"。"克劳斯构想"被德国人艾米利·伯林纳投入实践，发明出第一张唱片。1885 年，美国的发明家奇切斯特·贝尔和查尔斯·吞特发明锌板制作而成的唱片，可量化生产。1891 年，伯林纳设立了唱片生产公司，成功研制出虫胶原料唱片，开启了唱片的批量生产出版时代。

此后，人类探索出磁带、3.5 英寸软盘、光盘、优盘等更新的出版载体。

## 二、光学技术的应用与影像出版

与声音出版同期或稍早发展的，是影像出版。影像出版的开端，要从静态影像技术——照相技术开始说起。①

**（一）照相技术的发明与影像出版的萌芽**

1839 年 8 月 19 日，法国画家发明"达盖尔银版摄影术"。世界上第一台可携式木箱照相机就这样诞生了。巴黎人在照相机前排着蛇形长队，兴奋又好奇地等待着关于自己的影像记录——照片。1839—1924 年，是照相机发展的第一阶段，这时期镜头和胶卷发明进步较快。1925—1938 年，是照相机发展的第二阶段，这时期光学式取景器、测距器、自拍机等被广泛采用，感光也从黑白转向彩色。1939 年之后，照相机进入第三个发展阶段。这阶段各方面的性能有了飞跃，照相机的量产和摄影产品生产也趋于专业化。在各种新闻出版活动中，摄影的地位至今仍是无可替代的。

**（二）摄像技术与动态影像出版**

摄像技术显然是在照相技术的基础上发展而来的。一系列连续拍摄的照片，在高频连续放映的状态下就会呈现动态的影像。② 1851 年，克罗代等摄影师就成功地拍摄出了这种动态的影像。1889 年，爱迪生依据这个设计原理制作了一台可以连续拍摄 600 多个画幅的摄影机，连续拍摄超过一分钟的活动影像，成为现代摄影机的雏形。从照相到摄像，从静态到动态，悄然开启了出版界又一扇新的大门。而由摄影到录像这种成熟的出版形态，对人们的生产生活

---

① 李天：《从胶片到数字——影像技术的进化》，载《影视制作》，2014(10)。
② 罗莉：《技术与电影艺术的发展》，31 页，博士学位论文，长沙，湖南师范大学，2016。

带来的是革命性的改变。

### 三、电子技术的发展与音像出版

#### (一)密纹唱片的谢幕

1948年6月21日,哥伦比亚唱片公司公开发布了高音质可长时间放唱的新型唱片——密纹唱片。密纹唱片的纹槽宽度和槽距比传统的唱片要小很多。为了区分,就把以前的唱片叫作标准唱片(Standard Play,SP)。密纹唱片电声指标高,压制技术也得以提升。1958年,45/45制式立体声唱片走入大众视野。立体声唱片不但具有密纹唱片所具有的优点,而且由于在槽内记录了左、右声道信息,还能展现声源的"声像",让聆听者可以判断演唱者及各种乐器的方位,产生身临其境的感受,所以更加受到人们的欢迎。

#### (二)电声技术的发展

20世纪70年代,唱片已发展得非常成熟,一百年前发明的机械记录声音的技术达到了顶峰。伴随着电声技术的发展,声音的电子化也被应用于不同的出版形态中。20世纪80年代,电声行业逐渐形成体系,从元器件到终端技术都走向全面成熟阶段,在音像出版界占据重要位置。

#### (三)音像出版的电子化

随着音像出版的电子化,各种唱片磁带的声音也由最初的单声道转为立体声。伴随着录音录像技术及电子化进程的发展,在20世纪后期,录音录像出版成为一道时代风景线。VCD、DVD这些耳熟能详的名字相继出现,这是音像出版电子化的时代产物。近年来,轰轰烈烈的电子音像出版热在数字化技术和新媒体出版技术的冲击下很快就成为明日黄花,互联网和数字化时代强势驾临。电子音像出版的策划模式和商业模式将发生根本性改变。

## 第二节 感官世界的全面开启

虚拟出版萌芽期,各种音像出版物、影像出版物为我们带来了符号的丰富化,从传统纸质出版物的单一文字、图片信息转换为声音符号、动态视觉符号的表达。各种符号形式的生产、复制和交换成为社会生活的普遍特征,并且随着科学技术的不断发展和信息意识的增强,这种特征将更为明显。

### 一、延伸的耳朵:唱片出版的符号意义

人类对于记录、保存、复制自己所涉及的信息,包括视觉之图像、听觉之

声音，是一个历史悠久的美妙梦想。这一梦想直到近代工业革命以后才逐步实现。照相机之于图像，留声机之于声音，都是信息记录、保存、复制领域中突破性的进展。唱片是留声机的连带产品，而唱片出版所记录的声音就如同纸张记录文字符号系统一样，都具有非常独特的符号意义。

### （一）中国唱片出版的符号意义

近代中国最初接触留声机的人，是 19 世纪后期晚清政府派往英、法、德等西欧国家的外交官、留学生等。郭嵩焘目睹留声机录音、传声的全过程，"有为长歌者，亦以歌传出之。有两人接续传语，亦接续传出"。郭嵩焘叹为观止："真神技也。"①1889 年，丰泰洋行将蜡筒式留声机引入上海，是为留声机进入上海之始。1890 年，上海报人何桂笙在《申报》上发表文章《留声机器题名记》记载："家训、遗嘱等若相隔时间久远，难免被后辈遗忘，但是如果用蜡筒收录祖辈之原音，那么无论时间相隔多久，子孙只要'开筒敬听'，就如同先人当面再次教诲一般，可谓'形容虽渺，声咳常存，其为正用也大矣'。"②

### （二）外国唱片出版的符号意义

1. 立体声唱片制式

1957 年英国台卡（Decca）公司按 V/L 制式，美国威斯特莱克斯钾公司按 45/45 制式，试制了立体声唱片，最后确定为当时全世界统一的双声道立体声唱片制式。20 世纪 70 年代初日本又出现了四声道立体声唱片技术。

2. 唱片出版新技术

（1）计算机控制的高密度槽距唱片的刻录技术。

（2）直接刻纹。

（3）数字声频唱片（DVD）的出现。

激光拾音头由于和唱片不接触，因此可极大延长唱片的使用寿命。

## 二、延展的眼睛：录像出版的发展

影像信息其实是人类延展的眼睛，是人类"千里眼"梦想的实现。

### （一）影像：视觉出版的新探索

20 世纪 30 年代，美国 RCA 等公司最早开始探索用类似磁带录音的方法来混合记录图像和声音，到 40 年代的后期该技术取得突破，做出的磁带录像机（Video Tape Recorder，VTR），其基本原理是利用磁带作为存储媒介，记录和

---

① 郭嵩焘：《郭嵩焘日记》（第三卷），308 页，长沙，湖南人民出版社，1982。
② 何桂笙：《留声机器题名记》，载《申报》，1890-05-03。

重放图像和声音信息。1959年日本东芝公司研制出世界上首台单磁头螺旋扫描磁带录像机,开始了磁带录像机的新时期。1961年日本胜利公司、索尼公司先后研发出双磁头螺旋扫描磁带录像机。直到20世纪80年代末期,磁带录像技术才逐渐被后来更高质量的模拟分量技术的录像机取代。

### (二)数字:影像出版的新高度

录像机记录的素材必须进行加工,每经过一次复制及其他操作,都是以牺牲图像质量为代价的。磁带录像机的发展过程中,信号质量的劣化是制约其进一步发展的瓶颈,这个瓶颈是模拟处理技术无法逾越的障碍。

数字磁带录像机主要有光盘录像机、硬盘录像机、半导体存储器录像机三种,在视频、音频信号处理系统、伺服和控制系统、时基校正等各个环节均采用数字处理技术,其记录在磁带上的信号是数字编码信号而不是模拟信号。其性能和优点主要有:一是卓越的录制与复制特性;二是良好可靠的工作性能;三是具有扩展新功能的能力。

回顾音像产品出版发展的传播介质,短短百年时间,人们经历了胶片、盒带、LD、CD、VCD、DVD、HDVD、EVD,如今已走入全数字化时代。

### 三、世界音像出版的发展和成就

世界各地都出现了音像出版的成功作品,取得了音像出版的巨大成就。

### (一)中国的音像出版发展

中国的唱片业受到动荡的时局环境影响,经历了几次大起大落。19世纪90年代,唱片业进入中国。德国贝卡公司、哥伦比亚公司、利威公司先后在中国注册专利,开办唱片、唱机公司。到了1930年前后,唱片已经非常普及了,在中国的唱片出版公司共60余家。上海有"百代""胜利""大中华"三家唱片出版公司,使上海的唱片制造业达到了空前的繁荣。抗日战争和解放战争期间,各类唱片作为"非必需品"被贱卖。唱片业严重萎缩。1949年中华人民共和国成立,唱片公司统一收归国营。中国音像出版公司、电影唱片出版公司是国营唱片公司中的杰出代表。

1930年12月3日,联华公司出品的影片《野草闲花》的电影歌曲《寻兄词》做成第一张电影唱片,此后电影唱片的出版成为音像出版的宠儿:《敖包相会》《草原牧歌》《我的祖国》《弹起我心爱的土琵琶》《九九艳阳天》《洪湖水浪打浪》《红星照我去战斗》《闪闪的红星》《英雄赞歌》《边疆的泉水清又纯》《妹妹找哥泪花流》《大海啊,故乡》《知音》《驼铃》《少林,少林》《牧羊曲》等经典电影唱片成为一个时代的记忆。

改革开放以来,音像出版业成就巨大。1978年以前,我国仅有中国唱片社这一家音像出版机构，到 2007 年音像出版社已经扩展到 363 家。1978 年，我国出版音像制品 398 个品种，产值不足 3000 万元。到 2006 年，我国出版音像制品 3.37 万种，产值为 35.17 亿元。但近年来，随着互联网技术和数字技术的发展，音像出版面临前所未有的困难和挑战，必须探索新的发展模式和新的机制。

### （二）世界各地音像出版的发展

#### 1. 日本的音像出版

1942 年 4 月 30 日，日本成立了唱片协会。截至 2005 年，日本唱片业在世界排名第二，国际市场的占有率为 15%，亚洲市场的占有率为 83%，协会旗下的唱片公司带来的经济效益为 4222 亿日元。[①]

日本录像技术不断发展和普及，录像磁带的需求量随之大幅度增加，录像磁带工厂在日本各地纷纷建立。日本的电子录像出版成为保存和传承民族文化和世界文明的重要方式。

#### 2. 美国的音像出版

艾米利·伯林纳发明了圆盘唱片后，随即 1897 年在英国伦敦成立了一家唱机公司，也就是 EMI 唱片公司的前身。他将唱机的生产厂家设立在德国汉堡，后来发展成为 DG 唱片公司。1901 年在美国成立的胜利唱机公司后来发展为美国广播唱片公司，是立体声唱片发展最初在美国影响最大的唱片公司。直到 1934 年告别机械录音时代，电声录音逐渐在市场站稳脚跟，唱片公司的生产规模有了大幅度的提升。LP 唱片逐渐被 CD 光盘取代。

美国的录像出版成就主要体现在两大方面，一是电影，二是家庭娱乐录像制品。

#### 3. 英国的音像出版

英国 EMI 唱片公司是世界五大唱片公司之一，又称百代唱片，成立于 1897 年。1957 年，EMI 在英国正式宣告 EMI 唱片有限公司成立。EMI 总部设在伦敦，在全世界 146 个国家和地区设有分支机构，影响范围遍布全球。1987 年 7 月，英国通过"家庭录像管理法"进行管制，同时制定审查制度对外来音像出版物进行严格限制。

#### 4. 法国的音像出版

成立于 1912 年的环球唱片公司，是现今世界上最大的唱片公司。2011 年环球唱片公司收购了百代唱片公司。

1895 年 12 月 28 日，里昂照相器材制造商卢米埃尔兄弟在法国巴黎使用他

---

[①] 于平安：《蓬勃发展的日本唱片业》，载《中国版权》，2006(3)。

们发明设计的"活动电影机"首次放映了多部影片，主要有《拆墙》《水浇园丁》等。1897年，乔治·梅里爱建立了世界上最早的"摄影棚"。第二次世界大战结束后，大量好莱坞影片涌入法国，法国制片业再次面临危机，各地纷纷组织"保卫法国电影委员会"。法国是本国影片在国内电影出版领域占据优势地位的唯一西欧国家。

# 第十二章　计算机革命：
# 虚拟出版的发展期

1946年计算机发明可以看作是信息社会的标志，它可以高速地处理大量信息，对人类智能来说是一种极大的扩展。这项人类出版史上最重大的综合性发明极大地促进了出版技术的发展。计算机技术和出版的碰撞与融合，为虚拟出版开辟出全新的广阔天地，虚拟出版由此进入快速发展期。在出版印刷领域表现得尤为突出，书写、排版、制版、印刷告别了文稿手写、人工拣字和铅字排印。计算机更新了传统的出版形态，以显示屏取代纸，用键盘代替笔，以软盘、光盘代替书架。计算机把人类带入了对文字、图片、声音、影像记录、出版、传播的新时代，使出版载体、出版技术及出版活动的虚拟程度逐渐加深，出版正确率和出版效率迈上新台阶。

## 第一节　各种虚拟出版新载体的快速成长

在计算机技术的推动下，虚拟出版新载体不断涌现，更迭速度惊人。它更新着传统的出版形态，使出版的载体、工具及行为的虚拟程度逐步加深。

### 一、信息化和全球化：虚拟出版快速发展的社会背景

**(一)信息技术为虚拟出版快速发展奠定技术前提**

1. 数字技术(Digital Technology)，是指借助一定的设备将图、文、声、像等各种类型的信息，转换为二进制数字"0"和"1"后进行运算、存储和传播的技术。现在人类对计算机的存储和计算能力已经难望其项背了。

2. 多媒体技术(Multimedia Technology)，这是由多种单媒体复合而成的多种媒体集合技术。文字、图形、影像、声音等多种形式的信息兼收并蓄，多媒体的概念便由此发生扩展和转移。融合性和交互作用是多媒体的重要特性。

3. 网络技术(Network Technology)，计算机网络是在网络通信协议和网络操作系统的管理控制下，通过通信设备和通信线路连接处于不同位置的计算机，达到彼此之间通信和资源共享的目的，包括局域网(Local Area Network, LAN)和广域网(Wide Area Network, WAN)等。多个网络相互连接在一起，

形成互联网。因特网是世界上规模最大的互联网，由全球数以万计的网络组成，对数字出版的发展影响至深。

数字技术、多媒体技术和网络技术为虚拟的出版快速发展奠定技术前提。

(二)全球化革命推动虚拟出版经济、技术和文化升级

20世纪60年代，"全球化"一词出现。当时所谓的"全球化"主要是指发生在经济领域的全球化，经济全球化趋势方兴未艾。在信息产业与出版产业领域，国际交流合作的增加从经济、技术和文化层面全面拉动了虚拟出版的大发展。国际文化交流日益频繁，为虚拟出版的进一步发展提供了现实的需求和动力。

## 二、计算机时代的主要虚拟出版载体

计算机最早使用的是软盘这种可移动半虚拟性介质。信息的读取和写入需要借助软盘驱动器来进行。软盘驱动器装载的是标准大小为3.5英寸的软盘，容量1.44MB。虽然软盘存在存储容量小、存取速度慢等缺陷，但它便于携带，对于那些所占存储空间并不大的文件来说，可以轻松地进行物理移动。

计算机技术的发展带来了大量的多媒体信息，早期的软盘无论是在信息存储和传播的容量、类型、速度还是质量方面都已不能满足现实的发展需求。磁介质(数据存储带、软磁盘、可移动硬盘)、光学介质(光盘)和微固态存储介质闪存卡(Flash Memory Card)等载体应运而生。

(一)ZIP磁盘

美国艾美加(Iomega)公司于1995年推出了容量为100MB的ZIP磁盘，相当于70张3.5英寸软盘的容量，读盘速度快。ZIP磁盘的安装需要接入IDE接口，安装过程过于复杂。

(二)JAZ软盘

在可移动磁存储介质中，JAZ软盘可能是效率最高、速度最快的一种。JAZ软盘的容量可达1GB以上，而且不占用IDE接口，但受到盘片专用性和价格因素的影响，JAZ软盘只局限于少数专业人员使用。

(三)MO磁光盘

MO磁光盘很好地将磁存储和光存储的优点结合在一起，可重复擦写次数达一千万次，使用灵活方便，存储量大而且安全性较高。由于MO磁光盘采用的是非接触读写技术，因而没有磨损，延长了使用寿命。但盘片较昂贵，而且无法由普通的CD-ROM驱动器读取，并未得到广泛应用。

(四)MD磁光盘和MP3

1992年，索尼公司推出了一种音乐存储介质——MD磁光盘。它集光、

磁、机、电等技术于一身，技术含量较高，可以重复擦写，其音质也与CD相近。

MP3（Moving Picture Experts Group Audio Layer Ⅲ）即动态影像专家压缩标准音频层面第三代，其运行原理是采用 MPEG 第三层的音频压缩方法，在保持很高音质的同时得到很高的压缩比，具有较大的存储容量。一部 MP3 的容量相当于 12~14 张 CD 光盘，可收录的歌曲可达 150 首。

### （五）CD-R 光盘

CD-R 光盘标准由飞利浦公司和索尼公司于 1989 年制定。CD-R 光盘具有盘片成本低、数据保存时间长等优点，而且任何一部 CD-ROM 驱动器均可兼容，因此在数据备份与交换、音像出版、多媒体应用等众多领域得到了广泛的应用。

### （六）DVD 光盘

DVD（Digital Video Disk）光盘即数字视频光盘，其画面清晰度高，在电影、电视、出版、音乐、游戏等多个行业得到普遍应用。

### （七）蓝光

蓝光（Blu-ray Disc，BD）或称蓝光盘，顾名思义，是因为利用了蓝色激光对数据进行读取和写入而得名。传统 DVD 光盘采用红色激光来读取或写入数据，其波长为 650nm，而蓝光波长较短，为 405nm。对于激光而言，其波长越短，可记录在单位面积上的信息就越多。因此，蓝光极大地提高了光盘的存储容量。蓝光盘容量可从红光（DVD）4.7GB 增加到蓝光 100GB。

## 三、从"红皮书"到"白皮书"

### （一）"红皮书"标准

1980 年 6 月，飞利浦公司与索尼公司经过商讨，推出了有关 CD-DA 的格式标准，因其红色的封面而得名"红皮书"标准。在该标准中，数字信号技术首次被引入。

### （二）"黄皮书"标准

"黄皮书"是 1985 年飞利浦和索尼公司联合推出的 CD-ROM 标准，数据可以被随机读取。后来，它超出了文字数据的范畴，用来记录音频等多元化信息。

### （三）CD 规范的"绿皮书"标准

1986 年，飞利浦和索尼公司通过扩展 CD-ROM 的规格，实现了与电视画面对话，并同时读取声音、文字、图像，这就是面向家庭的新一代多媒体 CD

标准，其规格称为"绿皮书"(CD-I 标准)。

#### （四）"橙皮书"标准

1990 年，将有机色素材料作为记录膜的可录型 CD 和可录可消的光磁型 CD 规格(CD-MO——Compact Bisc Magneto Optical)，即"橙皮书"标准由飞利浦和索尼公司发布。一盘照片 CD 可记录 100 张照片。

#### （五）"白皮书"标准

1993 年，飞利浦与日本 JVC 公司共同发表了数字电视视盘技术"卡拉 OK CD"规格。同年，飞利浦、JVC、索尼和松下电器四家公司商讨卡拉 OK CD 的进一步发展并发表了"图像 CD 规格(Video-CD Specification)"，即"白皮书"标准。"白皮书"在数字电视视盘技术标准中加入了"静止画面重放功能"和"重放控制功能"。

### 四、发展期虚拟出版物的特点

与萌芽期的半虚拟出版物相比，发展期的虚拟出版物在特性上朝着又"微"又"软"的方向发展。

#### （一）信息数字化

以数字代码方式保存信息是虚拟出版物的基本属性，也是其不同于传统出版物的本质特征。"0"与"1"组合而成的数字化信息，相较传统出版，在经过多代复制后还能保持原有质量。

#### （二）信息多元化

与传统出版物单一的表现形式相比，大多数虚拟出版物是多媒体出版物，同时包含了文字、图形、图像、音频、视频和动画等多种形式。

#### （三）非线性阅读

以硬盘和光盘为例，计算机对硬盘或光盘中存储的内容采用随机的方式寻址，则虚拟出版物的阅读也具备随机跳转的功能。虚拟出版物可采用非线性方式阅读。

#### （四）非线性检索

虚拟出版物有数据库和超文本（或超媒体）链接等技术来参与信息的组织、存储和管理，不必像传统出版物那样只能采用单一的顺序（线性）检索方式，即虚拟出版物的信息检索也是非线性的。

#### （五）交互功能

交互功能是虚拟出版物的基本属性之一。虚拟出版物不仅仅是单纯地为读者提供信息，更重要的还在于可以理解和识别读者的指令，并对读者的指令做出响应。

#### (六)海量存储

以一本 300 页 16 开本的纸质书为例，假定每页平均字数 1500 个，在没有插图的情况下，总字数为 45 万字，即 900000 字节，约合 0.86MB。按照"橙皮书"标准，一张 CD-ROM 光盘的存储量为 650MB，可保存约 750 本这样的纸质书内容。古人引以为傲的以简牍为出版载体的"学富五车""汗牛充栋"对于虚拟出版物而言只是九牛一毛。

#### (七)数据的可压缩性

虚拟出版物中通常包含可压缩的冗余信息，在播放和阅读虚拟出版物时，由系统的解压缩程序对压缩后的数据做解压缩处理。

### 五、发展期虚拟出版对出版传播的影响

虚拟出版技术的发展给社会带来的影响伴随数字、多媒体和网络等技术而来，对出版的影响主要表现在以下三个方面。

首先，它实现了信息记载和存储的历史性突破。其次，它融合多种媒介功能，使出版物功能多样化。最后，扩大了信息传播的受众和应用范围。

## 第二节　计算机技术带来虚拟出版技术革命

计算机技术的发展，不仅带来了虚拟出版存储介质的微型化、虚态化趋势，而且更为直接地引发了出版领域的技术革新，智能化、数字化的趋势愈演愈烈。在出版史上，没有任何时期像 20 世纪后半叶那样发生过如此重大和迅速的转型变化。

### 一、激光照排技术

20 世纪七八十年代，中国印刷业仍处于铅活字印刷阶段，能源消耗巨大，环境污染严重，且劳动强度高，出版效率低。1974 年 8 月，北京大学王选教授发明"用轮廓加参数的数学方法描述汉字字形的信息压缩技术"和"高速还原和输出技术"，解决了汉字信息的数字化存储和输出的技术难题，推动了汉字编码、输入、汉字识别等中文信息处理技术的全面快速发展。从 1987 年上述成果开始走向市场并得以迅速推广应用，至 1993 年，国内 99% 的报社和 90% 以上的黑白书刊采用了国产激光照排系统。中国出版印刷行业在短短数年内走完了西方几十年才完成的道路。王选被誉为"当代毕昇"。

电子排版系统的制版工艺过程大致分为以下七步：录入、排版、校对、激光扫描、出胶片、晒 PS 版、胶印、装订。

"告别铅与火，迎来声光电。"中国的出版技术走向排版电子化、自动化，开始跻身世界先进水平。

## 二、计算机直接制版技术

计算机直接制版简称"CTP"（Computer to Plate），是指图文、版面信息经由计算机控制激光束直接对印版进行曝光，形成潜影，经 CTP 系统内置自动打孔装置打好版孔，经连机冲版机冲洗后直接上机进行印刷作业。

作为印前设备，CTP 系统是对激光照排电子排版系统的升级，实现了从印前到印刷控制系统的数据交换及其格式的统一，是一场由"模拟、模拟数字混合型"向"数字化、一体化"方向发展的工艺流程革命。CTP 技术的优势集中反映在以下三方面。首先，CTP 制版具有明显的技术优势。其次，CTP 技术能够显著提高生产效率。最后，计算机直接制版具有成本优势。

CTP 系统之所以能够迅速普及，除了它具备良好的制版性能和取消了软片等优点外，适用范围的扩大也是一个重要原因。目前市场上的直接制版机可以适应大幅面、小幅面的印刷尺寸，单双色印刷和四色彩印，报纸印刷和商业印刷等多种需要，灵活性强。

## 三、数字化直接印刷技术

20 世纪 90 年代，随着计算机、自动控制、激光等高新技术在印刷业的应用，数字印刷技术诞生了。它是一项综合性很强的技术，涵盖了印刷、计算机、网络、通信等多个技术领域。所谓数字印刷，就是利用印前系统将图文信息直接转换成印刷品的一种印刷复制技术，也称为直接印刷技术或无版印刷技术。数字印刷是由图文合一的印前处理系统和数字式印刷机相结合来完成的。数字印刷机直接接收从印前处理系统传送来的数字信息并将其转换成黑白/彩色印刷品，属于无版无压印刷。系统的关键是硬件拷贝技术的输出速度应能满足大量复制的基本要求，即必须实现彩色化并具有较高的分辨力及良好的操作性能。

数字印刷的优点集中体现在其先进的生产工艺流程中，即完全的数字化过程。其主要有三方面：第一，节约成本；第二，简化流程；第三，降低库存。

传统印刷的生产模式是一种依靠实物载体转换、仓储和交通运输的生产模式，而新型的印刷生产模式是一种"建立在数字式信息传送和高密度存储基础上的生产模式"。数字印刷与网络技术的融合衍生出一种崭新的出版模式，即所谓的按需出版，这种出版模式具有极大的发展潜力和前景。

## 四、数据库应用技术

数据库的定义分狭义和广义两种。狭义的定义是从计算机科学的角度做出的解释：数据库是指长期存储在计算机内的、有组织的、可共享的数据的集合。数据库中的数据按一定的数学模型组织、描述和存储，具有较小的冗余度，较高的数据独立性和扩展性，并可为各种用户共享。①

广义的定义是从社会科学的角度理解数据库的。本书借鉴的是法律意义上的数据库的概念。笔者认为从法律意义上来探讨数据库比较严谨。1996年，欧盟议会和部长理事会颁布的《关于数据库法律保护的指令》规定："数据库是指经系统或有序的编排，并可通过电子或其他手段单独加以获取的独立的作品、数据或其他材料的集合。"法律意义上的数据库比技术意义上的数据库范围要大，不仅包括电子数据库，而且有传统意义上的非电子数据库，如字典等。数据库出版是一种集成式出版，数据库出版的产品是数据库本身。

### （一）数据库技术的发展

最早的数据库可以追溯到20世纪50年代初。

1951年，美国人口调查局建立的数值数据库是这一时期数据库的代表。

1961年，美国化学文摘服务社利用计算机编制了《化学题录》，这是公认的数字出版物的雏形，也是最早的数据库产品。

1983年，日本的索尼公司和荷兰的飞利浦公司联合生产出了世界上第一张只读光盘。光盘数据库从问世到20世纪90年代中期，在文献信息检索中一直发挥着举足轻重的作用。SCI CDE、EI Compendex、DAO、CA on CD 和 INSPEC 等是这一阶段最具代表性的数据库。②

1993年，美国克林顿政府宣布实施"信息高速公路"。到1999年时，美国记录在册的数据库已有3万多个，且这些数据库的容量大、功能齐全，更新速度快，商业化程度极高。

紧随其后，英国、法国、加拿大等国家，以及以日本为首的一些亚洲国家也提出了类似的政策，鼓励在本国建立"信息高速公路"。

1990—1995年网络数据库已表现出强劲的增长势头。

20世纪90年代后期，特别是进入21世纪以后，互联网的浪潮席卷全球，

---

① 王亚平：《数据库系统工程师教程》，365页，北京，清华大学出版社，2004。
② 林佳、杨毅：《文摘索引型数据库检索系统的现状与发展趋势》，载《图书情报工作》，2003(10)。

网络不仅成为一种搜寻信息的工具和手段，而且成为一种生活方式。随着全球信息高速公路的建设和网点的日益增多，网络数据库逐渐占据了统治地位。

网络数据库以互联网为信息管理和传输平台，其数据管理、发布能力得到了极大的提高，全方位超越光盘数据库，主要有五方面：一是数据更新速度变快；二是数据量大，容纳文献多；三是以网络为平台，打破时间和地域的限制，使用便捷；四是网络数据库检索界面友好，操作简单；五是网络数据库不会占用物理上的存储空间，节省成本，互动性更强。

### (二) 数据库技术发展的动因分析

#### 1. 政府的支持和引导

20 世纪 80 年代以前，各国不同数据库生产者均以政府机构为主。政府机构自身拥有内容，同时将内容组织、加工，形成数据库产品，向一些团体用户出版。计算机等设备还没有普及，只有政府机构才有足够的资金、设备和人力等来进行这方面的研究和尝试。数据库是一项建设周期长，回报慢的产业。政府主动参与并引导数据库产业的发展，还有一个非常重要的因素，即自身的使命感和责任感。

#### 2. 技术驱动

光盘凭借着存储容量大、体积小和要求设备简单，易于操作、使用保存方便、检索费用低等诸多优点，很快被运用到数据库出版中，成为数据库产品的早期宠儿；无缝连接、数据推送技术、智能代理技术等，以及数字版权保护技术、云出版技术、数字对象标识技术等最新技术都对网络数据库的发展起到了推动作用。

#### 3. 法律保护

各国关于数据库的法律保护逐步完善，涉及领域广泛，内容丰富且重点突出。美国是世界上最大的数据库生产国和出口国。早在 20 世纪 60 年代，美国就颁布了《信息公开法》，美国国会在 1980 年通过的《著作权法修正案》中明确将数据库作为编辑作品纳入其保护范围。英国于 1984 年颁布了《数据保护法》。法国在 1985 年修改著作权法，规定计算机软件可获得著作权，数据库归入计算机软件的范畴。不久，西欧、北美大多数国家及新西兰、澳大利亚等国也陆续颁布了本国的数据库保护法。对数据库出版商权利的保护，极大地鼓励了更多的机构和公司投入到数据库产品的生产制作和出版中。

#### 4. 市场成熟

嗅觉灵敏的商人们嗅到了无限的商机，纷纷抓住这一机遇，生产针对家庭、公司、机构的数据库，以迎合、满足新的市场需求。以技术为催化剂，数据库生产者、数据库服务商与用户实现了良性的互动。

## 第三节　发展期的虚拟出版对传统出版的重构

计算机给虚拟出版带来的技术革命，引发了桌面出版的勃兴。发展期的虚拟出版发展迅猛，在短短的数十年间，不断地更新人类对出版认识的广度和深度，也在实践中推动着出版产业的升级换代。

### 一、桌面出版的兴起

"桌面出版"（Desktop Publishing，DTP）的概念是由美国 Aldus 公司总裁保罗·布林纳德最先提出的。桌面出版的兴起掀起了传统印刷工业的一场革命。电子制版系统越来越向小型化、个体化、多功能化发展，具备可增补、可组合、可联网的优点。

桌面出版系统典型的硬件配置包括计算机（主机、显示器、软硬盘驱动器、键盘）、鼠标、激光打印机和扫描仪等。桌面出版系统使用的软件是"页面组版软件包"（Page Composition Package），即排版软件。

早期的桌面出版只是指制版前的过程，所以有人主张桌面出版改用"桌面预出版"即"Desktop Prepress"这个词汇。从当下发展来看，在线出版、"自定义出版"（个人出版）等新的出版形式不断涌现，真正意义上的桌面出版已经实现，"桌面出版"这个称呼的内涵也在逐渐发生改变。

#### （一）"3A 宣言"

谈及桌面出版的发展，三个"A"（Apple，Adobe，Aldus）的地位举足轻重：正是苹果（Apple）计算机的硬件平台和图形操作系统，Adobe 公司和 Aldus 公司的出版软件对桌面出版的产生和发展起了决定性的推动作用。创造出平台的苹果计算机公司、研发页面记叙语言的 Adobe 公司及应用软件制造商 Aldus，这三个公司催生的桌面出版行业被合称"3A 宣言"。

#### （二）苹果公司与桌面出版

苹果计算机公司不仅是桌面出版的开拓者，而且在硬件方面引领着桌面出版的发展和创新。苹果计算机是印刷行业印前应用的标准操作平台，同时也是行业内各种领先桌面出版应用软件和方案的首选平台。苹果计算机与第三方合作伙伴共同提供了包括图像处理及排版应用软件整套的印刷解决方案。在数码工作流程应用越来越广泛的今天，苹果计算机是从印前到打样再到印刷的过程中色彩一致性的保证。

## 二、传统出版的流程再造

虚拟出版的快速发展对传统出版的流程产生了前所未有的影响。传统的出版流程从选题策划、组稿、编辑、审校、印刷、装帧，到宣传发行，各环节都发生了深刻的变化。

### (一)选题策划流程的发展

人们物质生活水平的不断提高带来了精神文化需求的日趋旺盛，需要通过调查了解来制订选题计划。因而，编辑出版部门就要通过各种渠道全面、准确、及时了解各方面的信息。计算机和网络的合并开辟了人类信息传播的新纪元，使信息实现了全方位立体传播，这就为策划选题前信息的收集提供了更加广阔的平台。

### (二)组稿流程的发展

组稿包括选择作者、审读提纲或策划书、收集稿件等。选择作者时编辑可以通过阅读作者已出版的作品了解作者的写作水平、文风、特长等，也可通过网络查找作者的有关信息，在调查和了解作者信息的过程中可以建立作者信息库，为以后选择作者提供方便。在作者还没有用计算机写作之前，稿件都由作者手写完成。这些稿件在作者和编辑之间互相传递的过程中容易出现各种各样的问题，如缺页、字迹模糊等，会严重影响出版物的质量和出版的效率。当作者用计算机写作且保存在一定的可移动存储介质上，就只需在作者和编辑之间传递存储介质，只要保存妥当，里面的内容就不会被损坏。

20世纪80年代，一些发达国家的网络初具规模，并且已经向商业领域开放，对于一些时效性较强且作者和编辑相隔距离较远的稿件，就可以借助网络进行传递。到90年代中期，互联网浏览器诞生，全球网民人数激增，电子邮箱被广泛使用。人们以方便、快捷的电子邮件方式投稿、审稿、校对，写书评，与读者交流，开展作者访谈业务，组织读书评刊小组等活动，改变传统的以邮政通信、开会、发资料为主的联络方式。此举有效地节省了时间，大大缩短了出版周期，成为编辑、读者、作者相互之间交流的重要桥梁和纽带。

### (三)编辑加工和整体设计流程的发展

当计算机代替了人的手写后，一系列新的文字录入软件、文字处理软件和编辑排版软件使编辑加工变得高效、简易，而且经过发展实现了可视化操作。

稿件的录入是出版的基础。内容可以分成文字、图像、表格三大类。与传统的铅字排版相比，计算机可以轻松快速地录入复杂格式的信息，可以进行所见即所得的排版，并能进行自动智能校对。稿件的非键盘录入近年来备受关注，主要包括：手写识别、印刷文稿光学字符识别(OCR)及语音识别技术。文字信息输入市场已经进入键盘、手写、语音和扫描的竞合时代。

1989年，微软公司发布了首款基于Windows系统的"Word for Windows"，它将原来一些生硬的程序命令改为了可视化窗口，不但使操作变得简单，而且实现了所见即所得的编辑模式，这在编辑史上是一个重大的进步。编辑及作者可直接通过计算机绘图工具在屏幕上绘制技术插图，且绘制的图形规范、美观。

中文文本自动校对系统，如北大方正金山中文文本自动校对系统、黑马文字校对系统、智能校对软件、三欧中文自动校对系统及工智校对通等，这些软件降低了校对工作的劳动强度及劳动量，提高了校对质量。此外，中文文本自动校对系统还具有自动学习能力，可即时改字以及提出纠错建议，对于词句重复、英文拼写错误、词组搭配错误的检出率极高，速度极快。

计算机辅助设计通过对图文的缩放、变形、剪拼、透视并对背景加以处理，同时采用三维空间、色彩变换、光度设定等多种方法，能够达到趋于完美的创意境地。

### （四）印刷装帧流程的发展

印刷技术的发展，前面提过了，不再赘述。下面我们了解一下装帧技术。进入20世纪以后，书籍的装帧基本上脱离了古代图书装帧的气息，除少数图书（如字典、辞书等）外，大部分都采用了胶装。一般说来，与线装书相比，胶装的书籍形式上更加简洁、工艺上更加简易，并且书页更加牢固。而对于一些页码较多的大型书，胶装容易开裂，因而采用线装的仍然较多。

从一般的胶版纸，到加厚纸和油光纸，再到各种各样的铜版纸，封面用纸的不同，会带来印刷效果的差异。人们根据具体的需求选择纸品更能完美地体现设计者的设计效果。

20世纪80年代以后，图书发行种类逐渐增多，书的装帧设计、开本大小、包装样式也丰富了起来，图书的装帧由此进入了一个较为丰富多样的时期。

### （五）宣传发行流程的发展

利用电报、广播、电视进行出版物的宣传发行工作虽然有一定的效果，但这些传播媒介只能完成信息的单向传播，而计算机与网络的结合在很大程度上弥补了这一缺陷。20世纪90年代以后，这一新型的传播模式一经问世就对传统信息传播模式提出了挑战，它不但可以将信息准确、高效地传送给受众，而且可以第一时间得到信息的反馈。这对于出版物的宣传发行工作是一个很大的帮助，通过对反馈信息的分析，可以进一步了解读者的需求，从而为下一次的选题策划提供宝贵的经验。

### （六）出版管理方式的发展

管理是一项复杂而烦琐的系统工程。计算机具有瞬间完成大量数据处理及信息分析的能力，更能有效地体现出管理的整体性、相关性、有序性和动态性，并以最优化原则组合书刊生产流程的最佳模式。

整个编辑流程都可以实现实时、动态的管理。比如人们可建立稿件详尽的分类、统计、去向查询数据，还可建立作者数据库，以便对作者队伍进行网络化管理，随时更新作者的履历、学术科研成果、个人专长、联系方式等信息，由此建立一支相对稳定的高素质作者队伍。

# 第十三章　数字出版：
# 虚拟出版的当下状态

数字出版是虚拟出版的初步定型期和当下状态。这一现代化的虚拟出版形式给传统的编辑出版工作带来的影响更甚于唐代雕版印刷术和北宋活字印刷术的发明。随着声光电磁发明发现和计算机革命，信息化和数字化技术的日新月异，虚拟出版经历了两个世纪的逐步发展，渐次走到数字出版的发展阶段。当今时代，人类已全面进入数字化生活新时代。伴随着信息化技术和数字化技术的不断发展，数字出版和数字阅读强势驾临，已经逐渐融入社会生活的方方面面，给传统出版带来的影响至深至大。数字图像处理、计算机图形学、人工智能、多媒体技术、移动互联、传感器、万物互联等先进技术将出版变得更加数字化和精准化。目前，数字出版的实践一日千里，处在不停的变化发展状态之中，对于数字出版的理论总结和学术研究也处在变化发展和思考探索之中。

## 第一节　数字出版及其新载体的创新发展

数字出版的载体和介质就是以互联网为基础的网络世界。网络为数字出版提供了一个知识和信息的编辑、传递、打印、发布的平台，在这个平台的基础上，数字出版才能够得以实现。因此，人们在"告别铅与火，迎来声光电"的后面加一句"奔向数与网"。

### 一、数字出版的内涵与外延

#### （一）什么是数字出版

数字出版（Digital Publishing），是以互联网技术与数字技术为手段不断发展而来的。任何时代的出版物都离不开技术作为支撑，数字出版的技术是二进制技术，也称为数字技术。"二进制的基数为2，它的数据用0和1来表示。二进制的进位规则是'逢二进一'，借位规则是'借一当二'，这是由18世纪德国数理哲学大师莱布尼兹发现的。"[1]

---

[1]　王国权：《二进制思想对角谷猜想的证明》，载《数学学习与研究》，2012(17)。

数字出版的定义可概括为，"只要是用二进制这种技术手段对出版的任何环节进行的操作，都是数字出版的一部分，也都可以称作数字出版"①。数字出版的范围很广，传统纸质出版物的数字化，出版物内容的编辑、印刷、发行等环节的任何数字化行为，以及用户进行阅读和消费中产生的数字化现象，都可称作数字出版。

**(二)数字出版的前世今生**

下面将"数字出版"概念与此前的"电子出版""网络出版""互联网出版"等相关概念进行分析与对比，从而更好地了解数字出版的前世今生。

1. 电子出版(Electronic Publishing)

电子出版涵盖范围相对于数字出版较广，借助互联网、多媒体、计算机等，制作和发行出版内容的行为都可以称作电子出版。日常生活中形成的文本、电子邮件、传递文件、打印文本等，都属于电子出版范畴。电子出版和数字出版的相似点在于，它们最终形成的出版物都是以数字的形式展现的，不同的地方在于电子出版更偏重于电子技术。

2. 网络出版(Network Publishing)

网络出版与电子出版不同，它必须借助网络技术，将待出版的作品通过网络服务器传送给用户，而不单单借助计算机等技术。网络出版必须有一个合法的出版单位为出版主体。网络出版有特定的出版流程及出版要素。2016年2月，国务院相关部门对网络出版物进行界定："是指通过信息网络向公众提供的，具有编辑、制作、加工等出版特征的数字化作品。"②

3. 互联网出版(Internet Publishing)

互联网出版和网络出版的概念相似，也经常被混淆，其实两者之间还是有很多差别的。"互联网出版，是指互联网信息服务提供者将自己创作或他人创作的作品经过选择和编辑加工，登载在互联网上或者通过互联网发送到用户端，供公众浏览、阅读、使用或者下载的在线传播行为。"③网络出版的概念比互联网出版的范围更广，例如通过局域网、通信网发表的出版物，叫作网络出版，却不能称互联网出版。随着数字技术与网络技术的不断发展，数字出版与互联网出版之间的界限越来越模糊。

---

① 刘成勇：《定义数字出版》，载《科技与出版》，2007(12)。
② 2016年2月4日，国家新闻出版广电总局和中华人民共和国工业和信息化部联合发布《网络出版服务管理规定》。
③ 同上。

## 二、出版内容的单向浏览时代——Web 1.0

Web 1.0时代，即第一代互联网时代。如今在世界范围内影响巨大的互联网公司如谷歌、雅虎、网景等都是在Web 1.0时代产生的，并且在这一时期对出版业做出巨大贡献。第一代互联网时代都是以网站为载体的，虽在网站运营的方式和手段上各有特点，但是这些公司有诸多共同特征。它们都是以技术创新为主导，不断开发动态网站。网站编辑首先对内容进行编辑加工，再通过网站将内容输出给用户，这实质上就是出版的过程。这种出版过程仅仅是网站平台到用户平台的单向流动过程，具有代表性的网站有门户网站、论坛等。

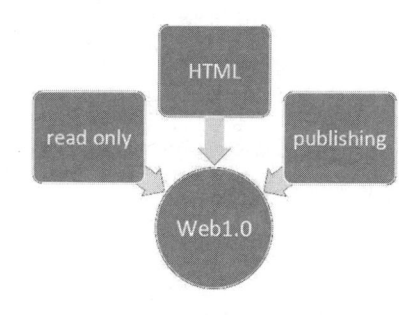

◁ 图 13-1　Web 1.0 的特征 ▷

（图片来源：作者自绘）

可以说，数字技术的发展对传统出版业产生了巨大冲击。传统出版物以纸质为载体，而数字出版的出版物载体为信息技术，是一个虚拟的东西。因此，数字出版时代，出版理念、出版模式、出版内容、出版资源的获取等都与以前有了很大的改变，数字出版将会引起出版业的巨大变革。然而Web 1.0时代留下的门户网站随着移动互联网时代的到来渐渐式微。

## 三、出版内容的聚合与用户分享时代——Web 2.0

Web 2.0时代是基于Web 1.0发展而来的，它同样是利用Web这个平台进行内容生产，但与Web 1.0不同的是，Web 2.0是用户主导的互联网时代。Web 2.0称为第二代互联网，Web 2.0的内容大多都是由用户提供的，并且用户与网站之间的互动在不断增加，用户可以发挥自己的才能自由建设网站。内容出版由简单的单向流动变成了双向流动。出版内容的共建是该阶段的特征，例如维基百科、博客等。用户可以根据自身的创意及时通过社交软件进行互动分享，从而向大众发布独特的、个性化的信息，定制化需求也在此时出现了萌芽。

Web 2.0 的主要特点：一是一次对出版理念的更新换代；二是用户主导出版内容的生产和传播；三是用户参与并注重交互性；四是出版技术升级换代。

在 Web 2.0 时代，数字出版的特征被充分地显现出来，从出版理念、出版模式、出版内容来看，都在 Web 1.0 的基础上有了新的变革。

从出版理念上来看，形成了以用户为信息资源核心的出版理念，以人为本的思想更加深入人心。

从出版模式上来看，数字出版从信息单向流动转向信息和用户的双向互动。用户的身份也随之发生了变化，他们变成了内容的生产者。

从出版内容上来看，在 Web 2.0 时代，网络中的信息资源快速增加，而这些资源恰好成为数字出版的内容来源，被其列入信息资源库中。

### 四、出版内容的万物感知与智慧控制时代——Web 3.0

Web 3.0 是万物感知与智慧控制的时代。在这个时代，地域与疆界不再是阻碍，专业兴趣、主题、职业等所有的智慧都会组成一个新的信息王国。

#### （一）满足对内容个性化需求的 Web 3.0

在 Web 3.0 时代，一个网站内的信息可以随时随地与其他网站的信息交换，并且第三方平台可以对多个网站进行信息整合和分类。在 Web 3.0 时代，不存在行业、种族、语言的明确界限，出版内容是万众的聚合与感知，各种原有的界限在不断模糊，慢慢连接成了一个整体。从出版理念上看，在 Web 3.0 时代，因为用户的个性化需求越来越强烈，所以数字资源内容建设的出发点也会尽力满足用户的个性化需求。Web 3.0 的另一个优势在于，用户可以通过不同的终端对互联网进行访问，从而获得需要的内容，这同样可以进一步加快出版资源的数字化进程。

#### （二）Web 3.0 时代的数字出版新模式

Web 3.0 时代实现微内容的自由整合与有效集合。Web 3.0 时代的进步性还在于它可以对 UGC[①] 进行筛选性过滤。在 Web 3.0 时代，聚合技术将会不断地发挥作用，会创造出更加个性化、更加准确的 Web 搜索引擎，将数字出版资源更好地展现在用户眼前。

该模式适合多种阅读终端，实现出版内容的普遍性。在 Web 2.0 时代，只能利用 PC 端与互联网连接，而 Web 3.0 可以使用不同的终端，例如手机、机顶盒等，使用更便捷。

---

[①] 全称为 User Generated Content，也就是用户生成内容，即用户原创内容。

### (三)Web 3.0 对数字出版的影响

从出版模式上看，Web 3.0 时代的数字出版技术已经非常成熟了，加上信息资源进行高度整合，使得整个数字出版模式呈现智能化趋势。

从出版内容上看，Web 3.0 利用现代信息技术，将出版内容进行包装整合，并充分挖掘知识的广度与深度，使知识披上"智能化"外衣。所以在 Web 3.0 时代，知识的获取更加便捷，并且大多都进行过智能筛选，对出版内容的知识性要求也会提高。

## 第二节　数字出版物的主要形态

传统的内容和先进的技术共同构成了数字出版，两者缺一不可。数字出版按照不同的标准有不同的分类，随着数字出版的市场化和专业化，分类就更为细致。本书按数字出版产品形态，将数字出版划分为电子图书出版、数字期刊出版、数字报纸出版、网络游戏出版、数字动漫出版、数字音乐出版、网络广告出版、数据库出版等。

### 一、电子图书出版

随着数字技术的不断发展，越来越多的人开始使用数字终端进行阅读。在阅读书籍上也不例外，如今人们阅读电子图书的群体越来越庞大，年龄分布也越来越广，因此，电子图书的开发也越发受重视。电子图书(E-book)是数字出版产品的最基本形态，也是数字出版产业中发展最早、大众最为熟悉的业态形式。

2010 年，国家新闻出版总署发布的《关于发展电子书产业的意见》指出："电子书是指将文字、图片、声音、影像等信息内容数字化的出版物，本意见具体所指的是植入或下载数字化文字、图片、声音、影像等信息内容的集存储介质和显示终端于一体的手持阅读器。"

电子图书可分为两类：一是通过对纸质图书进行扫描或是数码照相，将其转化为电子格式，之后再出版；二是直接运用数字技术进行文字编辑，直接在互联网上出版。

电子图书可以利用各种终端设备进行阅读，如 PC 端、手机、Kindle 等专门的电子阅读器。内容、阅读器、阅读软件构成了电子图书的三个基本要素。电子图书出版的主要业务活动包括两个方面：一是电子图书的内容加工；二是电子图书的传播与销售。

电子图书的发展阶段主要包括以下三个阶段：

一是纯文本电子图书发展阶段；
二是电子图书阅读软件发展阶段；
三是电子图书阅读器发展阶段。
电子图书的基本特点主要包括：
一是电子图书的容量大；
二是电子图书的互动性强；
三是电子图书以电子设备为媒介；
四是电子图书内容更丰富。

## 二、数字期刊出版

广义地讲，数字期刊可以定义为通过互联网传播发行的杂志、快报、通讯、电子论坛等。数字期刊经由电子期刊、互联网期刊、数字化期刊等概念演变而成。连续性和数字化是数字期刊具备的两个最基本的要素。数字期刊存储空间大，能够实现实时出版、即时修改，读者订阅便捷，刻意选取感兴趣的内容订阅、无须整本购买，读者与作者即时互动交流。

从产业形态看，数字期刊出版活动主要包括三种方式：一是传统纸质期刊数字化；二是构建数字出版平台整合发布数字化的期刊内容；三是开发多媒体期刊在线平台出版发行完全数字化的期刊。目前，数字期刊出版主要表现为网络数字期刊出版和期刊在线数据库出版两大门类。

数字期刊的发展阶段主要有三个：电子期刊阶段、网络版期刊阶段、网络期刊阶段。

数字期刊的基本特点主要有四个：一是技术引领，快速发展；二是网络生存，数字沟通；三是继承传统，有所扬弃；四是免费为主，赢利尚难。

## 三、数字报纸出版

数字报纸利用数字技术，对新闻内容进行采集、获取、编辑等，待稿件编辑完毕后，利用互联网进行传播，最终用户可以通过阅读终端获取资讯。数字报纸是数字出版的一个具体形态，也是一种新的媒介形态。

数字报纸技术是传统报业与现代科技融合的重大创新。数字报纸在传统报纸的基础上有很大的改进与提升。它既能及时向大众展示最新的新闻内容，提供丰富的阅读体验，又降低了制作成本，如时间成本、纸张成本等。数字报纸自身也存在两大不足：一是公信力不足；二是缺乏成熟的赢利模式。

互联网报纸、手机报和电子报是数字报纸最常见的三种类型，也是最主要的形式。按照数字报纸的阅读终端，数字报纸可分为固定阅读终端类、移动阅读终端类、户外公共阅读终端类。以版面为分析维度，主要有标题目录模式和版面导向浏览模式。

数字报纸从最初的电子报纸阶段到网络报纸阶段，再到多媒体数字报纸阶段。近年来，数字报纸类型逐渐多样化。

### 四、网络游戏出版

网络游戏出版也是数字出版的一个重要组成部分，是一种新兴的文化娱乐产业。不同于电子图书、数字报刊，网络游戏的利润空间很大，当报纸、期刊逐渐出现赢利危机时，网络游戏却蓬勃发展，成为21世纪的朝阳产业之一。不仅在我国，在日本、韩国，甚至是美国，网络游戏出版都是数字出版的支柱产业。

网络游戏连接着游戏开发商、网络运营商及用户。此外，网络游戏还连接着媒体、制造业、IT产业等行业，其覆盖面之大导致其收益与风险并存。

1969年在美国面世的《太空大战》是历史上第一款网络游戏。第一代网络游戏不能存储信息，没有形成付费理念与付费机制；第二代网络游戏自动储存游戏信息，形成了商业化市场；进入到21世纪，第三代网络游戏逐渐大众化，形成一个完整的商业链条；目前以手游为代表的第四代网络游戏出版逐渐兴起，并且迅速占领了网络游戏市场。

目前，不论是在国际市场还是中国市场，网络游戏出版都是一个前景光明的数字出版产业。但我们应注意其对未成年人的不良影响。

### 五、数字动漫出版

数字动漫，顾名思义，就是数字动画和数字漫画的总称。利用数字化技术制作和发布动画和漫画，并通过互联网等媒介传送给大众的过程就是数字动漫出版的过程。数字动漫是数字技术发展的产物，将传统动画和漫画内容进行融合，使画面日趋完美，并结合互联网的传播功能，依靠对动漫内容的收费、广告、动漫衍生品等实现赢利，逐渐形成了数字动漫产业。

数字动漫的起步较晚，大概只有20年的发展历史，但发展较为稳定。日本、韩国、美国是数字动漫发展较好的三个国家。中国近些年在数字动漫产业领域也有了较大的突破，如《大圣归来》《小门神》《大鱼海棠》等都让国人看到了国产数字动漫出版的进步表现。

### 六、数字音乐出版

从音乐产业的变革中也能看见虚拟出版的一步步变革。从最初的蜡盘唱片、黑胶唱片，到中期的磁带、CD，一直到现在的数字音乐，这些无不体现着虚拟时代出版业的发展与变革。数字音乐通过数字技术在传统音乐中的应用，衍生出非物质形态的产品，脱离了实际的载体，这是虚拟出版发展的最有力体现。

数字音乐出版是以信号的方式将音乐储存在数据库里，通过虚拟网络的传输，快速便捷。数字音乐由于不依附于实体存在的虚拟状态，不会发生磨损等现象，因此其音乐品质是一直保持不变的，这也是传统音乐无法比拟的。

数字音乐产生于1995年左右，之后经历了免费下载、数字播放器及付费下载阶段。

### 七、网络广告出版

网络广告是指广告主要通过付费的方式在互联网上发布文字、声音、图像、影像、动画等多媒体形式的商业信息，并以沟通和劝说为目的的一种广告传播形式。网络广告出版和发布的形式多种多样，信息承载量大；传播时空广泛，通过网络的时空覆盖可实现全球传播；成本低，针对性强，较容易选中广告受众；交互性强，操作灵活，但是广告的权威性有待提高。

网络广告出版发源于1994年的美国。自此，网络广告在世界范围内迅速掀起潮流。中国第一条真正意义上的网络广告产生于1997年。2013年中国网络广告产值占整个数字出版产业总值的44%，高达1100亿元人民币，并且这几年仍旧保持增长状态，可见网络广告在未来有广阔的发展空间。

### 八、数据库出版

数据库是长期储存在计算机内、有组织的、可共享的数据集合。这种数据集合的特点：共享属性；尽可能不重复；最优应用服务方式；数据结构独立于使用它的应用程序；对数据的增、删、改、查由统一软件进行管理和控制。数据库可分为物理数据层、概念数据层、用户数据层。三者可通过映射进行转换。

从出版角度看，数据库出版的产品即是数据库本身。

## 第三节　数字出版的发展现状与主要成就

数字出版与传统出版一样，都有文明传承、文化传播的功能，只不过它和传统出版的载体和技术不同，它是建立在通信、计算机、虚化介质存储等技术的基础上不断创新发展的，其载体是虚拟的。虽然载体虚拟、技术无形，但是数字出版的内容展现形式却在虚拟技术的发展中不断优化升级，这使得数字出版能融合传统出版，超越传统出版。

## 一、中国数字出版发展现状与成就

数字出版在中国的发展相对于经济发达国家起步稍晚，但是数字出版近些年却以迅猛的速度进入了我们生活的方方面面，这也使整个出版业在面对巨大挑战时又面临着巨大机遇。我们的生活已经离不开数字出版及数字出版物了。我们用手机浏览新闻，用阅读器看电子图书，闲暇之时听数字音乐、玩网络游戏……这些都是数字出版。数字出版一方面丰富了自身的功能与内容，另一方面改变了人们的阅读模式和生活方式。

数字出版在中国最初是用在学术出版和图书馆的数字资源建设方面的。1995 年，清华同方公司首度开发数字学术期刊。1998 年，我国第一个将馆藏数字化的数字图书馆由中国国家图书馆建立。

"2015 年国内数字出版产业整体收入为 4403.85 亿元，比 2014 年增长 30%，数字出版产业收入在新闻出版产业收入的比由 2014 年的 17.1% 提升至 20.5%。"①其中，网络游戏、移动出版、互联网广告占据了整个数字出版总值的近四分之三。由于我国人口基数大，数字出版在我国有巨大的发展潜力。

## 二、亚洲其他地区数字出版的现状与成就

### （一）日本数字出版

夏普公司 1979 年开发的电子词典标志着日本数字出版的开端。20 世纪 90 年代，日本的数字出版是以磁盘为主要储存介质。随着互联网技术的发展，人们阅读方式发生了巨大改变，逐渐摆脱光盘出版物而直接通过互联网或是移动终端进行数字阅读。移动出版在日本数字出版中占比很大，到 2015 年日本数字出版产值达到 1600 亿日元，日本的数字出版仍在不断发展。

### （二）韩国数字出版

韩国数字出版一直保持快速增长。韩国的电子图书产业近年来在整个数字出版中占据了很大的比重。"根据韩国统计厅 2015 年发布的报告显示，2005 年，韩国电子书商标申请为 1246 件，到了 2014 年达 2345 件，10 年间增长 88%。"②而到 2015 年，仅上半年的电子书申请书目就达到 1092 件。

---

① 魏玉山：《2015—2016 中国数字出版产业年度报告》，载《印刷杂志》，2016(8)。
② 中国出版传媒商报与多家海外相关机构、专家：《年度国际出版趋势报告·韩国分报告》，载《中国出版传媒商报》，2016-08-23。

### (三)新加坡数字出版

新加坡的数字出版发展位于亚洲前列。2006年，几乎每家都至少拥有一台电脑。"智慧2015"计划，旨在建成一个全球化、信息化、网络化的国家。新加坡注重数字图书馆的建设，数字图书馆已成为亚洲的信息中心。近年来，新加坡的数字出版产业已经成为其知识经济的支柱产业，学术、文学、教育出版优势明显。

### (四)印度数字出版

印度被称为"亚洲硅谷"，其互联网产业和电子信息技术产业十分发达。印度也是世界的人口大国，该国的互联网普及率也很高，尤其是宽带互联网，发展十分迅速。2005年，印度仅有80万户家庭接入了互联网，到2014年，印度的互联网用户已经超过2亿。印度政府将图书馆内大部分资源数字化，让公众能便捷、免费地享受数字化带来的知识成果。印度大多数高校也都建立了数字化图书馆。印度还特别重视对本土文化资源的开发利用及向海外传播。

## 三、欧洲数字出版的现状与成就

### (一)英国数字出版

英国一直是出版大国，已形成成熟的数字出版产业发展模式。英国2011年纸质图书与电子图书加在一起，有10万多种图书出版，其图书销售额高达34亿英镑。近年来纸质图书与数字图书竞争激烈。英国高校出版社十分重视数字出版资源的建设，剑桥大学出版社的数字出版销售额已经占据其总额的30%。牛津大学出版社开发学术数据库系统，向全球提供各种学科的专业学术图书、期刊等数字资源，学术图书的数量高达5000多种。

### (二)法国数字出版

法国也是出版大国。法国有庞大且高质量的作者资源队伍。这些作者的文学创造力与作品质量都很高，因此法国的传统纸质图书也一直保持相当稳定以及高质量的发展。凭借着作者资源与出版物资源的优势，法国政府根据全球出版形势，也早早地开始对数字出版行业加大扶持力度。在数字出版的赢利模式上，法国政府也在积极开拓多种赢利渠道。法国政府不断完善本国数字出版的法律，并产生了良好的反响，例如降低数字图书的增值税，刺激产销。

### (三)德国数字出版

德国是全球传统的出版强国，这与国人热爱阅读分不开。德国很早就产生了数字出版意识，1993年，德国法兰克福书展的主题是"法兰克福迈向电子化"。虽然有一部分人适应了数字阅读的模式，但是德国绝大多数读者更偏爱纸质阅读。德国人热爱阅读，德国数字出版市场也成为其他国家数字出版物输出的一个重要目标。德国的传统图书业产值经历了 2013 年、2014 年、2015 年的不断下滑，数字出版的份额在不断加大。"电子阅读器持有者的数量由 2015 年的 591 万上升至 2016 年的 687 万。在参与此次调查的消费者中，有 299 万人称愿意购买电子阅读器。"①可见，德国人的阅读习惯也慢慢向数字化方向发展。

### 四、美洲数字出版的现状与成就

#### (一)美国数字出版

美国是世界上互联网技术与数字技术最发达的国家，也是数字出版的起源地。美国的数字出版发展最早，在 20 世纪 70 年代已经开启了。虽然在技术上占领优势，但是在一开始也仅仅是缓慢的发展，真正发展起来是在最近十几年。如今，数字出版物已经渗透到公众生活的方方面面，彻底改变了人们的阅读方式和生活方式。可以说，当今社会已是数字社会，大众已经离不开数字出版，它已经成为人们生活的一部分了。

美国数字出版有以下几方面特点：一是数字阅读产品增长迅猛；二是有声读物如雨后春笋般大量涌现；三是数字出版物分拆销售已成为新趋势。

#### (二)加拿大数字出版

同为美洲大国，加拿大的数字出版业也在不断探索尝试。虽然发展势头及影响力不如美国，但是加拿大数字出版产业一直保持稳定增长。受市场需求及电子图书资源不断增加的驱动，2013 年，加拿大近 90% 的出版企业参与到数字出版领域中，加拿大的数字出版图书在产量上是一直保持增长的。但到了 2015 年，其电子图书出现生产过剩的情况，这可能与数字出版技术、对市场需求把握不够准确、发行环节不够完善等原因有关。

#### (三)其他美洲国家数字出版

美洲的经济、文化发展很不平衡，在北美，除了美国、加拿大是发达国家之外，其他国家大多为发展中国家，相应地，其数字出版发展相对较为落后。美国在文化、出版产业上的输出，使得北美其他国家的数字出版产业发展较为被动。在南美地区，如巴西、智利、哥伦比亚、委内瑞拉、秘鲁等国，它们的出版产业规模相对较小，数字出版产业仅处在初步发展期。

---

① 中国出版传媒商报与多家海外相关机构、专家：《年度国际出版趋势报告·德国分报告》，载《中国出版传媒商报》，2016-08-23。

### 五、大洋洲和非洲数字出版的现状与成就

澳大利亚是一个奉行多元文化的移民国家，是继美国和英国之后的第三大英语图书市场国。其数字出版产业在世界总体上居于中等地位，然而其大部分的大型出版商都属于美国、英国出版商的分支机构。也就是说，澳大利亚的出版业很多都是沿袭美国、英国的发展模式。目前澳大利亚"数字出版物占22%"①，但实现了一本书的多端阅读。

互联网技术与数字技术给出版业带来的变革是世界性的，没有哪个国家能够避开传统出版向数字出版的变革，非洲也不例外。2016年，非洲地区互联网用户已达3.4亿，但是非洲大陆的数字出版业远远落后于世界整体水平，一方面是出版内容的匮乏，另一方面是技术的落后。因此，非洲大陆的数字出版产业形势较其他国家、地区来说更为严峻。

虽然人类目前生活的方方面面都离不开数字化，但是当下的数字出版也必将被一个新的出版方式所替代。学无止境，人类对出版符号、出版载体和出版技术的探索和创新永无止境。发展永不止步，人类对出版的发展前景和未来思考也将永不止步。

在数字出版发展日新月异的当下，需要指出的是，2019年10月的法兰克福书展上有一股强大的声音，认为当下，不仅是数字出版的大好春天，而且是纸质出版的美好春天。这一理论的理论基础，网络技术和数字技术使得全人类识字群体和读书人群正在呈几何级数增长，这些新近增加的"读书分子"除了读电子书、数字书之外，也有相当数量的人会去读纸质书，因此新的出版技术不但不是传统纸质书的丧钟敲响者，而且将成为纸质书的"地域拓荒人"。

---

① 中国出版传媒商报与多家海外相关机构、专家：《年度国际出版趋势报告·澳大利亚分报告》，载《中国出版传媒商报》，2016-08-23。

# 第十四章　虚拟出版的发展趋势

陶渊明说："问所从来。"鲁迅说："望彼将来。"

出版发展史上的每一个重要里程碑，都源自人类对出版事业的极度热爱和对出版技术的执着追求。人类出版历史从"开启文明的硬质出版"到"以柔克刚的软质出版"，再到"有容乃大的虚拟出版"，走过了漫长的发展历程。虚拟出版也已历经200多年的发展，完成了"声光电磁的虚拟出版萌芽期"和"计算机革命的虚拟出版发展期"，而今正处在"数字出版的虚拟出版当下期"，正高速奔向"虚拟出版的未来期"。云出版、大数据出版、移动出版、按需出版、人工智能出版、大脑意识出版，这可能是虚拟出版今后的发展路径、发展方向和发展趋势。到大脑意识出版阶段，人们不需要依赖任何有形的出版介质，直接通过大脑意识进行点对点、点对线、点对面、点对体的出版传播。我们坚信，人类对出版的探索创新必将为人类文化和文明的演进及人类自身的成长发展创造出更加美好和辉煌的未来！

## 第一节　虚拟出版新技术的不断发展

在虚拟出版时代，"虚拟技术＋出版"成为主流交互形式，从大数据处理技术、云计算技术、元数据技术在出版领域的应用，再到 VR 技术、AR 技术、MR 技术、人机交互技术对出版领域的升级再造，随着虚拟出版技术不断进步，必将形成虚拟出版的未来新格局。

### 一、大数据处理技术与大数据出版

大数据，也称海量资料，指无法在一定时间范围内用常规软件工具进行捕捉、管理和处理的数据集合，是需要新处理模式才能具有更强的决策力、洞察发现力和流程优化能力的海量、高增长率和多样化的信息资产。大数据规模庞大，总体容量10TB 左右；类型非常丰富，会随着数据格式及来源日渐增加；更新速度极快；具有可测量价值，真实度高。从出版角度看，凡是运用大数据技术进行流程再造的出版都是大数据出版。基于大数据分析技术形成的出版数据挖掘，内容分析更加精准化、智能化、个性化、对象化。

## 二、云计算技术与云出版

"云"指由一组相互连接且数量众多的计算机组成的网络。云计算与大数据技术的不同在于云计算是从计算角度出发,最终将数据进行集中管理。云计算是网格计算、分布式计算、并行计算等传统网络技术发展融合的产物。

云计算在出版领域的应用使出版行业和终端用户获益良多。云计算为出版行业提供了强大的信息获取和数据处理、存储、分析能力。"云出版"优于数字出版的地方在于,它是传统出版发行方式的革命而非数字形式上的变革。"云出版"(Cloud Publishing Service)就是基于云计算的数字出版服务平台,其目标是实现整个出版产业的"三无"目标:无库存、无退货和无欠款。

## 三、元数据技术在虚拟出版中的应用

元数据是指基于一般标记语言(包括 HTML 超文本标记语言、XML 可扩展标记语言等)用于对数字信息内容的结构、资源等进行描述、解释、定位的网络信息资源处理方案。采用元数据标准的信息处理技术在虚拟出版的业务流程中管理和组织信息资源,元数据作为一种功能性的资源描述方式,元数据的使用无疑让虚拟出版的发展前景更加宽广。

元数据在虚拟出版中可以从始至终监控、记录虚拟出版业务流程每个阶段的详细状态、平台信息,形成"工作日志",且不可以被修改、删除,为以后的应用提供数据保障;同时还可以准确、唯一地标识出版物,即把稿件按其内容分解为基本单元,并用 XML 结构化符号标记出来,这是虚拟出版最重要的工作之一;人们使用元数据对出版资源进行描述可以方便用户快速查询到资源,提高交易效率。

## 四、VR、AR、MR 技术与出版的结合

VR(Virtual Reality),简称虚拟现实。VR 技术也称灵境技术或人工环境,其定义是集合仿真技术、计算机图形学、人机接口技术、多媒体技术、传感技术以及网络技术等多种领域技术而开发出来的一种计算机仿真系统,实现对现实世界模拟的技术。其技术核心特点可归纳为"3I",即沉浸(Immersion)、互动(Interaction)和想象(Imagination)。2016 年被视为虚拟现实技术的元年,虚拟现实如今正在被更多地应用于出版领域,形成一个"VR+出版"的概念。

AR(Augmented Reality),简称增强现实。AR 技术将真实的环境空间和虚拟的物体影像相互补充与叠加,生成一种逼真的视、听、力、触等感知的虚拟环境。AR 更像是一种大数据的视觉化呈现模式。增强现实设备正在以惊人

的速度融入虚拟出版产品中，拉近了读者与出版内容之间的"空间亲和力"，将人们的阅读感知和交互功能发挥到极限，实现阅读过程中高效的视觉感知和视觉交互。从 AR 技术的实践应用来看，AR 技术和出版的结合更多地运用在教育领域。

MR(Mixed Reality)，简称混合现实，既包括增强现实和增强虚拟，又指合并现实和虚拟世界而产生的新的可视化环境，在新的可视化环境里物理和数字对象共存，并实时互动。它是虚拟现实技术的进一步发展，在出版领域有着广阔的应用前景。

人们还有一种新技术形式是 VR 与 AR 技术的结合，通过 Vive 前置摄像头，开启 A-VR 功能，一款 A-VR 增强式虚拟现实产品。读者借助 Vivepaper 技术，能够以前所未有的 3D 立体方式，与大量的书籍、期刊、报纸等平面内容进行交流互动，置身于绝妙的交互体验中，通过更有趣、更新鲜的方式获取知识。

### 五、人机交互技术与出版的融合

**（一）动作捕捉技术**

这一技术与出版的融合目前比较具有代表性的就是，HTC Vive 前置摄像头可识别出体验者的手势指令，追踪读者的手势及其手势方向，并加以识别，实现翻页或场景切换，手部转动还可以控制报刊上的物体。

**（二）眼球追踪技术**

瞄点眼球追踪技术结合 Touchpad 触摸板的交互方式，又是更深一层的发展，使得输入方式变得丰富，交互效率提高。目前该技术主要用于视频、游戏领域。未来，该技术若能与出版深度接轨，读者则无须手部挥动，直接用眼睛就可以望向想看的书籍，同时注视想看的具体章节、页码，甚至实现翻页、做书签的功能。

**（三）位置追踪技术**

在虚拟出版领域中，位置追踪技术可以设置出一个与虚拟世界的墙壁、阻挡和边界等完全一致的可自由移动的真实场地，比如在阅读《哈利·波特》时，魔法教室的道具都以物理化的方式呈现出来，魔法书、魔法棒、药瓶、各种仪器，多元真实的设备让读者感到现实即虚拟，虚拟即现实，增强体验感。位置追踪技术还可以与声场技术结合。

**（四）触觉反馈技术**

我们预测在未来的出版领域中，触觉的功能会更加深入，甚至自己变成主人公，以第一视角感受着剧情的发展。在硝烟弥漫的战火中，在一望无际的草原上，读者能体验到枪火的袭击、感受到在奔驰的骏马背上的跃动，极大增强了真实感、体验感。虚拟体验或许能够带来现实无法比拟的感官体验，不仅仅在于触觉，我们同样可以加入嗅觉，这种触觉、嗅觉的感知交互最终能增强视觉的层次感，激发观众的想象力。

### (五)语音交互技术

语音控制的交互方式是一种和机器自然和谐互动的形态，微软、谷歌、苹果、科大讯飞等科技巨头都有推出自己的语音识别系统。用户一旦使用手势交互，会增加不必要的动作，将影响工作流程和效率，然而好的产品形态是用产品去适应场景和使用者。语音识别的目的是为了完全解放双手，大大提高了效率。

在未来的阅读体验中，读者直接说出人物名字，就进入他的剧情世界；还可以选择剧情发展，比如喊出人物一号的名字，一号就复活，剧情就会继续按照一号发展；喊出二号的名字，则二号拥有存活的权利，继续二号的剧情走向；甚至可以在阅读的虚拟世界中，通过语音与虚拟人物进行交流。

总之，在虚拟出版时代，"虚拟技术＋出版"成为主流交互形式，虚拟出版逐步走向个性化、定制化和智能化。虚拟出版技术的每一次变革和应用，都为虚拟出版业注入了新的血液，从数据算法到技术交互，优化了出版过程、完善了出版体验，推动虚拟出版不断进步，构筑虚拟出版的全新格局。

## 第二节　移动出版和按需出版

新媒体时代，移动互联网快速发展，移动技术逐渐成熟，大众阅读方式特征逐渐向碎片化、场景化、定制化过渡，出版领域不断向移动化、按需化发展。新技术的发展为出版产业带来了极强动力和新的经济增长点，移动出版、按需出版作为虚拟出版市场全新的、灵活的出版方式应运而生。

### 一、移动出版

#### (一)移动出版的应运而生

移动出版指以手机、平板电脑、电子阅读终端等媒介为载体，以移动通信设备为基础，进行出版内容等选题策划、编辑发布、宣传营销及售后服务的新型出版模式。移动出版兴起的时代，正是新媒体迅速崛起、大众阅读方式向数字化过渡的时代，移动技术逐渐成熟，出版业务不断向数字化领域延伸。

20世纪70年代早期，移动技术在移动通信技术与移动计算技术的融合推动下，已经历了四五代技术变革和演变，但移动出版的蓬勃崛起，是在1998年第三代无线通信技术问世之后。此后，以平板电脑和智能手机为代表的移动终端逐渐普及，为移动出版的发展提供了良好的技术基础和硬件准备。移动出版需要具备两个条件：一个是移动终端设备，包括手机、MP3、MP4、PDA、PSP及Kindle等专门的电子书阅读器；另一个是移动出版内容，包括文字、图像、视频、游戏、音乐等。

2006年，日本手机网民的数量首次超越台式电脑网民的数量，手机图书出版总额达238亿日元。

2007年1月，苹果公司正式发布第一款iPhone手机产品，开启了智能手机的新时代。同年11月，亚马逊公司推出移动Kindle阅读终端，结合亚马逊海量的内容资源，成功地引领了全球电子书行业。

2009年为我国"3G元年"，我国正式进入第三代移动通信时代。

2013年以后，4G移动通信技术逐渐开始在许多国家展开应用，移动出版开拓出一片新天地。

2014年，中国移动互联网高速发展，通过手机上网的人数开始超过电脑上网的人数。

截至2016年6月，我国网民规模达7.1亿，互联网普及率为51.7%，超过全球平均水平3.1%。其中，手机网民占比由2015年年底的90.1%提升至92.5%。这将是阅读方式和出版方式的时代性变革。

2016年，北京师范大学出版科学与文化研究中心对中国网民数字阅读状况特别是移动数字阅读状况进行调查，共采集有效调查问卷24591份。数据显示，在多个数字阅读终端中，仅移动手机端的使用率就达到受访网民的63%，如果再加上平板电脑、Kindle阅读器及其他电子书阅读器，那么使用移动阅读器进行移动阅读的网民占比将会更高。因此，该中心发布的《2016中国网民数字阅读终端调查》称："移动数字阅读时代宣告来临。"[1]相应地，移动出版时代也悄然来临。

5G技术如期而至，2019年已然成为"5G元年"。在高速率、低延时、大容量的5G技术推动下，移动出版和人工智能出版必将发展迅猛。

(二)**移动出版的特点分析**

1. *移动阅读带动移动出版*

从国内外移动出版的发展现状来看，用户的阅读行为逐渐从PC端转向移

---

[1] 万安伦、郑伟、陶然：《2016中国网民数字阅读终端调查》，载《中国编辑》，2016(4)。

动互联网，其中以移动阅读为代表，人均阅读时长增加，阅读总时长逐年提升，应抓住机遇，根据不同用户的需求，开发出适合移动阅读用户的多元场景数字阅读产品。近年来异军突起的有声移动阅读也发展得火热。

2. 知识产权运营推动移动出版产业深度融合

知识产权，也被称为"IP"（Intellectual Property），成功的 IP 可以在出版、影视、游戏、动漫等多个不同的媒介形式中转换。在现代知识产权制度下，以优质内容为基础，进行全版权运作，开发衍生品及专利产品，注册商标开展品牌化运营，是出版传媒企业实现内容价值最大化的主要手段。① 知识产权运营推动移动出版产业深度融合。

3. 碎片化、场景化的移动出版趋势

移动出版时代，信息获取的场景不再受时空的限定，以移动阅读为代表的移动出版凸显出碎片化趋势，阅读场景也呈现多样化趋势。碎片化的特征已深刻潜入到用户的时间缝隙中，而用户工作、娱乐、休息的界限也慢慢模糊，形成大密度、高效率的碎片化特点。

4. 数字技术对移动出版内容深度延伸

用 VR 和 AR 技术出版的《梵高地图》，读者可以从梵高的起点津德尔出发，"亲历"梵高的艺术之路，在梵高的家乡进行一次虚拟旅游。数字技术以 VR 和 AR 技术为代表，开发与出版资源相关的影像资源和相应的移动应用。

**（三）移动出版时代发展要求**

1. 聚焦移动出版内容，深耕优质 IP

独家、原创的精品内容永远是出版物的核心。移动出版的根本还是在于出版内容的运作，内容是核心价值，只有时刻进行内容创新，才会不容易被替代，才能获得用户的欢迎。

2. 加强版权保护，构建完整移动出版产业链

对于版权保护技术在移动出版的发展，人们需要依赖权威部门健全著作权集体管理体制，保护著作者合法权益，加大版权保护力度，防止文章被剽窃；明确出版商的权利意识和责任意识，提升出版商和出版队伍的业务水平；确保移动出版的产业运作，同时也要关注移动出版产业链的风险管理。

3. 优化传播方式，培养移动出版人才

在移动出版时代，人才培育首先应强化对复合型移动出版人才的培养力度，加强专业培训、提升综合素质，将数字出版知识与传统出版知识相结合；

---

① 张新华：《移动互联环境下的融合新发展——2016 年我国数字出版的四个趋势分析》，载《出版广角》，2016(1)。

同时建立有效的物质奖励、成就奖励、晋升奖励机制，培养员工的工作热情度、满意度。

4. 融入场景实现全媒体移动出版

全媒体表现形式与场景恰到好处的融合，才是移动出版的发展方向。① 所以场景时代的全媒体移动出版是以场景为轴心，将内容、用户放置在同一个场景中，实现交互感知体验的过程。

## 二、按需出版

### (一)按需出版的理论与实践

为防止传统出版物过量的库存积压，纸媒图书的单批次出版数量越来越低，传统出版业逐渐进入瓶颈期。此时一种基于个性化信息服务的新型出版方式——按需出版应运而生，它印刷速度快、零库存，能够更加精确地满足读者的个性化需求。

按需出版(Printing on Demand，POD)，一种是面向读者，即根据客户的时间、地点、数量、内容质量上的个性化需求和喜好，以数字化形式及超高速的数字印刷技术编辑和加工出版物，向读者提供快速、按需、个性化的出版服务。另一种面向作者，它是自助出版商通过提供自助出版平台为作者提供个性化出书服务，然后发售出版物的过程。按需出版可以做到"一册起印，即需即印"，是真正的"绿色出版"。

### (二)按需出版的特点

1. 按需出版的主要优势

对于出版商来说，按需出版印刷速度快，印刷数量准确可控，可以降低生产成本，避免生产的盲目性，防止库存积压，减少资源的浪费。由于它的便捷、可控，重构了短版书、断版书、专业书、学术书的新渠道。对于读者来说，按需出版通过定制的服务，可以满足读者的个性化、多元化需求，实现个性化精准定制。按需出版大大简化了出版流程，省去了烦琐的中间环节，提高了出版效率，使人们获取订单后直接按需印刷成书。

2. 按需出版的瓶颈问题

按需出版的问题主要有：设备的购置费用高，投资风险大，收益不稳定；多品种、少印数的碎片化订单，产出效益偏低；缺乏统一的资源数据管理平

---

① 龚捷：《场景时代移动阅读新需求与移动出版发展路径探析》，载《编辑之友》，2016(11)。

台，难以实现客户需求与出版资源的有效对接；按需出版人才匮乏。这都是制约按需出版发展的因素。

**(三)按需出版的发展趋势**

按需出版的努力方向及发展趋势主要有四方面：

一是提高技术水平，建立按需出版资源平台；

二是完善法律法规，打造按需出版产业链；

三是内容和定价两手抓，开拓按需出版市场；

四是加强培养培训，大力造就按需出版人才。

移动出版和按需出版都已成为虚拟出版时代的新模式。

## 第三节　人工智能出版和大脑意识出版

人工智能出版和大脑意识出版将我们带入出版的全新领域和全新境界，这将是出版不可阻挡的时代潮流。人工智能出版和大脑意识出版的创新变革，将极大地提高出版效率、优化出版内容，不断开创虚拟出版的美好未来。

### 一、人工智能出版

**(一)人工智能与人工智能出版**

1. 人工智能的波浪式发展

人工智能，简称 AI(Artificial Intelligence)，又被称为机器智能。

人工智能是计算机科学、信息科学、数学科学、工程技术、控制论、神经生理学、心理学等多种学科互相交叉渗透而发展起来的一门综合性学科。人工智能的根本原理是通过计算机模拟人类的思维方法和处事模式，再现人类智能活动的能力。人工智能是计算机技术系统的一个非常先进的分支，该技术的应用代替了更多的人力操作，把信息技术转化为高效生产力。

1956 年，达特茅斯学院会议上人工智能正式被确立为一个学科。其发展经历多次起落。

1980—1987 年，人工智能重新迎来一个发展高潮。

1987—1993 年，人工智能的发展陷入低谷期。

1997 年 5 月，IBM 公司研制的"深蓝"计算机战胜国际象棋世界冠军卡斯帕洛夫，引发人工智能新热潮。

2016 年 3 月，AlphaGo 计算机以 4 比 1 的成绩"战胜"韩国棋手、世界冠军李世石。AlphaGo 计算机的计算能力是当年"深蓝"计算机的 3 万倍。人工智能迎来新时代。

2. 人工智能出版初显端倪

人工智能出版是一种模拟出版工作人员的意识与思维模式，利用计算机程序性功能实现各项出版事务、出版数据处理的技术科学，并且速度更快、内容更精确。

2016年5月，谷歌人工智能实验室用2865部英文言情小说培训机器，开拓人工智能技术在写作领域的应用。人工智能出版越来越受到出版学界和业界的高度关注和积极探索。

**(二) 人工智能出版的模式与特点**

1. 智能写作优化人工智能出版的生产模式

人工智能写作、编辑、校对、印制，采用大数据算法，运算速度快、准确率高，能够很大程度上节约计算资源，提高出稿时效性，降低综合成本。人工智能对传统出版从业者是一种极大的挑战，很多人担心机器人会取代人类的工作导致人类失业，甚至担心整个世界也会被机器人控制甚至取代，带来身份认同危机与技术焦虑症。

2. 大数据创新人工智能出版的投送模式

人工智能技术的核心恰恰就是数据挖掘。人工智能出版的受众分析及出版内容的聚合与分发将更加精准化、智能化、个性化、对象化。通过大数据挖掘技术、个人信息行为追踪，人工智能将已有的用户数据进行分析、处理、沉淀，为用户精准推荐，实现个性化的出版定制，产生更多的可能结果和实用价值，创造出一种全新的智能化出版产品模式。

**(三) 人工智能出版的发展前景**

1. 完善出版技术，加强安全防护

人工智能技术背景下的出版系统不仅要求出版知识的丰富，而且要求出版技能、出版效率、出版准确度的提升，令人工智能出版技术能够接近人类的出版作业能力，甚至优于人类的出版作业能力。我们要防止不法分子别有用心利用人工智能技术进行出版操控、出版成果窃取、出版侵权等，避免任何损害人民利益、国家安全的事情出现。我们同时也要关注人类道德伦理准则等有关问题，以防人工智能出版带来有悖社会伦理道德的问题。

2. 构建人工智能出版全产业链

要提升人工智能合作融合度，我们要构建人工智能出版的全产业链，顺应时代的发展。在智能化出版中，传统出版企业不能沉溺于"内容为王"的固有依赖，要构建"内容＋技术＋渠道＋人才"的全产业链，积极把控各个环节，构建安全、稳固的出版链条，构建智能化出版和谐稳定发展。传统出版企业若只片面关注内容，对市场、科技等大趋势视而不见，将会被技术和市场边缘化。

3. 智能化场景适配及延展

人工智能技术可以为受众提供场景化适配。场景适配连接起受众的偏好数据、社交关系链等生活的方方面面，提升了受众的使用满意度。人工智能出版还可以结合人机交互技术，进一步和互联网、云计算技术相结合，打破可能存在的"信息茧房"，不断拓展场景化出版空间。

4. 打造人性化智能出版机器

随着智能化技术不断发展，我们可进一步加强人机协作，提高机器人和出版人员协调力、合作力。我们加强机器与人的合作力，苹果的"Siri"、微软的"小冰"、百度的"度秘"等都在发展中取得一定的成绩。在这个智能化时代，机器人应当与人融合发展，共同进步，成为人类的得力助手。二者应成为最佳搭档，让新闻出版作品既有速度，又有深度，还有温度。

## 二、大脑意识出版

### (一) 虚拟出版的最高境界：大脑意识出版

大数据时代，大数据技术的发展为大脑意识技术奠定了良好的基础。当人们掌握了对复杂算法进行有效描述的技能时，它基于全面、完整、系统的数据，深入探索大脑的工作原理，将脑功能的开发应用到出版领域，从而到达一片新的领域——大脑意识出版。

大脑意识出版是基于脑科学理论，以揭示人脑高级意识功能奥秘为宗旨，与认知科学、教育学、心理学、出版学等跨领域研究的学科交叉渗透，深度开发大脑功能并将脑功能应用于出版领域，实现各项出版事务、出版数据处理的技术科学。大脑意识出版推动出版进一步深化，超越时空限制，大大提高出版效率，是虚拟出版发展的最高级形态。

出版内容和信息的传递直接通过大脑对大脑，不再需要任何其他介质和载体作为媒介，这将是真正意义和完全意义上的"虚拟出版"。

### (二) 大脑意识出版的特点及模式

1. 调动全脑意识，促进协同发展

"全脑意识"（Whole brain conscious），是由美国生理医学家布莱克斯里首先提出的。研究表明，95%的人多数时候使用右手，这就使左脑使用频率、获得锻炼的机会大大高于右脑。大脑意识出版可以调动左、右脑的同步开发、练习、协同发展，提高用脑效率，提高大脑功能，加快出版人员的工作效率和读者的阅读思维质量。大脑意识出版可以利用左、右脑不同的意识功能特点，发挥不同优势。

**2. 增强记忆深度，开发脑部机能**

大脑意识出版就是运用这种"有意识摄入"，深度开发脑部机能，强化脑部记忆，可有效降低读者的遗忘率和"提取困难"，最大限度地使读者对所摄入阅读信息的"及时再现"成为可能。脑科学研究曾指出，人类接受信息的容量是无限的，而大脑意识出版就是激发这种再现，并能让它深刻作用于人脑记忆。

**(三) 大脑意识出版的趋势及展望**

**1. 国家政策支持，培养高水平大脑意识出版人才**

我们要把大脑意识出版的人才培养上升为国家教育政策和出版建设政策的重中之重。我们要提高人才培养意识，认真制定人才培养计划，建立人才培养制度，为大脑意识出版的发展提供人才保障。我们要着力培养掌握认知科学、教育学、心理学、出版学等综合知识的复合型人才，促进我国大脑意识出版的发展。

**2. 大脑意识出版中实现深层次交互**

当大脑意识与出版结合发展到高级状态时，此刻空气就是阅读界面，化无形为有形。读者甚至无须借助眼镜或软件机器，只要保持裸眼状态，当读者的大脑发出指令时，脑电波的波谱程序被感知，空中就会出现屏幕，读者可以选择用手滑动，或是彻底解放双手，全由脑意识操控屏幕或字体放大、缩小、翻页，同时也可以通过脑意识在书中自由地做批注、修改。

不同读者之间，不需要通过语言，直接用脑意识即可实现实时交流，随时调取脑部所需要的信息，比如通过脑意识共同探讨对同一本书的感受，或是通过脑意识实现书籍资源共享。不仅仅是虚拟出版，整个交互史都会发生翻天覆地的变化。

经过"声光电磁的虚拟出版萌芽期""计算机的虚拟出版发展期""数字出版的虚拟出版当下期"之后，人类将必然走向"人工智能的虚拟出版高峰期"和"大脑意识的虚拟出版终极期"。

人类对出版的探索创新必将为人类文化和文明的演进及人类自身的成长创造出更加美好和辉煌的未来！